LES RIVIERES DE FRANCE,

QVI SE IETTENT
dans la mer Mediterranée.

SECONDE PARTIE.

DEDIEE A MONSEIGNEVR
le Marquis de Royan.

PAR LE SIEVR COVLON.

A PARIS,
Chez GERVAIS CLOVSIER, au Palais,
sur les montées de la Saincte Chapelle.

M. DC. XLIV.
AVEC PRIVILEGE DV ROY.

A MONSEIGNEVR
MONSEIGNEVR
PHILIPPE DE
LA TREMOILLE,
MARQVIS DE ROYAN,
Comte des Ollones, Baron d'Aspremont, de Comequier & de Plelou, &c. Grand Seneschal de Poitou, & Capitaine du chasteau de Poitiers.

ONSEIGNEVR,

Le nom, que vous portez,
qui ne sçauroit appartenir qu'à

á ij

des Illustres, a commencé dans mon Esprit l'estime de vos vertus; la veüe de ces perfections, qui vous esleuent mesme par dessus vostre naissance, a formé dans mon cœur l'amour de vostre auguste Personne; & l'Empire, que vous possedez pleinement dans les deux plus nobles facultez de mon ame par la force de vos Bienfaits, m'a conduit à vos pieds pour vous en rendre les hommages. Aussitost que ie vous ouy nommer, ie pensay que vous n'estiez pas moins l'expression du merite de ces grands Hommes, qui sont vn des plus beaux ornemens de nostre Histoire, que le Successeur de ces fameux Heros, qui ont vaincu dans les Batailles par le fer de leurs mains, & triomphé dans les Conseils par le plomb de leurs testes : & dez le moment que i'eus l'honneur de viure parmy vos Domestiques, ie reconnus qu'il en estoit de vostre Maison comme des Temples, où l'on n'apperçoit que des lumieres, & où l'on ne reçoit que des Oracles.

Ainsi, MONSEIGNEVR, à peine ay-je eu de la foy pour Vous, qu'elle s'est changée en science, comme il arriue à ceux, qui apres auoir connu Dieu dans l'obscurité de ses mysteres, le contemplent puis apres dans la

ã iij

splendeur des Saints : & les exemples de voſtre vie m'ont donné les meſmes ſentimens, que ie prendrois aux pieds des Autels, & au milieu du Sanctuaire. Et à n'en point mentir, ſi les vertus ne compoſent pas moins l'homme, que le corps & l'ame, ſuiuãt la penſée du Philoſophe Theologien, ne faut-il pas auoüer, MONSEIGNEVR, que vous eſtes vn de ces fameux Cheualiers ſans reproche, puis que vous auez toutes leurs qualitez, auec leur nom ? Auſſi eſt-ce pour cette conſideration que i'ay voulu vous dedier ce Recueil des plus pures eaux qui arrouſent les campagnes de nostre France, puisque l'Esprit de Dieu qui se reposoit sur les eaux à la naissance des Temps, pour leur imprimer sa fecondité, & en faire sortir tant de creatures si excellentes qui composent cet Vniuers, est le mesme qui vous remplit & vous anime, pour faire voir aux enfans du siecle qu'vne grande fortune n'est point incompatible auec vne grande vertu, en vous communiquant vne vie qui n'a point d'autres bornes que l'Eternité de son Principe.

La regeneration des ames se fait par le lauement des corps, la sainteté se puise dans nos fontaines, les vertus coulent auec les eaux dans le canal de nos Riuieres, & les plus augustes ceremonies de nos Autels se pratiquent auec cet Element, depuis que le grand Pontife des Anges & des hommes commença les plus importantes fonctions de sa charge par la pratique d'vne profonde humilité sur les bords du Iordain. C'est, MONSEIGNEVR, ce qui m'a fait esperer vn fauorable accueil de vos bontez pour ce petit ouurage, qui porte les eaux de la terre dans vostre sein au mesme temps que le Ciel verse ses benedictions dans vostre ame. Et à le bien prendre, à qui est-ce que ie pourrois offrir plus raisonnablement l'origine & la cheute de nos Fleuues, qu'au petit fils de ce digne Admiral de nos Mers, & de ce grand Surintendant de nos Costes, qui apres auoir reglé les flots, & calmé les tempestes par son addresse, a gaigné d'vn mesme coup le port & l'admiration des Esprits? Outre que ie me sens encore obligé pour mon particulier d'imiter les Riuieres, qui rendent ouuertement à la Mer les eaux qu'elles en ont tiré par des conduits secrets, & de confesser à la veuë des peuples les obligations secretes que vous vous estes acquis par vos liberalitez sur,

MONSEIGNEVR,

Vostre tres-humble, tres-obligé & tres-obeissant seruiteur,

LOVIS COVLON P.

Privilege du Roy.

LOVIS par la grace de Dieu Roy de France & de Nauarre, A nos amez & feaux Conseillers les Gens tenans nos Cours de Parlement, Maistres des Requestes ordinaires de nostre Hostel, Baillifs, Seneschaux, Preuosts, leurs Lieutenans, & tous autres nos Iusticiers & Officiers qu'il appartiendra, salut. Nostre bien amé GERVAIS CLOVSIER Marchand Libraire à Paris, Nous a fait remonstrer qu'il luy a esté mis en main vn liure intitulé, *Les Riuieres de France*, &c. composé par le sieur COVLON: lequel liure ledit CLOVSIER desireroit faire imprimer par nostre permission qu'il nous a fait supplier luy faire accorder. A CES CAVSES, desirant bien & fauorablement traitter ledit exposant, luy auons permis & permettons par ces presentes faire imprimer, vendre & distribuer en tous les lieux, pays, terres & Seigneuries de nostre obeyssance que bon luy semblera par tel Imprimeur qu'il voudra choisir, en tel volume & caractere qu'il desirera durant le temps de cinq ans, à compter du iour qu'il sera acheué d'imprimer. Faisant defenses à toutes personnes, de quelque qualité & condition qu'elles soient, de le faire imprimer, vendre, distribuer, ny aucunes choses d'iceluy durant ledit temps en aucun lieu de nostre obeyssance, sous pretexte d'augmentation, correction ou changement de titre, fausse marque, priuilege que l'on pourroit obtenir cyapres par surprise en quelque sorte & maniere que ce soit, à peine de trois mil liures d'amende payables sans deport, nonobstant oppositions ou appellations quelconques, pour lesquelles & sans preiudice d'icelles ne sera differé, & ce pour chacun des contreuenans, applicable vn tiers à nous, vn tiers à l'Hostel-Dieu de nostre bonne ville de Paris, & l'autre tiers audit exposant, confiscation des exemplaires contrefaits, & de tous despens, dommages & interests, A la charge de mettre deux exemplaires dudit liure en nostre Bibliotheque, & vn en celle de nostre tres-cher & feal Cheualier, Vicomte de Gien, Chancelier de France, auant que de l'exposer en vente, à peine de nullité. Du contenu desquelles nous voulons & vous mandons que vous faciez iouyr plainement & paisiblement ledit exposant, & ceux qui auront droict de luy, sans souffrir ny permettre qu'il luy soit nuy ny donné aucun trouble ny empeschement. Voulons aussi qu'en mettant à la fin ou au commencement dudit liure vn extraict des presentes elles soient tenuës pour deuëmēt signifiées, & que foy soit adioustée aux copies collationnées par l'vn de nos amez & feaux Conseillers & Secretaires comme à l'original. Mandons au premier nostre Huissier ou Sergent sur ce requis faire tous exploicts necessaires, sans demander autre permission que cesdites presentes : Car tel est nostre plaisir. Nonobstant Clameur de Haro, Chartre Normande, prise à partie, ny autres choses à ce contraires, ausquelles nous auons desrogé & desrogeons par ces presentés. Donné à Paris le 17. iour de Feurier l'an de grace mil six cens quarante-trois. Et de nostre regne le trente-troisiesme.

Par le Roy en son Conseil,

RENOVARD.

Acheué d'imprimer pour la premiere fois le 26. iour d'Auril 1644.

Les exemplaires ont esté fournis.

Et ledit Geruais Clousier a associé auec luy François Clousier aussi Marchand Libraire à Paris, pour iouyr conjointement dudit Priuilege, ainsi qu'il a esté accordé entr'eux.

LES RIVIERES DE FRANCE,
QVI SE IETTENT
dans la mer Mediterranée.

SECONDE PARTIE.

LES RIVIERES DES
Costes de Prouence.

I.

IL estoit necessaire que la Prouidence du Ciel, qui preside aux Estats de la terre, ayant choisi la France, pour donner les loix à tous les Royaumes de l'Vni-

LES CO-
STES DE
PRO-
VENCE.

uers, & planter ses Lys sur les bornes du monde, luy ouurist le chemin dans l'Orient par la mer Mediterranée, comme elle luy auoit ouuert les portes du Couchant par la mer Oceane; & qu'ainsi nos Princes, suiuans les traces & le cours du Soleil, fissent voir la Majesté de leurs Personnes, & la Victoire de leurs Armes par tout où l'Astre du iour porte sa lumiere & communique ses influences. Il falloit aussi qu'elle eust des ports & des havres asseurez sur ses costes pour equipper des flottes à la conqueste des terres neufues, quand elles ont refusé de reconnoistre l'Empire de IESVS-CHRIST, & pour receuoir les Papes & les Rois estrangers, quand ils se sont refugiez en France, comme en l'azyle commun des oppressez, pour y trouuer du secours, contre la violence de leurs subjets, ou contre la tyrannie des injustes vsurpateurs de leur authorité. Sans perdre plus de temps à parcourir encore vne autrefois les riuages de la mer Oceane, que nous auós costoyez en la premiere Partie de nos Riuieres, il suffit de ietter les yeux sur les Costes de la mer Mediterranée, qui s'estendent depuis la riuiere de Var iusques au Roussillon, pour connoistre la verité de mes propositions: & ie m'asseure que quiconque aura tant soit peu leu l'Histoire de nos Princes, dont les auantures sont bien plus estranges, & les conquestes plus glorieuses que celles des Argonautes, des Troyens, & des Grecs, qui ont fait voile sur vne mesme mer, il se persuadera de voir encore vn S. Louis qui passe en Asie & en Affrique, pour y receuoir en mourant des mains de la Vertu vn Diademe plus illustre que celuy que la Fortune luy auoit mis sur la teste en naissant: Vn Godefroy de Boüillon, qui engage son bié & abandonne son pays, pour aller retirer de la main des Infideles les monumens de nostre Redemption, & qui renonce aux grandeurs de l'Europe pour auoir vne couronne d'espines à Ierusalem: Vn Louis Duc de Bourbon, qui fait voile en Barbarie, accompagné des deux freres Guy & Guillaume de la Tremoille, les deux Scipions des Chrestiens, pour battre les Sarrasins,

& leur oster Thmi. Le coral qui naist dans la mer de la Prouence, semble auoir pris la couleur de ce beau sang versé dans les combats, que ces Princes ont liuré contre les Turcs & contre les Sarrasins pour les interests de la Religion. Ces Isles qui s'esleuent en mer, ont esté dressées par la Nature, comme autant de Theatres, pour faire paroistre la gloire de nos Chefs victorieux, & comme autant de lieux de plaisance où ils ont essuyé l'eau de la mer, & se sont delassez des fatigues de leur voyage. La fontaine qui est deuant Marseille, au milieu de la mer, & qui iette l'eau si haut, qu'estant pres d'elle, on peut receuoir dans vn vaisseau l'eau douce, qui n'a aucun goust de sel, a changé ce semble d'amertume, apres que les François ont fait changer le naturel & l'humeur aux Barbares d'Afrique. Et le sel (symbole de l'immortalité, pource qu'il preserue les chairs de la corruption) qui se fait sur ses costes, contribue sa force & ses qualitez à l'eternité de leur reputation.

Les Isles de cette mer sont Chasteau

DE FRANCE.

d'If, Ratoneau & Pomeque auec leurs forteresses, sous vn mesme Gouuerneur, qui prend connoissance des nauires qui entrent au port. La petite Isle appellée Planies, auec vne tour sans gardes. Les Isles d'Yeres, nommées *Stechades* des anciens, Ribandon, & Ribandas, fortifiées depuis ces dernieres guerres contre l'Espagne: l'Isle de Porqueiroles, qui est aux Seigneurs d'Ornano. L'Isle de Porte Croix, qui meriteroit mieux d'estre nommée Porte-Oranges, puisque ses jardins sont remplis d'orangers. L'Isle du Titan, à cause qu'on voit tous les matins le soleil se leuer de ce costé, semblable à vn autre Rhodes en la mer Carpathiéne. L'Isle de Bregançon fortifiée, & bien gardée sous vn Gouuerneur particulier. Les plus considerables de toutes, sont les Isles de S. Honorat, autrefois Lirins, & de S. Marguerite, les Nourricieres de tant de Saints, & le champ de Mars du Comte d'Harcourt, l'Inuincible de nostre siecle, l'Espée de nostre France, & le Bouclier de nos Alliez, où il a vaincu toute l'Espagne renfermée dans vne isle, plustost par sa presence, que par la force des armes.

Les riuieres les plus remarquables qui coulent le long des costes sont le Rhosne, Argens & le Var, auec quelques autres, que nous suiurons depuis leur origine iusqu'à leur embboucheure.

LE RHOSNE.

RHOSNE R.

LE Rhosne qui a ouuert les portes de l'Italie à Hannibal, pour esleuer ses trophées, & planter ses lauriers iusques sur les montagnes de Rome; & celles des Gaules à Iules Cesar, pour estendre ses conquestes au delà de nos mers, & porter ses armes victorieuses, où les Aigles Romaines n'auoient iamais volé; qui respecta la valeur & le courage en la personne de Sertorius, quand il entreprit de le passer à la nage d'vn bord à l'autre, armé de toutes pieces, & qui au contraire arresta la fureur des Barbares, quand ils sortirent de leurs forests du Nord pour se ietter dans les campagnes de l'Italie, & rauager ces belles Prouinces, le pays natal des bonnes lettres & des vertus;

qui a veu sur ses riues les enfans de l'Eglise triompher des Dieux du Capitole, & les palmes de nos Martyrs ombrager tous les lauriers de l'ancienne Rome. Ce grand fleuue paroist dans les escrits des plus celebres Historiens auec autant de majesté qu'il en possede dans son canal, & passe pour vn des premiers de l'Europe au iugement des meilleurs Cosmographes. Aussi luy donneray-ie la premiere place parmy les riuieres de France, qui se perdent dans la Mediterranée.

S. Hierosme quand il parle de l'Eloquence de S. Hilaire, ce grand Prelat de Poitiers, le fleau des Heretiques, & le Pedagogue des mauuais Empereurs la compare au cours du Rhosne, qui coule d'vne vitesse incroyable, & entraisne tout par la rapidité de ses flots. Le docte Petrarque, qui auoit esté nourry enfant à Carpentras, & auoit vieilly à Vaucluse sur les bords de la Sorgue, tire le nom du Rhosne du mot Latin, qui signifie *ronger*, dautant qu'il mine & sape la terre le long de son canal, à la façon des soldats qui pillent les lieux par où ils passent, & ruinent les hostes qui les reçoiuent en leurs maisons. Mais Eusebe pretend que les habitans de l'Isle de Rhodes ayant enuoyé quelques peuplades dans les Prouinces des Gaules, pource que leur terre estoit trop estroite & trop pauure pour tant de monde, ils s'arresterent sur les riuages de cette grosse riuiere, allechez par la bonté des terres, & luy donnerent vn nom conforme à celuy de leur pays, le nommans *Rhodanos* en Grec, comme qui diroit Rhodien. De façon qu'il tire son nom des estangers, & sa source du Mont de la Fourche, qui fait vne partie du Mont Godard dans le pays de Vallais.

Cette montagne est à bon droit nommée la Mere des Fontaines, pource que le Rhin qui trauerse l'Allemagne; le Tesin, qui se rend en Piedmont, & le Rus, qui fait le lac de Lucerne en Suisse, y prennent leur naissance auec le Rhosne. Ceux qui l'ont trouué gueable en plusieurs lieux, quoy que les anciens parlans d'Hannibal qui estoit venu iusques là, remarquent qu'il n'a point de gué certain & asseuré; & qui l'ont veu si serré dans les vallées de la Suisse, qu'on le passe d'vne montagne à l'autre sur vne planche, ont bien de la peine à se persuader, que c'est le mesme fleuue, qui se rend presque tous les ans si redoutable par ses debordemens aux habitans de Vienne & de Lyon, & qui fait trembler les plus vieux matelots auprés de la Camargue, trois lieuës au dessous d'Arles, où apres auoir arrousé quantité de Prouinces, & enrichy plusieurs belles villes par le moyen du commerce; apres auoir donné des limites à la Sauoye & à la Bresse, borné le Dauphiné, & separé la Prouence du Languedoc; & apres auoir passé sous quinze ou seize ponts, comme sous autant d'arcs triomphaux, que les peuples luy ont dressé comme à vn victorieux, il entre dans la Mediterranée chargé des dépoüilles d'vne infinité de grandes & petites riuieres, auec vn tel Empire, qu'il gaigne bien auant dans la mer, sans corrompre la douceur de ses eaux.

Ayant donc roulé quelque temps parmy les rochers du Vallais, moüillé les murailles de SION, qui est la Capitale du pays, & nettoyé les taches du sang de tant d'inuincibles soldats, qui receurent la couronne du martyre sous l'Empereur Maximian, au lieu qui porte aujourd'huy le nom de S. Maurice, leur General, il se iette dans le lac de Losane, auec autant de pureté que le soleil verse sa lumiere dans les cloaques publiques, & le trauerse d'vn bout à l'autre, sans confondre ny mesler aucunément ses eaux claires & rapides, auec les noires & dormantes du lac. On conteroit aussi-tost les Estoiles que tous les torrens & ruisseaux, qu'il reçoit dans ce pays de Vallais, ainsi nommé pour les vallées que les montagnes enserrent, & il faudroit estre Suisse pour prononcer les noms des petites riuieres, qui viennent se rendre dans son canal, auant qu'il soit arriué pres d'Yuorne, ville bastie sur la jonction du Rhosne & du Lac, qui fût renuersée par vn tremblement de terre il n'y a pas soixante ans. I'en toucheray seulemét quelques vnes en passant sans rechercher leur extraction, puis qu'elles ne sont point Fraçoises, & qu'elles n'obligent point la France, côme font quelques autres, qui font estrãgeres de naissance, mais qui viennent se naturaliser auec nous, & cultiuer nos terres. *Elin, Egin, Bunn, Saltina, Vesp, Vsentz, Born, & Drance* d'vn costé, *Viesch, Massa, Lanz, Dala, Sitta, Moissa,* & *Lisserna* de l'autre se ioignent à luy, pour luy donner plus de force, afin de resister aux eaux du lac, qui pourroit corrompre & ternir sa beauté.

LE LAC DE GENEVE.

CE LAC, qu'on nomme de Geneue & de Lozane, à cause des deux villes assises sur ses extremitez l'vne à l'entrée, & l'autre à la sortie du Rhosne, est le plus grand & le plus nauigable de tous les lacs de l'Europe, long de quinze ou seize lieuës, large de quatre, si profond en quelques endroits, qu'on ne la pû sonder auec cinq cens brasses de corde, & si sujet aux tempestes excitées par des vents qui souflent dessous l'eau, & portent les vagues bien haut, l'air d'ailleurs estant calme & serain, qu'on le pren-

Lac de Geneve.

droit pluftoft pour le deftroit d'vne mer orageufe, que pour vn ramas d'eaux languiffantes & mortes. Il prend fon commencement depuis les Monteys en Chablais, & s'eftend iufqu'à Geneue, ayans fes deux bords chargez de bonnes villes, & de belles maifons, qui rendent fon afpect agreable. La premiere ville que vous rencontrez d'vn cofté eft Elen, qui recompenfe la petiteffe de fon enceinte par la beauté de fes baftimens : & qui s'eft diftraite autrefois de l'obeiffance des Ducs de Sauoye, pour fe ioindre à la Seigneurie des Valefiens ; qui depuis l'ont efchangée auec ceux de Berne contre la terre de Gundes. Ainfi les places, bien qu'elles fubfiftent en vne mefme affiete, changent de maiftres & de fortune.

Vn peu au deffous on trouue le Royal chafteau de Seillon affis fur le lac ; & à trois lieuës plus bas eft LOZA-
LOZANE NE ville Epifcopale, où Amé Duc de Sauoye, qui fut Pape, nommé Felix, transfera le Concile de Bafle, & preferant les interefts du Royaume de Dieu, & la paix generale du peuple

Chrestien à la grandeur de sa personne, renonça volontairement à la premiere dignité du monde en faueur de Nicolas V. & par cette demission s'acquist plus de gloire foulant aux pieds la Tiare Pontificale, qu'il n'en auoit iamais eu la portant sur sa teste. Cette ville a esté quelque temps en la puissance de Charles Duc de Bourgogne, qui mourut à Nancy, ayant esté deffait par les Suisses à Morat, que les Allemans nomment *Murten*, assis sur le lac qui porte son nom, dequoy l'on void vne inscription Latine & Allemande en vne Chapelle, où sont les ossemens de tous les soldats, qui moururent en la bataille. Ce Duc, vsurpateur des terres d'autruy pendant sa vie, laissa les siennes en proye apres sa mort. Les Ducs de Sauoye s'emparerent de Lozane, & la possederent, mais comme leur possession n'estoit fondée que sur la violence, elle ne dura pas long téps: les habitans, qui se croyoient libres & affranchis de toute seruitude, secoüerent le joug d'vne domination voisine, dont ils ne supportent l'aggrandissement qu'auec regret, pour se mettre

14 LES RIVIERES
sous la protection de ceux de Berne. La Venoge, le Veiron, l'Aubonne, & le Pourmentou, quatre ruisseaux, ou plustost quatre torrens, qui descendent des montagnes de la Bourgogne, se viennent rendre dans le lac.

De l'autre costé est le pays de Gauot separé du Baillage de Thonon par la riuiere de Dranse, qui a deux sources & deux ruisseaux, dont l'vn se nomme la *Dranse d'Abondance*, l'autre la *Dranse de Vaux*, qui se ioignent au dessus de Trauerse, pour venir ensemble se reposer dans le lac, apres auoir beaucoup roulé par les rochers. On la passe sur vn pont de pierre de vingt-deux arches. A costé de la Dranse on void RIPAILLE sur le mesme lac, celebre pour la retraite d'Amé I. Duc, qui s'y retira menant vne vie assez delicieuse pour vn solitaire, disent les autheurs du temps: d'où est venu le Prouerbe dont on se sert, *de faire ripaille*, pour dire faire grand chere, & de là fut esleu Pape par les Peres du Concile de Basle. Au milieu du lac, & pres des eaux viues du Rhosne se void vne pierre esleuée par dessus l'eau, nommée la pierre de Noy-

Dranse,

RIPAILLE.

DE FRANCE. 15

ton, ou de Neptune, qui seruoit d'Autel pour les sacrifices qu'on offroit à cette fausse Diuinité des eaux, lors que les Gaules estoient encore enuelopées dans les tenebres de l'infidelité, auant que d'auoir receu les lumieres de l'Eglise. Geneue est au bord du lac, où la riuiere reprend son nom, qu'elle n'auoit osé porter trauersant le canal d'autruy comme vn pays d'ennemy.

GENEVE estoit la derniere ville des Allobroges au temps de Cesar, comme elle est maintenant la clef des Suisses, & la derniere place assise sur le lac. Ce vaillant & sage Prince l'honnora de sa presence, & voulut que son enceinte renfermast la majesté de celuy à qui l'Empire Romain sembloit trop petit pour la grandeur de ses victoires. On dit de luy, qu'en vne rencontre qu'il eut auec les Suisses, ayant eu du pire, & se voyant obligé par le sort des armes de se retirer, il ietta son thresor, & tout l'argent de ses finances dans la riuiere du Rhosne, où il est encore à present, à ce qu'on pense, sans qu'on ait iamais pû faire vne si belle

GENEVE.

pesche, quoy que plusieurs y ayent pris beaucoup de peine, se persuadans de l'auoir veu, quand le soleil estoit fort clair, & qu'on pouuoit aysement descouurir iusques au fond de l'eau.

La ville est assise entre le lac, qui porte son nom, le pays de Vaux, qui appartient aux Bernois, la Sauoye, & le Baillage de Gex, qui est au Roy de France. Le Rhosne la diuise en deux parties, dont la plus grande se nomme la ville, & la moindre le faux-bourg de S. Geruais, à cause d'vne Eglise dediée à ce genereux Martyr. On passe de l'vne à l'autre sur trois ponts de bois, mais le passage ordinaire est sur le grand. Sur deux de ces ponts on void plusieurs moulins, & des maisons & boutiques d'artisans de part & d'autre. Sur le dernier, qui est pres de la boucherie, se fait la poudre à canon, & au milieu des deux est vne Isle, où la Seigneurie tient ses galeries à l'ancre, & son magazin de guerre dans vne forte tour, que Iules Cesar a fait bastir. Au bout du pont se void la monnoye auec son horologe. L'Empereur Aurelius la fit rebastir & luy donna le nom
d'Aurelia

d'Aurelia apres ce fameux embrasement qui la mit en cendres sous l'Empire d'Heliogabale: mais les citoyens estans plus ialoux de leur reputation que de la gloire de leur restaurateur, ont retenu leur premier nom, pource qu'il estoit memorable dans les Histoires, & qu'il pouuoit seruir de tesmoignage à la Noblesse de leurs ancestres, & à l'antiquité de leurs maisons.

Il ne faut qu'auoir veu sa situation, ses portes, ses murailles, ses bastions, ses tours, & entre autres la Tour Maistresse qui est du costé du lac, son Arsenal remply de canons, de picques, de mousquets, & de munitions de guerre, auec les drapeaux remportez sur les ennemis, les canons gaignez à Versoy, & les eschelles, petards, marteaux & tenailles pris à l'escalade des Sauoyards, qui fut plantée l'an mil six cens deux, proche du boulevard de l'Oye, pour connoistre son importance, & que l'art & la nature l'ont pourueuë de deffences côtre ses ennemis, qui l'ayant souuent attaquée n'en ont remporté autre auantage que les marques de leur foiblesse, & la honte

b

d'vne prompte retraite ; d'où vient qu'on a fait vne remarque du bon-heur de cette ville, qu'elle porte dans l'Anagramme de son nom de Geneue, par vne transposition de lettres, le surnom de Vengée.

La beauté de ses rues couuertes, particulierement de la basse ville, de sorte qu'en tout temps on y peut aller sans craindre les incommoditez de la pluye, ny les ardeurs du soleil; la magnificence de ses maisons, qui sont fort hautes & bien basties, pour la plus-part de pierres de taille ; l'ornement de ses places publiques ; le vignoble, les prairies & les iardins au dehors ; les excellens bleds sur ses collines ; les belles promenades ; les veuës delicieuses, bornées de montagnes & de rivieres, qui nourrissent des truites, comme l'Aruë, qui descend des montagnes de Fossigny, & le lac, où les pescheurs conseruent les plus belles dans le viuier, qu'ils appellent la Serue, pour en faire present aux personnes de marque qui passent par Geneue ; son grand trafic & le bon marché de toutes choses la rendent agreable aux estrangers, & la font souhaiter aux Princes ses voisins.

Ie n'ignore pas que les Partisans du Duc de Sauoye souftiennét les pretensions que leur maistre a sur cette ville, de plusieurs raisons. La premiere est, qu'il se trouue des Declarations des Empereurs, où il est specifié, qu'encore que les Euesques de Geneue fussent Seigneurs Temporels & Spirituels, & qu'ils portassent la qualité de Prince de l'Empire, ils deuoient toutesfois reconnoistre le Duc de Sauoye pour leur superieur, & luy iurer fidelité, comme il se peut prouuer par des actes publics. La deuxiesme est, qu'on battoit à Geneue de la monnoye auec le nom & l'image du Duc, qui pouuoit donner grace de toutes sortes de crimes, sans que les Euesques ny les Magistrats populaires eussent pouuoir de prononcer, & beaucoup moins d'executer vne sentence criminelle sans l'auoir communiquée aux Iuges deputez du Duc; tesmoignages certains de sa souueraineté. De plus, il appert clairement par la pratique de plusieurs siecles, que les Geneuois ne pouuoient faire aucune

b ij

ligue auec leurs voisins ou estrangers sans son consentement, & que lors qu'il luy plaisoit d'aller passer quelques iours en cette bonne ville, on luy venoit presenter les clefs des portes, & luy rendre les mesmes ciuilitez que les sujets ont coustume de rendre à leurs Princes legitimes.

L'Euesque au contraire s'en dit le seul Prince temporel, & bien qu'il ait eu pour parties les Ducs de Sauoye, & les Comtes de Geneuois, qui luy ont contesté son droit, il s'est tousiours maintenu en la possession par l'authorité des Papes, par les armes des Empereurs, & par les Arrests definitifs des Ligues des Suisses prononcez en sa faueur. Iusques à ce que l'an mil cinq cens trente-six les habitans de Geneue ayans leué l'Estendart de la rebellion & de l'impieté, chasserent IESVS CHRIST & ses Saints de leur ville, l'Euesque de son Eglise, & leur Souuerain de ses Estats. Et pour faire paroistre plus ouuertement que leur dessein estoit de rendre la verité captiue, ils conuertirent le Palais Episcopal en vne Conciergerie, qui sert encore aujourd'huy pour loger les prisonniers.

Ce qui a donné occasion à vn bel esprit de faire vne remarque, que les Armoiries de la ville de Geneue sont vn nom de IESVS sans cloux & sans Croix, tel qu'on le void graué sur ses monnoyes, comme si le Saueueur qu'ils adorent estoit vn Prince despoüillé de ses plus beaux ornemens.

Le Peuple interuient là dessus, soustenant que leur ville a esté tousiours libre & Imperiale, comme le monstrent assez les Aigles à deux testes grauées sur les murailles de leur Eglise d'vne graueure fort ancienne. Aussi le Gouuernement de cet Estat est-il meslé d'Aristocratie & de Democratie, en ce que le peuple ayant tout le pouuoir, le met entre les mains de vingt-cinq Senateurs, dont les Chefs sont quatre Syndics, qui portent des bastons noirs mornez d'argent par les deux bouts pour marque de leur authorité. Le premier Syndic a la charge generale de l'Estat : les autres trois ont chacun leurs fonctions differentes. Des vingt-cinq se tire vn cinquiesme en dignité, qui a chage de rendre la Iustice en premiere instance. Il y a vn Thresorier General, & d'autres Officiers. Le Conseil des deux cens est esleu par les vingt-cinq, qui iuge des causes d'Estat. Le Conseil general composé de tous les Peres de famille, Bourgeois & Citoyens nomme les Syndics auec certains Officiers de Iustice. Toutes ces charges ainsi distribuées au merite plustost qu'à la faueur, font que la police est bien administrée, la Iustice renduë auec equité, les crimes seuerement punis, dont le plus grand est l'adultere, & l'exercice de la Religion Catholique, Apostolique, & Romaine, qui n'est aucunement permise dans les terres de la Seigneurie. Ces Messieurs s'assemblent dans leur Hostel de ville superbement basty, auec vne belle montée sans degrez & à vis, bien pauée, & si large qu'vne charette chargée peut monter iusques au haut : & dans la chambre des Senateurs on void sept Iuges sans mains, peints sur la muraille, excepté celuy qui est au milieu, qui n'en a qu'vne pour tenir la balance & peser les raisons.

Mais comme nous ne sommes point establis iuges de ce grand differend entre la Republique, le Duc, & l'Euesque, & que nous ne prentendons point icy decider vn procez, qui se peut plus aysemét terminer par le Droit Canon que par les Loix Ciuiles, & qui merite d'estre plustost playdé dans vn chāp de bataille, que dans vne audiance, ie me contenteray de dire vn petit mot au peuple de Geneue par voye de remonstrance ; qu'ils rendent l'Aigle à l'Empereur, & les clefs de leur ville au Pape, qui sont leurs anciennes Armes, & les Deuises de leurs Ancestres empraintes & grauées en plusieurs endroits de leurs vieux bastimens, il ne leur restera plus que l'obeïssance des fideles sujets, & les sentimens des veritables Catholiques. Ils remettront les Eglises à leurs premiers vsages, les Autels des Sacrifices de nostre Redemption ne seront plus conuerties en des tables d'vn repas prophane, qui n'a rien de sacré que le nom : ce beau College separé de la ville, qui paroist esleué sur vne eminence, à dessein de rendre l'esprit plus espuré & plus sus-

b iiij

ceptible des belles productions qui n'ont rien de commun auec la terre, ne passera plus pour vne eschole de mensonges, & pour vn theatre de declamations & d'inuectiues contre le Lieutenant visible de Dieu, & contre ses Assesseurs ; leurs Bibles modernes seront conformes à cette ancienne traduite en François depuis trois ou quatre cens ans, qu'ils gardent dans leur Bibliotheque, comme vne piece iustificatiue de nostre bon droit, & preuue de leur mauuaise cause ; nous n'aurons plus qu'vne mesme opinion, & qu'vn mesme sentiment, comme nous viuons tous sous vn mesme Ciel, & respirons vn mesme air ; & le Rhosne sortira de leur ville auec plus de pureté.

L'ARVE.

ARVE, R. LE Rhosne à peine est-il hors des murailles de Geneue, que la riuiere D'ARVE, qu'on passe sur vn pont pour sortir de la ville, vient des montagnes de Fossigny le reconnoistre & luy faire hommage de ses truites, & de ses neiges fonduës, qui se debordent assez souuent auec tant de violence, que le Rhosne a esté quelque fois contraint de remonter sur ses pas, & de ceder la place aux efforts d'vn torrent debordé, luy neantmoins qui ne cede à aucun, & qui entraisne tous les obstacles qui luy font resistance: si bien qu'en ce rencontre on a veu les moulins de Geneue moudre d'vn mouuemét contraire au cours naturel de l'eau. L'*Alondon* vient aussi du Bailliage de Gex s'offrir à luy auec plusieurs autres ruisseaux, comme si toutes deux s'estudioient à son agrandissement, & conspiroient par ensemble de luy preparer vne entrée magnifique dans les terres de France. Les riuretes qui viennent auec l'Alondon sont le *Iornan*, le *Lyon*, la *Versoy*, & l'*Alamogne*, qui sortent de la montagne de Gex, & se rendent dans le Rhosne. Cette montagne est autrement appellée Mijou, qui commence au Fort de l'Ecluse, & s'estend iusques au pays de Vaux & Comté de Bourgogne, separant toutes ces Seigneuries en vn endroit appellé la Combe de Mijou.

Alondon, r.

Iornan, r.
Lyon, r.
Versoy, r.
Alamogne, r.

Ie ne veux pas obmettre quelques remarques fort curieuses de cette montagne, qui nous fournit ces ruisseaux : Dont la premiere est la mine d'or de Thuerier, laquelle imprime vne certaine qualité secrette à l'eau, qui passe dedans, & la rend salutaire par son attouchement à plusieurs maladies : de sorte qu'on y vient chercher vn double remede, l'or pour guerir l'auarice, le plus grand mal de l'ame ; & l'eau pour guerir la cholique, & la pierre, les plus sensibles douleurs du corps. L'autre est vn arbre si large, & si espandu, qu'il peut couurir aysement cinquante ou soixante personnes, & les mettre à couuert sous ces branches de la pluye & de la neige en hyuer, & des ardeurs du Soleil en esté. La troisiesme est vn grand puits, qui en temps de pluye pousse des bouillons d'eau à la hauteur d'vne pique, d'où les ignorans, qui n'ont point d'autre vsage des faueurs de la Nature, que celuy des bestes, qui est de les receuoir & d'en ioüir sans en rechercher les causes, ny baiser la main qui leur est si liberale : mais il n'est pas difficile à ceux qui sçavient qu'vne fontaine monte aussi haut que sa source, de rendre la raison de ce ject d'eau, laquelle descendant d'vne montagne par quelque conduit sous terre, & venant à tomber dans ce puits auec effort & violence, comme elle s'y treuue resserrée se lance en haut & tasche de forcer sa prison par cet esprit de liberté, qui accompagne tous les estres, & qui naist auec eux. Et pource qu'en temps sec il n'y vient pas plus d'eau qu'il s'en peut puiser par les voisins, où descouler par les veines de la terre, on ne void pas ces saillies, qui se font remarquer aux débordement des eaux, & quand les pluyes sont extraordinaires.

LE FOSSIGNY est vne ancienne Baronnie possedée autrefois par les cadets de la maison de Geneue, & puis venuë aux Dauphins par alliance, & enfin tombée en la maison de Sauoye par eschange de la Tour du Pin, & de quelques autres qu'elle possedoit en Dauphiné. Elle appartient maintenant en proprieté au Duc de Nemours, & se diuise en haut & bas. La plus haute montagne du pays est la

Fossigny.

glaciale appellée maudite par les habitans, à cause des neiges perpetuelles qui la couurent, dont se forme le cristal. Elle est si esleuée, que sortant de Lyon par la porte de S. Sebastien, on l'apperçoit facilement, bien qu'elle en soit esloignée de quarante lieuës; aussi n'est-elle point habitée en sa cime, comme sont toutes les autres de Fossigny. La riuiere d'Aruë plus rapide que le Rhosne sort de cette montagne, & coulant le long des vallées s'approche de SALANCHE la Capitale du haut Fossigny; & de là se pousse à CLVSE la principale de tout le pays, tres-forte de situation; d'où elle descend sous les ponts de BONNE-VILLE, bastie à l'entrée du bas Fossigny, & là reçoit les

LAC BE- eaux du LAC BENIST, qui est dessus
NIST. vne môtagne du costé de Bonne-ville.
Il a deux mille pas en rond & deux paroisses voisines le benissent tous les ans le iour de S. Claude, pour estre preseruées de son inondation. L'Aruë cependant s'auance tousiours, & ayant passé au Fort d'Aruë, & sous le pont qui est dessous seruant de bornes au Geneuois, se va rendre dans le Rhosne

DE FRANCE. 29

chargée de quatre ou cinq ruisseaux, qui luy sont venus des montagnes.

Ce Roy des fleuues renforcé de ces recreuës tire vers le Midy & passe sous le pont de *Chancy* à deux lieuës de Geneue, à l'endroit où estoit il n'y a pas long-temps le Fort de S. Catherine basty par le Duc de Sauoye sur vne eminence en forme Pentagone, composé de cinq bastions, & muny de canons & de toutes choses necessaires pour battre ou brider Geneue, qui fut demoly par le consentement de Henry le Grand, & tellement applany en vne nuit, qu'à peine pouuoit-on croire le lendemain ceux qui disoient, hier estoit icy le fort de S. Catherine. Il y en auoit vn autre qui auoit esté dressé vis à vis par ceux de Geneue pour le contrecarrer; mais il fut aussi abbatu, pour terminer vne partie des differens eus entre le Duc & la Republique, & donner quelque espece de paix à ces deux petits Estats.

LE PAS DE L'ECLVSE est vne des plus fortes & des plus importantes auenuës de la Sauoye, auec vn fort pour deffendre le passage. Le Rhosne

Le Pas de l'Ecluse.

y trouue vne abysme, où il tombe & se perd pour quelque temps, comme si c'estoit vne chose fatale aux plus fameuses riuieres d'auoir de tels rencontres. Ainsi se perd le Tigre en Mesopotamie, Lycus en Asie, le Niger en Afrique, le Nil en Egypte, Guadiana en Espagne ; dont les Espagnols, grands admirateurs de tout ce qui les touche, font vn mystere, qu'ils proposent aux estrangers en façon d'Enigme, pour en tirer le sens. Ils ont vn pont basty sans artifice, disent-ils, où paissent tous les iours dix mille brebis. Ce pont est cet espace de pays long de trois lieues, sous lequel leur riuiere coule, qui engraissant la terre par son humeur la rend abondante en herbes. Mais côme le Guadiana sort de cette cauerne & se monstre encore vne fois, aussi le Rhosne se produit au iour, semblable au soleil obscurcy pour quelque temps sous les nuées, & se pousse auec plus de vigueur sous le pont de *Grezin*, qui est assez considerable pour auoir esté compris dans le traité de Veruins, & sous le pont d'*Arlan*, d'où il gaigne Seyssel, & ayant partagé la ville en

DE FRANCE. 31

deux auec vn autre pont pour passer de l'vne à l'autre, il commence à departir ses premieres faueurs aux peuples, auançant leur trafic & leur commerce par l'abord des batteaux qu'il reçoit, & qu'il porte à Lyon, coulant entre les terres de la Bresse & de Sauoye, pour de là les pousser iusqu'à la mer.

Pour ne point mentir, la France estoit trop estroite de ce costé pour la grandeur de sa Couronne, si Henry le Grand ne l'eût accreuë de trête lieuës de pays, & n'eust porté ses frontieres iusques sur les bords du Rhosne, qui maintenant roule ses flots auec plus de gloire & de majesté à l'ombre des Lys & des lauriers que ce genereux Prince y planta de sa main, quand il conquit la Bresse, & l'vnit à ses Estats, en eschange du Marquisat de Saluces, que le Duc de Sauoye auoit iniustement occupé sur son predecesseur, pendant les troubles de nos guerres ciuiles. Il nous faut entrer en la Bresse à main droite, & visiter la Sauoye à main gauche, puisque le Rhosne les costoye, & qu'il en reçoit plusieurs riuieres, dont la plus considerable est l'Ain. Nous irons chercher sa source en la Franche-Comté, aprés que nous aurons pris le ruisseau de *Luiset*, qui se rend sous le pont de *Cancy*. Il emprunte son nom d'vne petite ville, appellée Luisete, où Theodore de Beze, chargé d'années & d'iniquitez, alla saluer Henry IV. de la part de la Republique de Geneue, & luy recommander vne ville, qui estant enuiée & pressée par de puissans voisins, ne pouuoit se conseruer long téps sans la faueur de sa Majesté.

Luiset, r.

L'AIN.

LA riuiere d'AIN, bien qu'elle prenne naissance en la Franche-Comté, assez pres de Nazareth, ne passe plus pour estrangere en France, elle est naturalisée, depuis que la Bresse, qu'elle trauerse par le milieu, s'est renduë à nos armes. La plus dangereuse & la plus ordinaire maladie des Princes, pour laquelle Hippocrate vouloit faire il y a plus de seize siecles vne consultation des plus fameux Medecins de la Grece, est le desir qu'ils ont de posseder toute le monde, & que
comme

comme il n'est qu'vn Dieu au Ciel, il n'y ait aussi qu'vn Roy sur la terre. Charles Emanuel Duc de Sauoye fut horriblement trauaillé de ce mal, sans que les frequentes saignées de tant de batailles, où il vid couler le plus iuste sang de ses Estats, ny le fer, ny le feu, ny les autres remedes dont on se seruit pour le guerir luy aportassent aucun soulagement. Emporté de cette douce phrenesie, qui luy chargeoit la teste de Couronnes, & luy remplissoit les mains de Sceptres, il surprit la ville & la citadelle de Carmagnole garnie de quatre cens pieces de canon, que les Roys y auoient laissez pour s'en seruir aux occasions dans les affaires d'Italie, & en suite s'empara de tout le Marquisat de Saluces, durant les troubles qui trauersérent l'Estat, & la personne de Henry III.

Son successeur Henry IV. aussi jaloux des droits de son Empire, que iuste protecteur des Alliez de sa Couronne, s'estant resolu de recouurer son Marquisat de Saluces n'en trouua point de moyen plus aysé, que d'assaillir les Estats du Duc de Sauoye pour l'obliger à rendre le bien d'autruy, s'il vouloit conseruer le sien. Le Mareschal de Biron fut commandé de se ietter dans la Bresse auec les forces qu'il auoit tirées de son Gouuernement de Bourgogne. La valeur & la fortune suiuoient les armes d'vn si grand Capitaine; aussi la pluspart des villes & des Chasteaux de la Prouince se rendirent à la seule reputation de sa personne, les autres voulurent voir le canon, plustost pour mettre leur honneur à couuert deuant les hommes du mestier, que pour exposer les places à la batterie : & le vingt-quatriesme d'Aoust de l'an mil six cens, le Roy receut à son resueil la prise de Bourg auec sept drapeaux & vne cornette que le Mareschal de Biron luy enuoya.

La Bresse presque conquise fit prendre au Duc les conseils de la prudence de ses Ministres, qui luy furent plus auantageux, que ceux qu'il auoit suiuis de son ambition, & les succez inopinez de la guerre le firent condescendre à vn traitté de paix, par lequel il fut accordé que pour l'eschange du Marquisat de Saluces il cedoit & transportoit au Roy tous les pays & Seigneuries de Bresse, Bugey, Gex, & Verromey auec toutes les dependãces pour estre vnies & annexées à la Couronne de France, sans pouuoir en estre distraites ny separées pour quelque occasion que ce fust. Par le moyen de cet eschange, qui accommode les Estats du Roy & du Duc, le vainqueur estendit ses frontieres de plus de trente lieuës, & acquit des Prouinces autant fertiles en bleds, vins, fruits & pasturages qu'il y en ait en France : espargna l'entretenement de plusieurs garnisons, qui sont souuent plus incommodantes que les ennemis mesmes, & qui neantmoins luy estoient necessaires pour la conseruation du Marquisat ; au lieu qu'vne citadelle de Bourg peut tenir toute la Bresse en obeïssance : enfin il adjousta plus de centaines de Marquis, Comtes, & Gentils hommes à sa Couronne, qu'il n'y en a de douzaines en Saluces.

Tout ce pays est borné de la Duché de Bourgogne & du Lyonnois vers le Couchant, il a la Franche-Comté &

la ville de Geneue au Nord, la Sauoyé luy sert de limites à l'Orient, & le Dauphiné au Midy. BOVRG est la Capitale de la Bresse, assise au milieu d'vne plaine arrousée de la riuiere de Resouze, qu'on passe sur vn pont. Elle auoit vne citadelle composée de cinq bouleuards reuestus de brique, la plus reguliere de France, qui fut démolie l'an 1612. pour quelque mauuaise intelligence qui estoit entre le Gouuerneur de la Prouince, & celuy de la place. BELLEY est la ville Capitale du Balliage de Bugeys située entre les costaux dans vn pays montagneux: il y a vn siege Episcopal, qui a esté tenu de nostre temps par Messire Iean Pierre de Camus, dont la memoire sera recommandable à la posterité pour sa bonne vie, pour ses doctes escrits, & pour ses fructueuses predications. La ville de GEX est au pied des hautes montagnes; semblablement VEROMEX, ou VALROMEX, qui s'appelloit par les Latins *Vallis Romanorũ*, la vallée des Romains, pour auoir esté le lieu du bannissement des Citoyens Romains, conuaincus de crimes, & condamnez

marginalia: BOVRG EN BRESSE. Resouze, r. BELLEY.

DE FRANCE. 37

par le Senat à quitter l'Italie.

C'est ce grand pays que l'Ain trauerse d'vn bout à l'autre, en faisant comme deux Isles. Cette riuiere se leue pres de Nazaret ou Nozeroy, d'vne prodigieuse source dans vn rocher. NOZEROY est comme le centre de la Franche-Comté, auec son chasteau plombé, pource qu'il est couuert de plomb, enfermé des mesmes murailles auec la ville, munis de huit grosses tours, entouré de bons fossez, & garny de canons, ville celebre & marchande. On tient que son premier nom Nozeroy, qui se prenoit des noix dont le terroir abonde, fut changé en Nazareth par vn des Seigneurs de Chalon. L'Ain descend à Cize, pour receuoir le ruisseau *du lac des truites*, au dessous de la ville, & de là s'escoule à Mont-sogeon, passe sous le pont de *Nauoy*, & au pied du Marquisat de S. Sorlin s'en va prendre au dessus du pont de Pieta le ruisseau de *Cleruual* sortant de deux grands lacs, & tirant tousiours vers le Midy, il s'enrichit du ruisseau & des sapins du mont S. Claude, où est ce Conuent celebre

NOZEROY.

Clerual.

c iij

pour la deuotion des voyageurs, qui vont y demander la santé du corps & de l'ame par l'interceſſion du Sainct qui donne ſon nom à la place, auec toutes les eaux qu'elle a recueillies de plus de ſoixante petites riuieres ou torrens qui ſerpentent dans les vallées, & qu'elle va porter dans le Rhoſne, comme autant de iuſtes tributs que luy payent les peuples ſoûmis à noſtre Empire, non pas tant par la force des armes, que par la douceur de nos mœurs, & comme autant de teſmoignages aſſeurez du deſir qu'ont nos voiſins de viure ſous nos loix, & d'obeyr à noſtre Prince.

Si les rochers n'empeſchoient point le cours de la nauigation, la riuiere d'Ain ſeroit aſſez groſſe & aſſez forte dés le lieu de ſa ſource pour porter de grands vaiſſeaux. Elle eſt beaucoup plus groſſe audeſſous de Pouem, où elle reçoit la riuiere de *Nantua*, qui naiſt dans vn grand lac, dont les eaux ſont autant claires & poiſſonneuſes, qu'vn autre lac prochain eſt ſale & limoneux, ſi ce n'eſt pluſtoſt vn abyſme, où ſe vont rendre toutes les eaux qui descendent des montagnes voisines: elle se renforce encore au dessous du Port d'Ain, petite ville, auec vn ancien chasteau, qui prend son nom du pont basty sur la riuiere, où elle embrasse le *Surant*, qui descend des montagnes de Bourgogne, & passe sous les ponts de Chauene & de Fromente. Et incomparablement plus au dessus de Chazey, où l'*Arbelaine* vient la trouuer, & ioindre ses eaux auec les siennes, apres auoir arrousé les villes de S. Rambert, de Montferrat, & de S. Germain, commode au passage des voyageurs, pour leurs ponts pratiquez sur l'Arbelaine, qui neantmoins est guéable en plusieurs lieux. Enfin on peut dire, que l'Ain se jettant dans le Rhosne au port d'Anton, à quatre lieuës de Lyon, luy apporte presque autant d'eau, qu'il en auoit ramassé depuis le lieu de son origine, & que sa suite se grossit de plus de la moitié, estant bien raisonnable qu'il paroisse auec cette majesté deuant Lyon à l'abord de la Saone, qui pourroit autrement luy contester la preference.

Ie ne dis mot des autres petites ri-

Surant. r.

L'Arbelaine, r.

uieres que la Bresse communique au
Oeules, r. Rhosne, comme la riuiere des *Oeules*, qui vient de cette abysme voisine de *Nantua*, & qu'on passe au pont des Oeules vn peu plus bas que S. Germain la Cheure, au pied du mont de Cerdo, où il semble que tous les Elemens ayēt conspiré la ruine des voyageurs : le feu n'y est que dans les cailloux, & dans les carreaux des foudres qui tombent du Ciel : l'air y est espais, & couuert de nuages, qui vous desrobe l'vsage des yeux, & la conduite des pieds : l'air y est plus dur que les pierres, il faut manger de la glace pour estancher sa soif : la terre n'y paroist iamais qu'aux plus chauds iours d'Esté, que la neige se fond, & apres tant d'incommoditez, on ne trouue pas dans la vallée de Longeret vn meschant logis pour se
Vaceron- mettre à couuert. *La Vaceronne*, qui se-
ne, r. pare la Michaille du pays neutre : la ri-
Furans, r. uiere de *Furans* qui coule pres de Bellay, petite ville ruinée premierement par les Goths, & puis par les François, & tousiours incommodée des guerres qui ont esté entre la France & la Sauoye, pour estre mal fermée. Le ruis-

DE FRANCE. 41

seau de *Glandis*, qui sort de Glandieu, *Glandis,*
pres de la mesme ville : *Bremio*, qui pas- *r.*
se pres de Bregnier, & va dans le Fu- *Bremio,*
rans. *Le Cheran* pre de S. Iean le Vieux, *r.*
& *la Rossa* pres d'Insurieu, qui vont se *Cheran. r.*
rendre dans l'Ain le long d'vne mon- *Rossa, r.*
tagne, route herissée de cailloux poin-
tus & de rochers qui menacent de
cheutes. Ce ne sont que precipices
ouuerts de tous costez; vne route d'oyseaux qui volent à tire-d'aisles, plustost qu'vn chemin d'hommes, qui
marchent sur leurs pieds. *L'Oguin*, qui *Oguin, r.*
passe par la vallée de S. Martin & Iser-
nore, & se va descharger dans l'Ain.
La Seraine, qui trauerse le Monthiet, *Seraine,*
haute & basse ville, & sert de bornes *r.*
au Lyonnois & à la Bresse, se deschar-
geant dans le Rhosne à trois lieuës de
Lyon.

Le Rhosne ayant receu cet accroissement du costé de la Bresse, il en reçoit encore d'autres du costé de la Sauoye, que ie rapporteray apres que
i'auray descrit la Prouince qui les fournit.

Les mesmes Historiens qui nous ont
laissé par escrit les conquestes des Ro-

SAVOYE mains, nous ont fait le Panegyre de la valeur & du courage des Allobroges: & il ne faut pas estre beaucoup versé en la connoissance des affaires d'Italie, pour sçauoir la genereuse resistance qu'ils firent aux armes de Fabius, qui enrichit la pompe de ses triomphes de leurs despoüilles, & crût auoir plus fait que tous les Generaux d'armées, ayant dompté des peuples que la Nature rendoit inuincibles par la defense d'autant de forts & bouleuarts inexpugnables, qu'il y a de pointes de rochers sur les montagnes des Alpes, & par autant de leuées & de retranchemens qu'il y a de plotons de neige qui enuironnent les lieux de leur demeure, Lors que Catilina eut conjuré contre sa patrie, il s'asseura de leur secours, & se persuada que son party seroit assez fort, s'il estoit soustenu d'vne nation qui estoit née dans les rochers & dans l'aspreté des glaces, ne trouue rien de difficile en l'execution de ses desseins, & surmonté toutes les oppositions de la Fortune par les seuls auantages de la Nature.

Les bords du Rhosne & de la Saone

ont souuent esprouué leur courage, & ces deux grandes riuieres qui seruoient autrefois de barriere aux plus heureux conquerans, n'ont pû arrester leurs courses, ny empescher qu'apres auoir pillé les Prouinces voisines, ils ne soiēt allez plāter leurs estendars sur les murailles de Vienne, capitale du Dauphiné, dont ils se sont rendus les maistres. Ils possedoiēt vn des florissans Royaumes de l'Europe, qui n'auoit point d'autres loix fondamentales que l'espée & le bouclier, ny d'autre mestier que celuy de combattre, lors qu'Hannibal passa les monts, lequel fut choisi comme Arbitre par les deux freres, qui disputoiēt de la possession de cet Estat. Ce grand Capitaine, qui manioit la Balance de la Iustice d'aussi bonne grace quand il vouloit, que les armes de Mars, adjugea le Sceptre & la Couronne à l'aisné, puisque la naissance luy en donnoit le droict. Les Alpes Cottiennes doiuent leur nom au Prince Cottius, qui en facilita les passages, ne trouuant pas plus de difficulté à surmonter la resistance & la dureté des rochers, que l'esprit des peuples opiniastres, qu'il auoit contraint de plier, ou de rompre, sous la force de ses commandemens, ou de ses mains.

Ce Philosophe qui s'est acquis le surnom de Diuin, compare auec tresbonne raison les hommes à des arbres renuersez, puisque les arbres prennans le naturel du terroir où ils sont transplantez, deuiennent secs & steriles dãs vn sol maigre & pierreux, croissent & portent beaucoup de fruict dans vne bonne terre; & au contraire les hommes perdẽt le courage & la vertu dans vn pays d'abondance qu'ils auoient conseruée dans la souffrance & dans la pauureté; & les lauriers & les palmes des plus illustres guerriers se fanent, & meurent dans les vallees & dans les plaines, qui reprennent leur lustre & leur vigueur parmy les cailloux & sur le pendant des precipices. Telle a esté la destinée des Allobroges, qui ayans changé de place, & s'estans habituez dans vn pays vn peu plus gras que le haut des Alpes, changerent incontinent le nom d'Allobroges en celuy de Sauoyards, la gloire d'vn Royaume en vne simple Comté, érigée depuis en Duché par l'Empereur Sigismond, & l'autorité de Maistres absolus en la dependance de Subjets releuans de l'Empire. De vous dire quand s'est fait ce changement, il n'est pas si aisé. Nous pouuons seulement auancer auec beaucoup de probabilité, que le nom de Sauoyards vient de Sabaudus Archeuesque d'Arles, Vicaire & Legat Apostolique du Sainct Siege en France sous le Roy Childebert, qui ayant instruit ces montagnards en la foy du Christianisme, leur imposa son nom en leur conferant le Baptesme, comme le titre d'Altesse leur fut donné, lors qu'il commença d'estre en vsage en Italie, auquel ils ont adiousté la qualité d'Altesse Royale, pour estre distinguez des autres qui sont moins qu'eux.

La Duché de Sauoye, telle qu'on la prend aujourd'huy pour tout ce que les Ducs possedent deçà les monts, a pour bornes du costé du Ponant la riuiere du Rhosne, & la Guye le long du pays eschangé, & vers le Nord le Lac de Geneue, & le pays de Vallais, au Midy il confine au Dauphiné, & à l'Orient au Piedmont. La Comté de Maurienne, qui fait vne des plus belles parties de ce corps ectique & descharné, s'estend iusqu'à la riuiere d'Arch, où est la ville de S. Iean de Maurienne, le lieu de la sepulture de Humbert I. qui receut la Comté de Maurienne, & la Duché de Sauoye de l'Empereur Henry III. La Tarentaise est presque renfermée entre les Alpes, & la riuiere d'Are, & d'Arch. Elle contient quatre-vingt bourgs, entre autres le bourg de S. Mauris chef d'vn Marquisat, qui s'estend bien auant vers le petit S. Bernard, où est la Colomne Ieu, dite par les Latins *Columna Iouis*, lieu renommé pour la tyrannie que le Diable exerçoit autrefois sur les passans. De là on entre en la Val d'Aosce par vn passage innaccessible, quand on a leué le pont, qui est sur la riuiere d'Are. Outre le Fossigny, dont i'ay parlé, cet Estat comprend de plus la Duché de Chablais, & les Baronnies de Raud & Gas.

La Sauoye porte des bleds en ses vallées, des pasturages sur les plus basses montagnes, & en quelques lieux de bons vins. Les eaux de Chambery & d'Annicy sont si propres aux teintures, que les marchands preferent les soyes teintes en ces quartiers à plusieurs autres. Les grandes montagnes qu'elle contient en son enceinte font que les voyageurs y descouurent tousiours quelque chose de nouueau : car tantost ils s'apperçoiuent que les passages s'eslargissent, & tantost que les montagnes se retressissent, qu'elles se haussent, puis elles se baissent, elles s'auancent icy, & là elles se retirent, tantost elles vous conduisent dans vne plaine, tantost elles vous renferment dans vn vallon, ce qui a fait dire que cette Prouince est faite comme la Game des Musiciens, & que les chemins sont distribuez cõme leurs tons. Pour les mœurs des habitans ils ont la niaiserie si naturelle, qu'encore qu'ils en perdent vne partie par la frequentation des estrangers, neantmoins ils la retiennent presque toute entiere en leur langage & en leurs conceptions. Ils se persuadent que le Duc de Sauoye est le premier Prince du monde, que leur pays est le pays des merueilles, que leurs montagnes sont grosses d'or & d'argent, prestes à enfanter des thresors ; & s'ils auoient autant de riuieres que de torrens ils nous voudroient faire passer leurs montagnes pour des parterres du Paradis terrestre: Ils sont mal-habiles à tout ce qu'ils entreprennent, on diroit que la Nature ne les a mis au monde que pour nettoyer les cheminées, comme s'ils vouloient mesler la suye de leurs voisins auec leurs neiges qui leur esblouit la veuë, & qu'ils cherchassēt les foyers de la France côme des retraites asseurées contre le froid qui les tourmente chez eux. Ils sont si vaillans aux armes, que deux ou trois des autres nations en feront tousiours fuir vne douzaine : & ie pense qu'ils ont cette consideration de se conseruer auec beaucoup de soin pour ne pas diminuer le nombre des sujets de leur Duc, qui ne peut faire qu'vne perte fort signalée en perdant seulement dix hommes, tant son pays est mal peuplé. C'est du petit monde que i'entends parler, car les Gentils-hommes y sont d'vne agreable conuersation, & aussi bien faits que

leurs

leurs voisins ; les histoires font foy de leur ancienne valeur, les Chiffres du Collier de l'Ordre de Sauoye sont des preuues certaines de leurs faits d'armes : & ces quatres lettres F. E. R. T. *Fortitudo eius Rhodum tenuit*, qui signifient que leur valeur a conserué l'Isle de Rhodes contre les infidelles, valent plus que quatre Panegyres composez à leur loüange.

Il y a aussi quelques lacs qui nourrissent force poissons, dont les plus renommez sont ceux de Nissy ou d'Annecy, du Bourget, & d'Aiguebelette, auec plusieurs petites riuieres qui vont se ietter dans le Rhosne & dans l'Isele. La ville d'Annecy est aujourd'huy la capitale du Geneuois, quelques vns l'appellent Nyssi du mot Grec *Nyssos*, qui signifie Isle, parce qu'anciennement elle estoit fort grande, & contenoit toute la plaine, qui est depuis la ville moderne iusques au pont de Brogny, de façon qu'elle estoit comme entourée du lac, & des riuieres du Thiou & du Cier qui vont s'y rendre. Les autres l'appellent *Annesiacum* comme qui diroit *Annexum aquis* joint

d

te & attachée aux eaux. Son assiette est fort agreable ayant en teste vn lac de trois lieuës d'estenduë & vne de large, qui se descharge par quatre canaux dans la ville, & y porte les batteaux. On pourroit multiplier ces canaux d'eau douce, & rendre cette ville vne petite Venise, forte & marchande. Mais elle croid estre assez riche, & assez bien gardée par les pretieuses reliques, & par le fauorable secours du B. François de Sales, le vray miroir des Euesques, dont le tombeau rauit l'esprit des estangers par la force de ses miracles, comme il auoit gaigné les cœurs de tout le monde durant sa vie par la douceur de sa conuersation, & par la sainteté de ses vertus.

Seran, r.
Tonne, r.
Fleurie, r.
Fiere, r.

Le lac d'Annecy se va descharger dans le Rhosne auec la *Tonne*, la *Fleurie*, la *Fiere*, & le *Seran*, qui tous entrent dans vn mesme canal au dessous de Seyssel. Le *Seran*, ou *Siran* pour le distinguer d'vn autre du mesme nom, qui vient du costé de la Bresse, passe par vne petite ville fort peuplée, nommée Rumilly, bastie dãs vn bon fonds, fertile en grains, & agreable pour vne grande diuersité de chasteaux, qui sont au tour, le sejour d'vne ancienne Noblesse, qui se plaist de viure dans l'esleuation des montagnes, pour respirer aussi vn air plus noble. Les autres coulent des montagnes du Geneuois. Plus bas que le lac d'Annecy on trouue vn autre lac, qu'on nomme de Bourget, long de quatre lieuës, tout bordé de gros bourgs & villages, qu'on croid auoir quelque secrette communication auec le lac d'Aiguebellete, qui est encore plus bas, par le moyen de certains conduits sousterrains, qui portent l'eau de l'vn à l'autre. Le poisson de ces lacs est preferable à celuy des riuieres, pour estre ferme & nourry en eau viue, claire & spatieuse, de sorte qu'il participe au goust de ceux d'eau douce & de la mer; particulierement les truites & lauarets du Bourget, qui ne se trouuent point ailleurs. L'Abbaye de Haute-combe est sur le lac de Bourget celebre pour les superbes tombeaux des anciens Comtes de Sauoye, lesquels y auoient choisy le lieu de leur sepulture. La Fontaine qu'on appelle des merueilles, qui est à

LAC DE BOVRGET.

d ij

Hautecombe se va descharger dedans de demy-heure en démy-heure ; estant en cela semblable à la fontaine de Bellestat, dont i'ay parlé ailleurs, laquelle coule douze fois en douze heures, & tarit autant de fois par interualles si bien mesurez, que les ombres d'vn cadran ne sont pas mieux reglez, ny les appeaux d'vn horologe plus iustement compassez : mais elle a cela de plus, qu'auant que de couler elle excite vn bruit effroyable, semblable à celuy d'vne grosse riuiere qui se desborde, ou du choc d'vne nuë qui vient à se briser par le tonnerre, comme si la nature faisoit quelque puissant effort en la production de ce miracle. Le mesme reçoit les eaux d'Aix, salutaires à plusieurs maladies, où l'on void vn grand concours de malades, qui ayment mieux se lauer dans cette eau d'alum & de souffre, que d'aualer les drogues detrempées d'vn Medecin. Outre qu'elle n'est pas si chere, ses operations sont tousiours plus certaines. On garde auec veneration dans l'Eglise de cette ville vn Crucifix qu'on croid auoir esté fait du bois de la vraye Croix, par S.

DE FRANCE. 53

Ierosme.

Tirant encore plus bas, presqu'à l'opposite du *Furans* qui coule pres de Bellay, on passe le *Flou*, qui sort du Montespine & entre dans le Rhosne pres d'Yenne, auec vn autre petit ruisseau, qui sort pres de Coulon, & se rend dans le Flou.

Flou, r.

LA GVYE.

VNE des plus remarquables riuieres, que le Rhosne reçoiue en son sein est la Guye, qui fait la separation de la Sauoye & du Dauphiné, non tant pour la profondeur de ses eaux, ny pour la longueur de son cours, que pour la veneration des lieux d'où elle tire son origine, dont l'vne peut estre dit le sejour des Saints & l'autre le chemin des Heros. Car elle se forme de deux ruisseaux, l'vn desquels prend sa source au village de Chartreuse, & l'autre en la paroisse de S. Pierre parmy les montagnes de Dauphiné, & se ioignent tous deux ensemble au bourg des Eschelles, & entrent dans le Rhosne à S. Geruais

GVYE, R.

d iij

après auoir donné des bornes à deux grandes Prouinces sur le pont de Beauuoisin, où la riuiere est fort profonde.

LES ES-CHELLES   Les ESCHELLES, en Latin *Scalæ*, ont pris leur nom d'vn grand chemin, sur lequel elles sont, qui est tout taillé dans le roc. Quelques vns ont crû que c'est le lieu qu'Hannibal ouurit auec le fer & le vinaigre, pour passer son armée dans l'Italie, & montrer aux Romains que la patience & la valeur naissoient ailleurs qu'en leur ville. Pareillement c'est au milieu de ces deux sources, que S. Bruno l'honneur des deserts, & le plus venerable des Solitaires ietta les premiers fondemens de son Ordre, & bastit la premiere maison des Chartreux, comme vn Paradis terrestre, bordé de precipices, & entouré de rochers, en apparence inaccessible aux hommes, dont ces ames choisies fuyent la conuersation pour auoir plus de comerce auec les Anges, dont ils imitent parfaitemét les actions. L'inclination particuliere que i'ay à honorer ces bons Religieux, qui ont l'esprit auec le corps bien loing du monde, qui font en verité ce qu'ils reſſemblent, & qui ne couurent point vne ame ambitieuſe d'vn habit d'humilité, & qui ne ſont pas comme cette mal-heureuſe Princeſſe de Grece, qui ſe proſtitua ſous les trophées de ſon pere, ie veux dire qui ne recherchent point vn ſujet de vanité au pied de la Croix; l'inclination, dis-ie, que i'ay pour eux me contraint de declarer en peu de mots l'inſtitution & l'eſprit de leur Ordre. La Guye, qui s'eſt auſſi ſouuent enflée des larmes que l'amour Diuin a icy exprimé des yeux de ces ſaints Penitens, que des neiges fonduës par le Soleil ſur les montagnes, exige de ma plume cette petite reconnoiſſance.

C'eſt donc au milieu de ces montagnes, que s'eſleue vn Monaſtere Chef de l'Ordre des Chartreux, plus conſiderable pour la vie des habitans, que pour ſon aſſiette, & plus magnifique par l'eſclat de leurs vertus, que par l'artifice des baſtimens, qui n'ont rien de grand que l'eſpace, ny rien de precieux que leur vſage, ſeruans de logis aux Anges de la terre. La premiere porte

d iiij

est chargée de testes d'Ours, dont le desert est plein, comme si la Prouidence diuine vouloit nous faire entendre, que ces animaux ne sont que des images des môstres cruels, que ces Dauids du nouueau Testament égorgent tous les iours auec plus de succez, que ne faisoit le Dauid de l'ancien les Ours de la Iudée. L'Eglise est petite & obscure, mais les Anges, Officiers de la Maison de Dieu, que ces saincts Solitaires imitent parfaitement, n'ont pas besoin de lieu pour se placer, & la matiere dont ils sont formez, n'est qu'vne pure lumiere. Le Chapitre est assez grand pour receuoir les Deputez de l'Ordre, qui s'y assemblent de toutes les nations : chacun a son siege separé de l'autre, bien qu'il n'y ait parmy eux aucune diuision de volontez. Le refectoir est fort modeste, ils y mangent en commun les festes & les Dimanches, gardans l'instruction de S. Hugues, les yeux collez sur la table, la main au plat, les oreilles ouuertes à la lecture, & le cœur vny à Dieu. Les cellules sont des tombeaux, & les licts de veritables cercueils formez de bois, reposent des Morts mystiques, & neātmoins l'on n'y void point de punaises, quoy que leurs valets en soient mangez. Voicy ce qu'en dit vn Historien.

C'est vne chose generale par tout l'Ordre, verifiée par l'experience de presque six cens années, que Dieu n'a point voulu que les Chartreux fussent affligez de ces puantes vermines, & en a exempté leurs cellules, dont difficilement se pourroient-ils garantir, à cause qu'ils couchent vestus, ne se seruans point de linge, changeans peu souuent d'habits, & qu'ils ont leurs cellules & leurs licts fermez de bois, au lieu de courtines, & qu'ils sont si peu soigneux d'en changer la paille, qu'il y en a qui ne la changent pas en vingt ans vne fois. Pour ne point mentir, l'odeur d'vne si rare saincteté ne compatit point auec la puanteur, & vne si douce vie ne doit point estre trauersée par ces facheux ennemis du repos humain.

Le Prieur general est obligé de faire sa residence en la grande Chartreuse, dés aussi-tost qu'il est esleu, sans auoir la liberté d'en sortir, pour seruir de modele aux autres qui viuent sous ses loix, & se forment sur ses exemples. C'est de là que comme vne Intelligence, qui meut son Globe sans se mouuoir, il donne les ordres à plus de trois mille Religieux, & gouuerne prez de deux cens maisons distribuées en dix-sept Prouinces, dans vn Ieusne, Cilice, Silence & Solitude perpetuelle. I'aduouë franchement, que rien ne m'a iamais tant estonné que d'y voir des Chartreuses : Car qu'il y ait des Capucines & des Fueillentines qui viuent dans l'austerité, & qui esleuent les trophées de la Croix sur la delicatesse de leur corps, & sur la foiblesse de leur sexe, cela n'est point si estrange, que de voir des filles muëttes par election de volonté, qui ont des langues sans en vser : & i'ose auancer que le silence continué d'vne fille est vn des plus prodigieux miracles qu'ait operé le sang du Fils de Dieu, & qu'il n'est point si fascheux à vne femme de souffrir que de se taire.

Si vous desirez apprendre l'origine de cet Ordre si celebre en l'Eglise, il ne faut qu'entrer dans le Chapitre où se font les Assemblées generales, vous en verrez l'histoire en peinture, & sçaurez qu'enuiron l'an 1080. en la Capitale du Royaume de France, à la veuë de ce grand peuple, & aux yeux de cette fameuse Vniuersité, vne ame damnée, à ce qu'on dit, fit le mestier d'vn Predicateur deputé extraordinairement de Dieu, pour induire sept ieunes hommes à quitter le monde, & se retirer dans le plus effroyable desert de l'Europe. Ce ne sont que rochers affreux, torrens, precipices, neiges, glaces, frimats, vents & tempestes, vn lieu enfin inaccessible aux hommes, mais non pas à Bruno Chanoine de Coulogne, que l'esprit de Dieu poussa dans ce desert pour fonder vne Religion, qui a esté mere de tant de saincts Côtemplatifs, de tant de doctes Euesques, & d'vn si grand nombre d'Intelligences mortelles.

C'est le destin des choses pretieuses de se corrompre bien-tost, ou de se rompre aysément. Il ne faut qu'vne bluette de feu pour reduire en cendres ces superbes Palais, qui ont cousté le trauail de tant d'ouuriers, & les finances de tant de Rois : vn souffle de vent peut abysmer ces grandes flottes chargées de la despoüille des nouueaux mondes, & il ne faut qu'vn moment pour perdre vne belle ame, & gaster l'image de Dieu. Ainsi dit-on qu'vn Docteur celebre de la Faculté de Paris auoit tousjours bien vescu, & que les petits l'aymoient autant pour sa vertu, que les grands le consideroient pour sa science ; mais qu'à l'article de la mort il se laissa tomber dans vne fausse présomption de son salut fondé sur ses propres merites. Si bien qu'à l'heure de ses funerailles, où se trouuerent les Docteurs & les Escoliers, comme on chantoit vne leçon de l'Office des morts, ce pauure trespassé se leua sur son cercueil, & esleuant aussi sa voix, fit retentir l'Eglise de ces funestes paroles, *Iusto Dei iudicio accusatus sum*, i'ay esté iustement accusé au iugement de Dieu. Ie vous laisse à penser quels furent les sentimens d'vn si triste spectacle?

Mais comme il ne suffit pas d'estre accusé pour estre criminel, & qu'il est besoin que les innocens se presentent aux pieds de la iustice pour estre couronnez, aussi bien que les coulpables pour estre chastiez, on n'oza rien prononcer sur cette accusation, & les plus sages furent d'aduis de remettre l'office au lendemain, où le monde accourut de tous les endroits pour entendre les tristes auantures de ce defunt. Ce fut au mesme lieu & à la mesme rencontre, que ce corps se leua pour la deuxiesme fois, pour deposer qu'il auoit esté iugé au Tribunal de Dieu, disant ces paroles, *Iusto Dei iudicio iudicatus sum*. Les Prestres saisis de peur, n'ayans pas assez de voix pour chanter le reste du seruice, ny les assistans assez de courage pour tenir bon, vn chacun se retira dans sa maison. I'ose bien dire que iamais predicateur ne fut oüy auec vne telle attention que l'ame de ce mort, & iamais sermon ne causa de si estranges mouuemens dans l'ame des auditeurs, que quatre ou cinq paroles qu'il prononça pour la troisiesme fois. *Iusto Dei iudicio damnatus sum*. I'ay esté condamné au iugement de Dieu. La resolution qu'on prist fut de ietter ce corps à la voirie auec les bestes, dont l'ame auoit esté precipitée aux enfers auec les reprouuez. Mais les conclusions que prit Bruno, qui se trouua present au raport de ce procez, furent d'abandonner la terre pour gaigner le Ciel, & de renoncer au monde, où il y a tant de dangers pour se retirer dans les montagnes de Chartreuses, & contribuer par ses exemples & par sa regle au salut de ceux, qui poussez du mesme esprit voudroient embrasser son Institut.

C'est ce qu'en disent les Peres de l'Ordre, & c'est ce que veulent representer tant de peintures aux Cloistres & aux Eglises de leurs Conuents: mais les Docteurs de Paris n'y consentent pas volontiers, aussi ne se trouue-il aucun liure des Autheurs anciens qui ait traitté de la fondation & de l'origine de cette sainte Religion, qui fasse métion de cette histoire, laquelle est si remarquable, que mesme les plus desinteressez l'auroient couchée en leurs escrits pour seruir d'instruction à la posterité, & il s'en liroit quelque chose dans les histoires du Royaume, &

dans les antiquitez de cette floriſſante ville, qui n'a iamais veu rien de ſemblable dans l'enceinte de ſes murailles. On auroit cotté l'année, le mois & le iour d'vn ſi funeſte accident; on diroit en quelle Egliſe, & deuant quel Autel ce prodige eſt arriué; on indiqueroit le lieu deſtiné à la ſepulture de ce pauure Docteur, & ie ne doute point que les plus endurcis s'en approchans auec vn eſprit docile ne fiſſent des reflexions profitables ſur le mauuais eſtat de leur vie, & ne tiraſſent plus de lumieres de ce ſpectacle que de tous les ſermons de l'année. Adjouſtez que les Eſcriuains modernes, qui ont inuenté ou copié cette relation, ſont fort en peine du Degré qu'ils donneront a ce damné, & en quelle faculté, ou de Theologie, ou de Iuriſprudence, ou de Droit Canon ils luy donneront la robe & le bonnet. Le Pape meſme la retranché du Breuiaire de l'Egliſe, où elle auoit eſté inſerée par toleráce, ou par affectatió, & n'a pas voulu permettre qu'vn prodige douteux & incertain fuſt approuué de tous les Eccleſiaſtiques: veu que S. Bruno le Pere & l'Instituteur d'vn si saint Ordre auoit bien assez d'autres raisons de fuir la frequentation des hommes, pour conuerser auec Dieu.

Quoy que c'en soit, la *Guye* sanctifiée par les prieres, & grossie des larmes de tant de Saints, se vient rendre dans le Rhosne à S. Genis & non pas dans l'Isere, comme escrit Papyrius Masson, fondé peut-estre sur ce que son origine est beaucoup plus proche de l'Isere, que du Rhosne, mais il ne consideroit pas que son cours est du Midy vers le Nord, bien que celuy du Rhosne depuis le Pas de l'Ecluse iusques à S. Genis soit du Nord au Midy, & que de S. Genis iusques à Lyon il se porte de l'Orient à l'Occident, pour de là iusqu'à la mer courir encore vers le Midy, receuant toutes les riuieres qui viennent des deux costez se ietter dans son canal. Dont la premiere apres la Guye, est celle de la *Tour du Pin*, qui se leue d'vn grand lac, passe par la Verpilliere, sous le pont de la Tour du Pin, & au dessous se perd auec les autres.

R. de la Tour du Pin.

Auec cette longue suite de riuieres, dont i'ay parlé, le Rhosne se presente deuant

deuant Lyon, où la Saone sort de la ville, par où elle passe, & qu'elle trauerse, pour le receuoir au pied de ses murailles, & s'allier à luy dans vn mesme lict, bien que tous deux soient d'vn naturel fort different. Car l'vne est posée, & vn peu lente, l'autre violent & actif; l'vne douce & paisible, qui se laisse conduire & regir, l'autre impetueux & arrogant, qui domine par tout. Il est vray qu'il y a desia cent ans & plus, que les Allemans rompirent vne montagne par laquelle le Doux entre dans la Bourgogne, qui est cause que la Saone qui le reçoit, autrefois si arrestée, se déborde depuis assez souuent. En cette alliance des deux riuieres, l'vn perd & l'autre gaigne, comme porte le dicton du pays, *A Lyon la Saone perd son nom.*

LA SAONE.

Plusieurs riuieres ont changé de place, mais il n'y a que la SAONE en France, qui ait changé de nom. Si ce qu'on raconte est veritable, que la Saone, qui se nommoit autrefois

Arar, fut veuë toute rouge depuis Lyon iufqu'à Mafcon, teinte du fang des Chreftiens, efgorgez durant les perfecutions de la premiere Eglife, & que pour cette raifon la riuiere changea de nom apres auoir changé de couleur, & fut nommée la Saone, comme qui diroit l'Enfanglantée, de ces ruiffeaux de fang, qui feruirent d'vne feconde pluye, pour faire germer les femences de la foy dans le cœur de nos Peres ; Ie peux dire auec verité que les Amphitheatres de l'ancienne Rome n'ont rien veu de pareil au courage des Lyonnois; & que la Saone eft la plus venerable de toutes les riuieres du monde, pour auoir efté confacrée d'vne fi pretieufe liqueur.

Quoy que c'en foit, puifque ie recherche l'origine des fleuues, & non des noms, laiffant cette difpute à vuider aux Critiques, qui n'ont pas toufiours des fentimens conformes à la pieté des peuples, ie dis que la Saone n'eft pas pluftoft née dans les montagnes de Vauge, en vn lieu nommé Viomany, fur les confins de la Lorraine, qu'elle abandonne fon pays natal, pour viure sous vn autre climat, & respirer vn air plus doux que celuy des rochers. A ce dessein elle se iette dans la *Franche-Comté* à Chastillon, ayant arrousé depuis sa source quantité de bourgs & de villages, qui sont assez frequents dans la Bourgogne. Aussi dit-on qu'elle prend son nom des anciens Bourguignons, la race des Vandales, qui ayans esté chassez par les Allemans des Bourgs qu'ils auoient occupez, & qui leur donnoiēt le nom, se saisirent du pays des anciens Heduens, qui sont les Autunois, & des Sequaniens les Francs-Comtois, qui leur furent baillez par Stilicon General des Romains pour recompense de leur courage & de leur fidelité à son seruice, qu'ils auoient fait paroistre combatans pour luy contre les Goths. Elle est diuisée en deux, la Duché & la Comté, l'vne obeyt au Roy de France, & l'autre au Roy d'Espagne.

BOVR-
GOGNE
COMTE

Ie parle premierement de la Comté, puisque la riuiere m'y conduit, laquelle a esté nommée Franche, à cause de son exemption des tailles, ou plustost pour l'affranchissement du Com-

e ij

té de toute autre Souueraineté. Ses anciens habitans sont les Sequanois, diuisez des Heluetiens par le mont Iura. Cette Prouince est esloignée de la mer, degarnie de fleuues nauigables, & par consequent mal propre pour entretenir le trafic des marchandises : elle a toutefois de grandes richesses, & il semble que la terre se soit estudiée particulierement à l'obliger de ses faueurs. Les plaines produisent plus de bleds en vne seule année, que le peuple n'en sçauroit mager en trois : les vins, outre qu'ils sont excellens, conseruent leur couleur, leur force & leur esprit iusques à trente ans : les pasturages arrousez d'vn grand nombre de ruisseaux sont tousiours couuerts d'herbes & chargez de bestail : les bois & les forests sont d'vn si grand reuenu, qu'ils valent vne troisiesme partie des grains, & sont appellez ordinairement, le troisiesme grenier de la Bourgogne : les cheuaux y sont de bon seruice, mesme pour la guerre, comme si cette humeur Martiale qui paroist sur le front des habitans, se communiquoit iusques aux animaux :

les mines de fer & d'argent se descouurent en quelques endroits, & les riuieres du Doux & de la Loue charriẽt
l'or sur leurs sablons : les sources merueilleuses d'eaux salées & douces proches les vnes des autres coulent pres
de Salins, dont neantmoins les Romains, bien qu'ils ayent assez long-
temps possedé ce pays, n'ont iamais
eu de connoissance : les Rois & Comtes de Bourgogne ont esté les premiers
qui ont fait dresser ces grands & am-
ples bastimens au bas du bourg de Salins, qu'on appelle la grande Saulne-
rie, pour loger les Officiers, renfermer
les sources d'eaux salées & douces, &
comprendre tous les seruices necessaires pour tirer, façonner & conseruer
le sel.

Il y a de plus des marbres noirs, qui se
tirent à S. Loutain, à Toraise, & à Tor-
pe; il y en a d'autres qui tiennent presque autant du gris que du noir : il y en
a mesme qui est marqueté de rouge, &
parsemé de pailletes dorées ; auec des
albastres & des jaspes, dont on fait des
colomnes de douze & quinze pieds
pour la decoration des Eglises & pour

e iij

la magnificence des Palais, comme si la terre qui pouruoit à la necessité cōmune de tous les hommes, en qualité de mere, auoit eu des tendresses particulieres pour cette Prouince, en luy fournissant mesme des ornemens pour l'honneur & pour la pompe. Et dautant que la Nature semble se plaire à prendre ses diuertissemens innocens en cette Comté, on void à Sampans pres de Dole des pierres de couleur rouge, embellies d'vne infinité de figures, & de representations d'hommes & d'animaux, d'estoiles, de fleurs, & d'autres choses semblables, iusques à y trouuer des armoiries entieres colorées & blasonnées, qu'il ne faut que dresser sur des tables; comme si cette grande Ouuriere, apres auoir mis l'Vniuers en sa perfection & en son estenduë, vouloit le reduire en abregé, & le faire voir en figure graué sur des tableaux de pierre. On remarque aussi certaines fueilles ou pierres leuées des grottes & des cauernes, semées de quantité de diamans taillez, & d'vne eau qui degenere vn peu de la beauté naïue des vrays diamans, & d'autres qui en representent les boutons. Les grottes d'Aucelle, de Quingé, & de Courtefontaine font voir plusieurs autres belles figures de colomnes, casques, espées, tombeaux, & autres grotesques & jeux de la Nature, dont les occupations, quoy qu'elles ne soient pas tousiours fort serieuses & necessaires, ne laissent pas de nous donner du plaisir & de l'estonnement. Il s'y trouue mesme des lettres, aussi bien qu'à Limans village de Prouence esloigné d'vne lieuë de la ville de Forcalquier, si parfaitement representées, que les petits enfans les discernent facilemēt: ce qui me fait iuger que l'histoire de Nider n'est point tout à fait incroyable, qui rapporte qu'en Mauritanie, pres de la ville de Septa, on a veu vne fontaine où il y auoit des pierres qui portoient naturellement les noms tous entiers de nostre creance, comme on voyoit sur les vnes *Aue Maria*, sur les autres *gratia plena*, & sur d'autres *Dominus tecum*. Car si la Nature produit de ces petits cailloux, qui portent vne lettre grauée, pourquoy ne peut-elle pas produire vne plus grande pierre qui fora voir vn mot entier ? La Nature n'est point ignorante, & ceux-là luy font outrage qui la disent aueugle, puis qu'elle est la Collegue de Dieu au gouuernement du monde, & sa compagne en la production des choses, Enfin pour combler cette Prouince de toute sorte de biens, les riuieres de Saone & de Lougnon, qui viennent des monts de Vauge, le Doux, la Louue, & l'Ain du mont Iura, reçoiuent toutes les eaux du pays iusques aux moindres fontaines & estangs, & portent toutes sortes de poisson : on dit particulierement que la Saone nourrit la carpe, Lougnon le barbeau, l'Ain la truite, la Louue l'ombre, & le Doux le brochet. Ie vous laisse à penser si le peuple qui a tous ces auantages n'a pas iuste raison d'obseruer si religieusement l'abstinēce du Caresme, qu'vn Franc-Comtois aualeroit plustost vn verre de poison, que de manger vn œuf en ce temps-là.

Ayant ainsi descrit le pays, où la Saone fait son entrée dés aussi-tost qu'elle abandonne le lieu de son origine, nous aurons moins de peine à la suiure iusques au *Pont de Saone*, où elle arriue ayant fait force tours par les vallées, riche du butin de plusieurs petits ruisseaux, qui empruntent le nom des lieux par où ils passent, comme de *Fontenay*, *Iussey* & *Ionuelle*, vne des anciennes terres de l'illustre maison de la Tremoille, laquelle estoit possedée par Iean de la Tremoille, quand Philippes Duc de Bourgogne le fit vn des vingt-quatre premiers Cheualiers sans reproche de l'Ordre de la Toison, qu'il institua l'an 1429. leur donnant à chacun pour enseigne vn Colier d'or composé de sa deuise du Fusil, auec la Toison aussi d'or reuenant sur le deuant, à l'imitation de celle que Iason alla conquerir en Colchos, que les Poëtes nous font passer pour vne recompense de la vertu. Elle reçoit entr'autres la *Lantaine*, qui sort du mont des Forches, où se fait la separation de la Lorraine & de la Franche-Comté, passe à Luxeuis, celebre dans tout le pays pour ses eaux medicinales, vient à Conflans prendre le ruisseau d'*Angronne*, descend à Conflandey, & se va jetter dans la Saone.

Lantaine, r.

Angronne, r.

Du Pont de Saone la riuiere tire vers le Couchant, franchit le pont de *Rupt*, & se porte à GREY place tres-importante pour la conseruation du pays, autant superbe en ruës, agreable en fontaines, magnifique en Eglises & en edifices publics, qu'elle est forte en murailles, en tours & bastions, capable d'attirer au dedans la curiosité des estrangers par sa beauté, & d'arrester au dehors les armes de ses voisins par ses fortifications. Mais elle n'y vient pas sans compagnie, la riuiere de *Vesoul* se range à sa suite au dessous de Vesoul, qui luy donne son nom, ville close de fortes murailles, enrichie de beaux bastimens, & agreable pour les vignobles qui l'entourent de tous costez. Assez pres de cette ville est la source merueilleuse de *Frais-puis*, qui est si grosse qu'elle couure assez souuent les campagnes, particuliérement quand il a pleu, & que ses eaux viennent à monter. C'est vn trou large de quinze toises & profond de vingt: la superficie en est si haute, qu'elle egale la pointe d'vn clocher voisin. Le ruisseau du *Pont des Planches* qui descend de

Marginalia:
GREY.
Vesoul, r.
R. du Pōt des planches.

la colline du Fondrement, & le *Bief*, *Bief, r.* qui passe pres de S. Loup, viennent aussi s'y rendre à l'Orient, & les eaux de *Mambray* & de *Dampierrepot* au Couchant.

Elle coule ainsi sous les ponts de Grey, & sous ceux de Prantigny, pour gaigner PONTARLIER, où elle est comme vne eau de depart, qui separe les terres de l'vne & de l'autre Bourgogne, comme les cœurs & les esprits de ces deux peuples sont desia partagez par les interests des deux Princes, ausquels la naissance & la fortune les ont sousmis. Aussi la Saone se diuise elle-mesme en deux, & pratique vne Isle au milieu de son sein, qui renferme la ville, & luy fait vn fossé naturel plein d'eau tout alentour, auec vn pont de bois pour le passage. Vous iugeriez que c'est vne prouidence particuliere qui pouruoit aux besoins de toutes les creatures, & leur sert de tuteur pour procurer leur bien, laquelle préuoyant que la Saone affoibliroit par trop ses forces en cette diuersion qu'elle fait se partageant en deux, luy fournit vn renfort de trois ou quatre riuieres. *Lougnon* descend des monts de Vauge le long du *Val de Servance*, passe au pied de Villerscey esleué sur le haut d'vne roche, reçoit *la Linotte*, qu'elle conduit par Monclay & Marnay dans la Saone au dessus de Pontarlier : & la *Nauigene* vient à l'opposite, qui prend sa source de Môs-Angon à trois lieuës de Langres, & reçoit la petite *Torselle* en son chemin, formans toutes deux vne isle, auant que de se perdre dans la grande riuiere, où est renfermé le bourg de Tallené. *La Venelle* se iette aussi dans la Saone dessous Pontarlier, prenant son origine au village de Tay, ayant passé le long de Selonge, & s'estant perduë sous terre à Bussey, comme fait le Rhosne, Gadiana, & plusieurs autres fleuues.

Cette jonction grossit de beaucoup la Saone, qui continuant son cours vers le Midy, forme vn beau pont à Auxone deux lieuës au dessous de Pontarlier, & ne contribüe pas peu aux fortifications de cette ville & du chasteau, qui sert de clef pour fermer les portes de la Duché aux ennemis de cet Estat, y ayant vn beau pont de

Lougnon r.
Linotte, r.
Nauigene, r.
Torselle, r.
Venelle, r.

pierre pour faciliter le passage aux Alliez. La riuiere de *Tille*, qui vient de *Tille, r.* S. Seigne, & prend l'*Agnon* assez pres *Agnon,* de la source de Seine, passe à Sault le *r.* Duc, à Is sur Tille, & à Tille-Chasteau, où elle se charge de la *Besue*, se *Besue, r.* vient ietter dans la Saone vne lieuë au dessous de la ville d'Auxone: tellement que par tant de recreuës qu'elle reçoit de tous costez elle deuient vne grosse riuiere nauigable, & capable de porter de grands batteaux, qui s'en vont à Lyon chargez de marchandises. La Tille est merueilleuse, en ce qu'elle produit vne espece d'herbes sur ses riuages, dont se sert le menu peuple au lieu de pain, quand il y a disete ou cherté de bleds, estant vne chose fort extraordinaire de moissonner sur l'eau.

La Duché de Bourgogne où nous BOVR-
entrons auec la Saone est à bon droict GOGNE
appellée la Mere des Ordres, à cause DVCHE'.
des Monasteres de Cisteaux, de Cluny & de Tournus, qu'elle comprend en ses terres, comme trois precieux diamans dans le rond de sa couronne. Elle est aussi la mere des bleds, des vins,

des mines & des eaux : ses bleds & son fer se transportent dans le Lyonnois, dans la Prouence, & dans le Languedoc par la riuiere du Rhosne, & par la mer dans les Royaumes estrangers. Ses vins sont en estime dans les Prouinces les plus reculées, & sont seruis sur les meilleures tables. Elle est bornée de la Champagne au Nord, du Bourbonnois & du Niuernois au Couchant, du Beaujolois & du Lyonnois au Midy, & du Rhosne qui la separe de la Sauoye, de la Bresse & de la Franche-Comté au Leuant. La Prouince est de grande estenduë, y ayant de Mascon à Auxerre, ou à Bar sur Seine quarante-cinq lieuës de longueur, & si on la prend au bord du Beaujolois iusques à Fauchere village sur la frontiere de Champagne, elle est de cinquante lieuës, & sa largeur depuis Autun iusques aupres de Langres de vingt-cinq.

Dijon. La ville capitalle est DIJON, assise
Ousche, r. sur la riuiere d'*Ousche*, qui renferme vn de ses fauxbourgs, & trauersée du
Suson, r. ruisseau de *Suson*, qui se desborde assez souuent, & cause de grands rauages, bien que sa source ne soit pas beau-

coup esloignée, & qu'il n'ait que trois ou quatre lieuës de cours. On dit par Prouerbe, *Suson quelque iour noyera Dijon*; & le Lac de la Reyne est pres de la Chartreuse. Cette ville est close de bonnes murailles: & Louis XI. s'en estant rendu le maistre apres la mort de Charles dernier Duc de Bourgogne qui fut tué deuant Nancy, sçachāt bien, comme il estoit fameux & vsé Politique, que les peuples nouuellement conquis se conseruent par la douceur des loix, & par la crainte des armes, y establit vn Parlement Souuerain, & fit bastir vn chasteau flanqué de quatre grosses tours & de deux rauelins. Ce peuple neantmoins n'a pas eu besoin de violence pour se porter dans le deuoir, & conseruer la fidelité à son Prince & à son Dieu: iusques-là que durant les troubles de la Religion, qui auoient entraisné, comme vn torrent impetueux, les meilleures places de France, & les plus forts esprits dans les precipices de l'erreur & de la rebellion, le Parlement de Dijon interdit aux Protestans l'exercice de leur nouuelle opinion, & le sieur de

Tauanes Lieutenāt pour le Roy Charles IX. les desarma tous, & en ietta les principaux dans les prisons, & les autres hors de la ville. On void pres de Dijon deux collines fort remarquables, l'vne par la merueilleuse forteresse de Talan, & l'autre par l'illustre chasteau de Fontaines, qui a veu naistre sainct Bernard, Abbé de Cleruaux, l'ornement de la France, & l'honneur de l'Eglise.

L'*Ousche* se leue de deux sources, dont la plus considerable est en la Forest le Duc; & apres auoir arrousé plusieurs bourgs, & coulé quelque temps du Midy au Nord, & puis en se courbant du Couchant en l'Orient, elle va descharger dans la Saone à sainct Iean de Laune de ses propres eaux, & celles qu'elle a receuës du Suson dans les fossez de Dijon. A sainct Iean de Laune la Saone est couuerte d'vn pont, & d'vn autre à Bellegarde erigée en Duché par le feu Roy. Entre ces deux places la riuiere deuient plus forte par le moyen de la *Vauge*, qui sort de deux fontaines, l'vne auprés de Vergy, & l'autre au dessus de Gilly, & passe par

Vauge, r.

Cisteaux,

Cisteaux, Abbaye, Chef de l'Ordre de S. Bernard, qui commande à dix-huict cens Monasteres de Moynes, & à autant de Religieuses voilées, respandus par tous les cartiers de l'Europe, comme des colonies de la Cité de Dieu. Elle a pris le nom de Cisteaux du grand nombre de cisternes qu'on y void creusées pour recueillir les eaux de la pluye, mieux cimentées que celles d'Israël; comme aussi les habitans de cette sainte Maison sont bien esloignez des humeurs de ce peuple desobeïssant & malauisé, qui abandonna les fontaines d'eau viue pour se faire des puys bourbeux.

La Bursure chargée du *Tharin* se presente à la mesme riue vn peu plus bas, qui s'estant meslée dans les excellens vins du terroir de BEAVNE sans affoiblir leur force, reçoit des deux grosses sources d'eau, dont l'vne entre en la ville, & y coule comme vne riuiere; l'autre se iette dans les fossez, & enuironne l'enceinte des murailles, & les deux font moudre plusieurs moulins pour l'vsage des Citoyens. Les Romains, à ce qu'on tient, en ont esté les

Bursure,
r.
Thurin,
r.
BEAVNE.

f

fondateurs, & les vieux edifices, dont les materiaux sont aussi bien ioints & cimentez, que les membres de cette florissante Republique, quand elle estoit la Maistresse, ou l'Arbitre de l'Vniuers, luy faisant receuoir ses loix ou ses auis, ressentent fort aux habitations des garnisons Romaines, & les marbres auec les autres marques de l'antiquité qu'on a trouuées creusant les fondemens du chasteau, en sont des preuues assez certaines. Le Dieu de la Guerre en a fait vne place d'armes; la Charité y a estably son throsne, & la Iustice y auoit consacré son Temple & ses Autels, auant que Dijon eust cet honneur d'auoir vn Parlement. Car outre qu'elle est forte d'assiette auec vn lac voisin, qui arrestera tousiours le passage d'vn ennemy, ceinte de bonnes murailles, & garnie de rampars & de fossez, le chasteau que Louis XII. y fit bastir est si bien flanqué de quatre gros bastions, & si bien pris dans les regles de l'Art, qu'on le iuge imprenable. Son Hospital est plustost vn palais Royal, qu'vn logis de pauures; aussi les pauures sont ils les Princes du Royaume de la dilection du Fils de Dieu. Il fut fondé par vn Chancelier de Philippes Duc de Bourgogne auec vne si grande magnificence, que le Roy de France & le Duc de Bourgogne y ont leurs chambres richement meublées, & les malades leurs logemés differens selon leur condition; la grande cour qui regne le long d'vne superbe sale a deux galeries l'vne sur l'autre, où sont les chambres accompagnées de cabinets; & elle est arrousée du ruisseau qui trauerse la ville: les offices y sont distinguez par ordre; enfin c'est vn veritable Hostel de Dieu, puisque les malades y sont traittez comme les enfans de la maison. On y void aussi vn palais, pource que le Parlement de Bourgogne y fut establi dez le commencement, & la Chancellerie y est encore, comme vne piece de sa premiere pourpre.

La Dehune se ioint à la Bursure vn *Debuné.* peu auant que de se donner à la Saone *r.* au dessous de Ponteau, laquelle vient de l'estang de Long-pendu, dont coule aussi la Brebince, qui s'en va trouuer

f ij

le Loire entre Digoins & la Motte S. Iean: de sorte que les eaux de ces deux riuieres venans ainsi à s'escouler dans les deux mers du Leuant & du Ponant, elles font comme vne espece d'isle, de l'Espagne & de la moitié de la France.

LE DOVX.

Dovx, R.

LE DOVX se vient aussi rendre à Verdun dans la Saone au dessous de la cheute de la Dehune & do Bursure, estant sorty du mont Iura, assez prez de la source de l'Ain, & ayant fait force tours par la Franche-Comté, tantost de l'Occident à l'Orient, comme quand il coule de Mortau à Francimont; tantost du Midy au Septentrion, comme de Francimont à S. Hippolite & à Mandeuure: & enfin il tire de l'Orient à l'Occidét, comme quand il sort de la terre de Montbelliard, pour descendre à Chastelot, à l'Isle, à Cleruaux, à S. Hilaire, à Besançon, à Rochefort, à Dole, & de là se ietter dans la Saone à Verdun, qu'il enuironne en forme d'Isle, voulant, ce semble, nous donner des oſtages des meilleures villes de cette grande Prouince, pour des aſſurances certaines du deſir qu'ont les habitans de changer de Maiſtre & de ſe donner à noſtre petit Monarque, à qui la Fortune meſme & la Vertu ſe ſont données dez le iour de ſa naiſſance. Et pour eſtre plus fauorablement receu de la Saone, il amene auec luy la *Loue*, qui coule auſſi du Mont Iura, & paſſe ſous les ponts d'Ornans, de Quingey, & de Raines, & ramaſſe ſur les chemins la *Riuiere* & *Soubre*, & les ruiſſeaux de Salins, & d'Arbois. Pour le ruiſſeau de Riuiere il entre dans le Doux à Valleſſin, la *Soubre* à S. Hippolite, le ruiſſeau de Montbelliard deſſous Beloan, & celuy de Poligny pres de Chaueyn.

Loue, r.

Riuiere, r.
Soubre, r.

SALINS eſt vne ville aſſez grande, qui prend ſon nom des fontaines ſalées, & du ſel blanc qui s'y fait. Elle eſt reueſtüe de fortes murailles, fortifiée de hautes tours, ornée de tresbeaux edifices, auec deux grands chaſteaux qui l'embraſſent, l'vn a nom Bracon & l'autre Belin, & s'eſten-

SALINS

f iij

86 LES RIVIERES

ARBOIS. stendent le long d'vne estroite vallée qu'on nomme Scodingue. ARBOIS a des fauxbourgs qui ressemblent à des villes, des fossez qu'on peut nommer des iardins, & des montagnes alentour chargées d'arbres, qui peuuent passer pour des forests: peut-estre qu'elle a tiré son nom de là, puisque mesme les Latins l'ont appellée *Arborosa*.

POLIGNY. POLIGNY a les fortifications de ses murailles pour sa defense contre les ennemis; la beauté de ses maisons, & l'eau de ses fontaines dans les places publiques à l'vsage des habitans.

MONT-BELLIARD. *Halle*, r. MONTBELLIARD est vn petit pays auec vne forte place, sujette au Duc de Vuitëberg, arrousée de la riuiere *Halle*.

DOLE. Pour DOLE, assise sur le Doux, c'est vne ville ancienne, la Capitale du Comté, le siege du Parlement, la Chambre des Comtes, l'Eschole des Muses, ce qui fait qu'elle est la plus frequentée de toute la Prouince, pour estre comme le Chef, qui confere la vie, le mouuement, & la conduite aux membres; puisque les Sciences sont comme les sens, qui conduisent le corps d'vn Estat; les Finances sont comme les nerfs de la guerre & de la paix, qui donnent le branle aux grandes actions ; & la Iustice est le principe d'où procede cette estroitte vnion, si necessaire à la conseruation des peuples. On peut dire que ses pertes luy ont esté aduantageuses, & que iamais elle n'a paru si glorieuse sur ses premiers fondemens que sur ses dernieres ruines, qu'elle souffrit l'an 1579. quãd elle fut rebastie auec plus de magnificence, & fortifiée auec plus d'art par ses propres habitans, & quand Charles V. la rendit vne ville de guerre flanquée de sept gros bastions, & en fit vn rampart de la frontiere, pource qu'Auxone & le ressort de S. Laurens auoient esté distraits de son obeissance. Nous esprouuasmes sa force à nostre confusion il y a quelques années. Le Doux la trauerse par le milieu, couuert de plusieurs ponts pour la communication des places.

BEZANÇON est vne autre ville tres-ancienne, Imperiale & libre, assise aussi sur le Doux, qui la partage en deux, auec vn pont pour passer de l'vne à l'autre. Ses ruës belles, lon-

BEZANÇON.

gues & larges, ses maisons bien basties, & presque toutes d'vn egal frontispice, son Hostel de Ville magnifique, ses Halles spatieuses, son Arsenal bien armé, ses greniers pleins, ses dehors chargez de vignobles, tapissez de prairies, & couuers de moissons, luy donnent vn honorable rang entre les meilleures villes de l'Empire. Pareillement ses six fontaines en diuers endroicts de la ville auec des figures de bronze representans vn Bacchus, les Graces, Charles le Quint sur vn Aigle, des Tritons, vn Neptune, & des Nymphes, la rendent agreable & diuertissante, autant qu'elle est riche & commode pour l'habitation. Certains lieux publics, qui retiennent encore leurs noms anciens, comme le Chaumar du Champ de Mars, Chammuse du Champ des Muses, Champlu du Champ de la Lune, Charmont du Champ des Graces ou des Charites, Ronchau du Champ de Rome, la Rhée & plusieurs autres, font voir qu'elle estoit autrefois vne petite Rome des Gaulois. Outre l'Hostel de Ville, celuy de Granuelle peut passer pour quelque fameux Temple de l'antiquité, ou plustost pour vne Assemblée des Dieux & des Heros, qu'on y void en statuë de marbre & de bronze, ou en tableaux de peinture animez par la main des plus doctes Maistres, comme les statües de Iupiter, de Iunon, de Diane, d'Hercules, de Mercure, de Thetis & de ses Nymphes, auec autres de plusieurs Empereurs, & quelques peintures exquises de Michel l'Ange, Raphael Vrbin & Martin Denos. L'Vniuersité qui fut fondée par l'Empereur Ferdinand l'an 1564. est vn Theatre de bonnes lettres, qui s'y enseignent par la voix des viuans & par le silence des morts, puisque les Professeurs parlent, & que les Escholes publiques y ont leurs Bibliotheques garnies de toutes sortes de bons liures.

La Saone glorieuse de tant d'hommages que luy ont rendu les Prouinces voisines, continuë son cours de Verdun, où le Doux se perd à CHA-LON, Cité tres-ancienne, laquelle fut choisie par Iules Cesar pour estre le magazin des bleds de son armée, & qui a donné vn agreable exercice à la

Chalon sur Saone.

plume & aux pensées de nos vieux Historiens sous le nom d'Orbandale.
Mais qui est plus connuë pour auoir
esté le siege de deux Conciles, l'vn
tenu du temps du Roy Clouis II. fils
de Dagobert, & l'autre sous le regne
de Charlemagne: & pour auoir esleué
sur ses propres ruines des trophées au
courage & à la fidelité de ses Citoyés,
quand ils s'opposerent si genereuse-
ment au progrez des armes d'Attila
Roy des Huns, dont neantmoins ils
ne peurent éuiter la fureur: son pont
est de pierre sur la riuiere, sa citadelle
fortifiée de quatre bastions Royaux,
ses murailles sont maçonnées de brique & de pierre quarrée, auec trois
ceintures dorées qui les entourent:
d'où vient que la ville porte en ses Armes trois Cercles d'or en champ d'a-
zur, comme l'Eglise Cathedrale porte d'azur aux Fleurs de lys sans nombre, les Armes anciennes de France,
que Childebert luy donna auec les
Reliques de sainct Vincent, dont elle
porte aussi le nom.

De Chalon la Saône descend à
Lyon, laissant sur la main droicte la

riche Abbaye de Tournus Chef de plusieurs Prieurez en diuerses Prouinces de France, la ville de Mascon & le pays de Beaujolois ; & à la gauche la Bresse dont i'ay desia parlé, & la Principauté de DOMBES, qui a pour capitale la ville de Treuoux ; laquelle ne releue que de Dieu & des bonnes graces de Mademoiselle d'Orleans fille vnique de Monseigneur Gaston Duc d'Orleans oncle de sa Majesté, & de Madame Marie de Bourbon defuncte heritiere de Montpensier.

DOMBES.

MASCON la principale ville du Masconnois, a pres qu'aussi souuent changé de face, que de Seigneurs. Elle sçait combien est inhumaine l'ame d'vne Infidelle, dont Dieu se veut seruir, comme d'vn executeur de sa iustice, pour punir les crimes de son peuple, & auquel il met en main le fer & le feu pour purger la terre & l'eau soüillées de ses impuretez : elle nous peut dire combien sont sanglantes les diuisions qui se forment entre deux Princes voisins, jaloux de leur authorité, & enuieux l'vn l'autre de la prosperité de leurs Estats : elle a esprouué

MASCONNOIS.

qu'il n'est point de beste si farouche qu'vn Roy courroucé, qui a le cœur & les yeux ardens d'vn feu qui ne s'esteint que par l'effusion du sang des innocens & des coulpables : elle a enfin connu que l'heresie est vn monstre plus ennemy de Dieu, qu'vn Tygre ne l'est d'vn homme, dont il deschire mesme l'image, ne s'en pouuant prendre à la personne. Car elle fut premierement ruinée par Attila Roy des Huns, puis apres par les guerres formées entre le Roy Lothaire & les Ducs de Bourgogne. Louis le Ieune n'y laissa pas deux pierres l'vne sur l'autre ; & ayant esté releuée de ses ruines sous le Roy Philippe Auguste, les Huguenots demolirent ses Temples & ses Autels pendant leurs fureurs ciuiles. Le Roy S. Louis l'achepta de Iean Comte de Mascon, & d'Alix sa femme : Charles Dauphin & Regent de France durant la prison du Roy Iean son pere en fit don à son frere Iean Comte de Poitiers ; mais le pere ayant rachepté sa liberté, retira cette ville des mains de son fils pour l'vnir à la Couronne. Louis onziesme par le Traitté d'Arras la remit entre les mains de Philippes Duc de Bourgogne, & le mesme la reprit apres la mort de Charles dernier Duc de Bourgogne. Elle est assise sur le penchant d'vn costau, la riuiere baignant le pied de ses murailles, auec vn pont pour passer en la Bresse, qui commence dez le fauxbourg au bout du pont.

LE BEAVJOLOIS, n'est point tant renommé dans nos Histoires par ses villes & chasteaux, que par Anne de Beaujeu la Maistresse des volontez & des subjets du Roy François I. puis qu'ayant gaigné son cœur, elle vsurpoit la meilleure partie de son authorité, & tranchoit de la Reyne au Conseil & au lict. {.margin Beavjolois.}

La Saone trauersant tous ces pays, reçoit d'vn costé la *Grosne*, fleuue rapide du pays de Forest, qui prend sa source pres de S. Iean Gaule Royalle, passe au bas de la Bussiere, coule le lõg des murailles de l'Abbaye de Cluny, Chef de l'Ordre S. Benoist, tres-riche, & tres-sainct en l'Eglise, arrouse la Ferté sur Grosne petite ville du Chalounois, porte batteau, & se perd en la {.margin *Grosne, r.*}

Saône entre Chalons & Tornus, incommode aux voyageurs, & dommageable aux laboureurs, en ce qu'elle desborde assez souuent, & couure les champs & les chemins. Elle fait la separation du Beaujolois & de la Bourgogne. Le *Marnaison* & le *Pouset* la suiuent de fort pres entre Tournus & Mascon : la *Pianete* s'y rend aussi dessous Mascon. L'*Ardiere* qui mouille les murailles de Beaujeu se perd dans la mesme riuiere de Saone, à Belleville, & *Morgon* à Ville-franche : ce sont de petits ruisseaux qui n'ont pas beaucoup de cours. L'*Azergue* est vn torrent dangereux en hyuer, qui se ioint à la *Saene*, & tous deux recueillans la *Tordine*, qui descend du mont Tarare assez battu par les marchands de Lion, auec la Tordine qui vient de S. Siphorien le Chastel en Forest, & qu'on passe à Bresle sur vn petit pont, font croistre le canal de la Saone à Anse vis à vis de Treuoux.

A l'autre riue, qui est à gauche, en suiuant le cours de la riuiere, la *Seugle* ou Seille, qui fait le depart de la Franche-Comté & de la basse Bresse, vient

Marnaison, r.
Pouset, r.
Pianete, r.
Ardiere, r.
Morgon, r.
Azergue, r.
Saene, r.
Tordine, r.

Seugle, r.

DE FRANCE. 93

du mont sainct Claude luy rendre ses deuoirs à Baugey, passant par Arley, demeure des anciens Ducs de Bourgogne, & par Bleterrans sur Seille. Elle reçoit la *Brune* de Bellicure, le *Salüan* & la *Glaustine* de Lyons le Saulnier & de Montmorot, auec les ruisseaux de sainct Amour & de Romenay. La *Rezouse* se leue pres du pont d'Ain, passe à sainct Iulien, costoye les ruines de cette forte citadelle de Bourg en Bresse, & coule sous le pont de Vaux erigée en Duché depuis quelques années. La *Véle* sort d'vn grand estang à costé de Chalamont, trauerse le grãd marest, passe à Lent, & se haste de gaigner promptement la Saone sous le pont de Véle, escortée de *Viougon*, de l'*Irance*, & du *Renon*. Le *Viougon* n'a quasi point de cours, l'*Irance* part de l'estang de Vaures, & le *Renon* du grãd estang de Marlieu. La *Chalarine* apres auoir fait l'honneur au Marquis de Villars de visiter ses terres, & laué Chastillon, elle se vient rendre auec le ruisseau de sainct Triuier pres de Toissy ville de Dombes, où estoit autrefois vn bon chasteau, qui fut ruiné

Brune, r.
Saluan, r.
Glaustine, r.
Rezouse, r.

Véle, r.

Viougon, r.
Irance, r.
Renon, r.
Chalarine, r.

Fromãt,
&
Eschets, r.

ISLE-
BARBE.

pendant les guerres ciuiles. *Fromant* & *Eschets* sortent de deux lacs qui sont sur les confins de la Principauté de Dombes, l'vn est entre la Grange & Amberieu, & l'autre se nomme le lac d'Eschets, & entrent dans vn mesme lict auec les autres riuieres, que la Saone conduit à Lyon, pour les presenter au Rhosne comme ses tributaires.

Auant que d'aborder cette noble & riche ville, la Saone s'occupe dans l'*Isle-Barbe* à faire vn lieu de plaisance aux habitans, qui vont y passer les plus beaux iours de leur diuertissement. Il s'y fait vne Procession des pauures au temps de la foire de Pasques, où assistent les Magistrats, les Escheuins, les quatre Mandians, & vne longue suite de pauures & d'orphelins. Elle coule encore au pied du Chasteau de Pierre Ancise, ainsi nommé, comme l'on croid, pource qu'on coupa le roc sur lequel il est assis, pour donner vn nouueau cours à la riuiere. Il est garny de canons, & sert de defense à la ville, & en garde les aduenuës contre la force & les surprises des ennemis. Ludouic Sforce, qui fut pris par les François

en

en la bataille de Nouare, y fut enuoyé prisonnier vestu d'vne robe de camelot à la Lombarde, & monté sur vn petit mulet, d'où il fut traduit à Loches, & mis dans vne cage de fer. Ce fut dans le mesme chasteau que fut conduit le Duc de Nemours, & d'où il se sauua par vn merueilleux artifice. Ie peux bien dire que les Docteurs dans les Vniuersitez nous communiquent les Sciences par leurs instructions, mais qu'il n'y a que la necessité qui nous donne de l'esprit aux occasions, & qu'on apprend dans les Escoles à bien parler, mais que c'est dans les besoins qu'on apprend à bien faire. En voicy vn exemple bien memorable.

Le Prince de Nemours estant prisonnier dans le chasteau de Pierre-Ancise, vn de ses valets fit vœu de iamais ne se faire le poil pendant la captiuité de son maistre : de sorte qu'il auoit les cheueux & la barbe fort lõgs & fort hydeux; toutefois il croyoit estre assez bien paré des liurées que l'amour luy faisoit porter, & que le dessein qu'il auoit luy donnoit bonne

g

grace dans ces habits de dueil. Le Duc luy ayant fait couper, s'en fit faire vne perruque & vne fausse barbe, dont il s'accommoda vn iour qu'il fit semblant de prendre des pillules, comme si effectiuement il eût esté malade. Le valet se mit en la place & au lict du maistre aualant le remede, & le maistre fit ce iour là le mestier de son valet, & ne laissa pas neantmoins de receuoir l'effet & l'operation de la medecine. Car ayant pris le bassin, & le portant dehors deguisé qu'il estoit, il passa trois corps de garde sans estre connu, & se laissa couler par vn trou de garderobe le long d'vne corde, d'où il gaigna le lieu du rendez-vous, que son frere le Marquis de S. Sorlin luy auoit assigné.

La Saone donc passant au pied de ce chasteau, & trauersant la ville de Lyon, va prendre le Rhosne au pied des murailles, & tous deux ioints ensemble forment cette pointe de terre que les Romains nommoient l'Isle des Sequaniens, pource qu'elle estoit entourée d'eau presque de tous costez, & qu'elle auoit beaucoup de rapport à cette partie de l'Egypte, que le Nil a destaché pour en faire vne Isle triangulaire, qui se nomme Delta. Maintenant que Lyon s'est accreu, & qu'vne bonne partie de ses maisons est assise sur la montagne, où la posa Minucius Plancus sous l'Empire d'Auguste, on dit que les Lyonnois ont la teste en l'air & les pieds en l'eau.

Cette ville se peut vanter d'auoir esté LYON. la mere de plusieurs illustres personnages, des grands hommes d'Estat, tel qu'a esté vn Belieure, Chancelier du premier Royaume du monde ; des Orateurs excellens, comme d'vn Plautius maistre du Prince des Orateurs Latins ; & des puissans Empereurs, comme de Caracalla fils de Seuere, & de Caligula successeur de Tibere, lequel pour annoblir sa patrie, ordonna tous les ans vn combat d'Eloquence dans ce superbe Temple que les soixante Prouinces des Gaules auoiēt fait bastir à l'honneur d'Auguste, & dans lequel chacune auoit son effigie, ses armes & son nom. Elle a pareillement esté le Conclaue de l'Eglise vniuerselle, qui s'y est assemblée en deux

g ij

Conciles œcumeniques, l'vn conuoqué par Innocent IV. où Federic deuxiéme fut priué de l'Empire; l'autre par Gregoire X. où l'Empereur Michel Paleologue soûmit sa personne & ses Estats à la foy de l'Eglise Romaine. La mesme ville s'est veuë esleuée comme vn Theatre d'honneur, sur lequel Clement V. receut la Tiare Pontificale, & les Cardinaux le Chapeau rouge, pour vne marque de l'obligation qu'ils ont de respandre leur sang pour la defense des Estats de IESVS-CHRIST, puis qu'ils portent sa robe, & sont parez de ses liurées. Elle a esté aussi la Paranymphe de la consommation du plus heureux mariage de tous les siecles, qui a produit Louis XIII.

Ce n'est point vne amplification de paroles de dire, que Lyon meriteroit vn volume entier, pour estre la principale ville des Celtes, le rampart de la France, le Siege du Primat de Gaules, & l'abord general des commerces du monde, où l'on peut voir plus de tombeaux, de medailles, d'inscriptions, de bains, d'estuues, d'amphiteatres, d'aqueducts, de colomnes, de statuës, d'obelisques, de pyramides, & d'autres marques de la venerable antiquité qu'en tout le reste du Royaume. Les Latins l'ont nommée *Lugdunum*, comme qui voudroit dire la montagne des lumieres, d'autant qu'elle est esleuée sur vne montagne qui reçoit les premieres beautez du iour; & de plus, pource qu'il y auoit vn miroir dans le Temple de Venus si bien posé, qu'on le pouuoit aisément voir par les secrets de la catoptrique des plus reculées montagnes de la Sauoye. Peut-estre que les autres, qui ont iugé qu'elle fut ainsi nommée, comme pour signifier vne colline lugubre, la retraitte du dueil & de la douleur, ont mieux rencontré, & plus à propos, sinon de la pensée du Fondateur, au moins de la suite de ses tristes auantures. Car elle a esté le Theatre des fureurs de la guerre, de la cruauté des Tyrans, de l'aspreté des saisons, de l'horreur des maladies, de la rigueur des Elemens, de la cholere des hommes & de Dieu. Elle fut démolie sous Auguste en l'Isle où elle estoit renfermée, pour estre portée sur la montagne : elle fut depuis reduite en cendres en vne nuict sous l'Empereur Neron, qui fit present d'vn million d'or aux habitans pour la rebaſtir. Aurelius l'empourpra du sang des Chreſtiens, qu'il fit maſſacrer pour la Religion, Seuere la saccagea, & graua les marques de sa cholere auec le fer & le feu sur les pierres & sur les hommes. Les Huns la pillerent sous Theodose, les Sarrasins sous Charles-Martel, & les seditieux la rauagerent sous Philippes Auguſte. Ie ne parle point des autres sieges, prises, saccagemens, pestes & embrasemens, qui pourroient rendre son sort plus lamentable, si la magnificence des Rois, & le soing de ses Citoyens, ne l'auoient renduë plus glorieuse apres ses pertes, qu'elle n'eſtoit en ses premieres prosperitez.

Ie ne m'arreſteray point icy à representer Lyon comme vn petit Abregé du monde, qui comprend en son enclos la montagne & la plaine, la terre & l'eau, les edifices & les iardins, les vignes, les champs & les prez; ny à prouuer qu'elle eſt la grande porte du mesme monde, qui par le Rhosne vous donne l'entrée en Italie, en Espagne, en Afrique, en Orient & en Occident; & comme elle n'est qu'à douze lieuës du Loire nauigable pour aller au milieu de la France, en Angleterre, & au Pays-bas, & mesme pour transporter les marchandises iusques au Dannemarc. A vne iournée de Gyem assis sur le Loire, pour entrer dans la Seine par le canal de Loing, & de là voguer iusques à Paris, & fauoriser le commerce auec les autres Prouinces de France qui s'approchent du Nort. D'où vient que le trafic y est si bien entretenu, & qu'il y a toutes sortes d'ouuriers & d'artisans, tant originaires, qu'estrangers, qui se seruent de la commodité du lieu pour auancer leurs affaires: les viures y abondent & à bon conte: les bleds y sont portez de Bourgogne par la Saone; les fruicts de la Prouence, & les vins du Languedoc & du Dauphiné par le Rhosne. Ie me contente au sujet des deux riuieres, de remarquer dans la place de Confort la Pyramide à trois angles dressée à l'honneur de Henry IV. auec vne Inscription grauée sur la muraille d'vne des maisons voisines, qui tesmoigne que l'an 1570. le débordement du Rhosne & de la Saone fut si prodigieux, que ces deux gros fleuues monterent iusques à cette maison.

L'vn & l'autre a ses ponts remarquables, tant par la beauté de leur architecture, que par la difficulté de leur assiette. Celuy du Rhosne est long de quatre-vingts pas, soustenu de dix-neuf grandes arcades, & de sept petites. La Croix qui est dessus marque la separation du Dauphiné & du Lyonnois, & la haute tour sert d'eschauguette. Celuy de la Saone n'a que neuf arches, mais qui est auantagé d'vn excellent port, & d'vn quay fort commode aux marchands & aux batteliers. Ces deux ponts ont autrefois seruy, l'vn d'eschaffaut à la felonnie d'vn injuste vsurpateur, ce fut le tyran Maxime, qui osta la vie auec le sceptre au plus religieux, & au plus debonnaire de tous les Empereurs, Gratian fils de Valentinian premier, & disciple du Consul Ausone, lequel apres auoir refusé la qualité de grand

Pontife que ses deuanciers auoient conseruée comme vn precieux meuble de l'ancienne idolatrie, dautant qu'il la croyoit incompatible auec le titre de Chrestien, se vit cruellement assassiné sur le pont du Rhosne à Lyon : l'autre de spectacle à la cruauté de Caligula, qui auoit ordonné en ce combat d'Eloquence, dont i'ay parlé, que les vaincus seroient precipitez du haut du pont dans la Saone, s'ils n'aymoient mieux effacer leurs escrits auec la langue au lieu d'esponge, & chanter les loüanges du vainqueur.

Le Rhosne annobly par le moyen d'vne si riche alliance abandonne Lyon, & s'en va vers Vienne, dressant plusieurs Isles, comme autant de Mercures sur son chemin, & imitant l'ambition de ces vieux Conquerans, qui bastissoient des villes, & laissoient des Colonies aux pays de leurs conquestes, auec leurs images & leurs deuises grauées sur des marbres, pour entrer en triomphe dans les yeux & dans l'esprit de la posterité. La plus considerable de toutes ces Isles est celle de Fesin, qui a vne lieuë de long,

& autant de large. Au milieu de ces deux grandes villes, Vienne & Lyon, le *Garon* & le *Giers* viennent trouver le Rhosne pour se ranger à sa suite. Le *Garon* a esté teint du sang de S. Didier Archeuesque de Vienne, qui fut tué sur son riuage. Le *Giers* coule du mont Pila d'vn lac dormant, qu'on nomme le puy de Giers, qui a cette merueilleuse proprieté de la Nature, de prognostiquer les foudres & les tempestes par les vapeurs qui s'esleuent dessus, & qui enfin viennent à se resoudre en vents & en pluyes. L'eau de cette source est si froide qu'on n'y peut souffrir la main qu'auec beaucoup de douleur, & si quelqu'vn en boid, mesme au plus chaud de l'Esté, la bouche luy enfle. Le *Doibe* qui est vne autre riuiere sort de la mesme montagne, & se ioint auec le Giers pour entrer dans le Rhosne.

Garon, r.
Giers, r.

Doibe, r.

VIENNE. VIENNE, qui a esté autrefois le magazin des bleds de Iules Cesar, & qui est encores auiourd'huy la principale ville du bas Dauphiné, a esté beaucoup plus grande qu'elle n'est pas à present, comme l'on iuge des masures des vieilles murailles : Elle est assise sur le Rhosne, qu'ou passe sur vn pont, & arrousée de la petite ville de *Gere*, qui fait moudre plusieurs moulins à bled & à papier, & d'autres à metal, où se font d'excellentes lames d'espées par l'ingenieuse inuention de certains martinets qui se leuent & s'abbaissent à la cadence au mouuemēt des rouës, comme les marteaux des forgerons sur l'enclume, & se va rendre dans le Rhosne. Cette ville dispute auec Lyon de la Primatie des Gaules, & se glorifie d'auoir veu deux fois l'Eglise vniuerselle auec son Chef renfermée dans ses murailles par la celebration de deux Conciles œcumeniques. Les antiquitez dont elle conserue soigneusement les precieux restes, sont des tesmoignages du rang qu'elle a tenu parmy les belles villes de l'Empire Romain : son amphitheatre est presque tout entier : on y void vne tour ronde, que Tibere fit bastir, & où l'on tient communément que Pilate mourut ; comme aussi se voyent encore de grandes Pyramides dans les vignes où estoit son

Gere, r.

logis, le lac où il se precipita; & tient-on pour chose asseurée, que l'Eglise de Nostre Dame a esté bastie sur les ruines du palais où il rendoit la Iustice, & mesme on lit sur vn pilier de pierre ces paroles grauées, *C'est le Pommeau du Sceptre de Pilate.*

De Vienne on descend à *Tournon* le long du Rhosne entre le Dauphiné & le Vellay, où l'on considere auec agrément vne quantité de petites riuieres qui sont comme des franges d'argent entrelassées dans la verdure de son riuage, à sçauoir du costé du Dauphiné le *Bar*, trois lieuës au dessous de Vienne, qui vend bien cherement, quand il se deborde, l'herbe qu'il fait naistre en ses prez: la *Salise* à S. Prix, le *Clomar* au dessous, le ruisseau de S. Rambert, le ruisseau de *Galaure* qui passe sous le pont de S. Valier, & celuy de *Furan*, qui vient de l'Abbaye de S. Antoine, Chef d'Ordre assez celebre, qui fut fondée sous le Pape Vrbain II. Et comme s'il y auoit de l'emulation entre les pays à qui tesmoignera plus de reconnoissance à ce Fleuue, qui les comble de ses faueurs, on apperçoit

Bar, r.

Salise, r.
Clomar, r.
S. Rambert
& Galaure, r.
Furan, r.

DE FRANCE. 109

au mesme temps du costé de Vellay le *Limonin* passant en vn village du mesme nom, & faisant la separation du Lyonnois d'auec le Viuarets, la *Canse* ou le *Cansé*, la *Canise*, la *Donne*, & le *Doux* chargé de l'*Vz*, qui venant du Vellay & passant à saincte Agreue, se perd dans le Rhosne à Tournon, où la grosseur de son canal a obligé les peuples de luy bastir vn pont.

Limonin, r.
Canse, r.
Canise, r.
Donne, r.
Doux, r.
Vz, r.

S. Gregoire de Tours raconte vn estrange prodige arriué de son temps à Tournon. C'estoit, dit il, vn chasteau assis sur vne montagne au bord du Rhosne, laquelle ayant rendu vn effroyable mugissement pendant deux mois, se destacha d'vne autre montagne voisine, & tomba dans la riuiere, entraisnant auec soy les bastimens & les hommes. Le cours de la riuiere estant fermé par ces ruines, l'eau remonta en haut, & comme le canal du Rhosne est fort serré en cet endroit, elle inonda les campagnes voisines, & rauagea le pays, renuersant tout ce qui luy faisoit resistance; & enfin, comme si elle eust rompu quelque digue, reprenant son cours, & s'escoulant en bas auec vne incroyable violence, elle emporta tout ce qu'elle trouua sur les riuages iusques à la ville de Iauobe, passant mesme pardessus ses murailles. L'eau s'estant abaissée, trente Moines du lieu où estoit le chasteau de Tournon, curieux de voir encore vn coup les restes de leur ancien logis, se mirent à gratter la terre, & ayant trouué quelque mine de fer & d'airain, poussez d'vne incroyable auarice, s'y attacherent si fort, qu'ils furent enueloppez dans vne seconde ruine, par la cheute d'vne partie de la montagne qui n'estoit pas encore tombée.

Tournon est sur vne riue, & Thain sur l'autre, la riuiere seulement entre-deux: d'où vient qu'on dit, *qu'entre Thain & Tournon, ne paist brebis ne mouton.* Thain fut autrefois le champ de bataille où l'Empereur Seuere deffit Albin, & affermit par la victoire les colomnes de son Estat, qui s'estoient grandement esbranlées par les factiõs de ce tyran.

VALENCE. VALENCE, *Cauarum* dans Pline, est la capitale du Duché de Valentinois, assise sur le Rhosne, qui bat le pied de ses murailles auec tant de violence, qu'il en fit tomber vne partie il n'y a pas long temps par l'effort de ses vagues. L'Euesque se dit Comte de la ville, & Seigneur temporel de Die, & de plusieurs autres lieux. Ceux qui ont recherché plus curieusement les Auteurs de sa fondation, en donnent la gloire à Romus fils d'Allobrox Roy des Gaules: les autres disent auec plus de raison, qu'ayant esté peuplée d'vne Colonie de soldats Romains, elle prit le nom de la mere dont elle nourrissoit les enfans, & se nomma Valence, qui signifie en Latin la mesme chose que Rome en Grec, puis qu'elle auoit les mesmes Citoyens.

Ceux qui se fondans sur la conformité des noms, pretendent que l'Empereur Valens, ou Valentinien, en ont esté les fondateurs, ne sont pas beaucoup versez en l'histoire Ecclesiastique, qui nous apprend que Felix Prestre du grand S. Irenée, conuertit ces peuples à la Foy, & gouuerna le premier l'Eglise de Valence en qualité d'Euesque, & ayant scellé la verité de sa doctrine par la constãce du martyre qu'il endura sous Aurelian, il fut enterré par ses Disciples au lieu où a esté depuis bastie l'Eglise qui porte son nom.

Ce qu'on void de plus remarquable en ceste ville sont les fontaines qui arrousent les prez: les vnes, qu'on nomme du Charan, sont d'vn tel artifice, qu'vn homme peut marcher tout droit dans les canaux, qui sont des ouurages dignes des soins & de la magnificence de Iules Cesar, dont on n'a point encore trouué ny le bout ny la source. Vne autre qui s'appelle Contant, conserue les marques d'vn ancien edifice, qui fait voir par ses ruines que c'estoit autrefois vn lieu de consideration. On void encore deux autres petites fontaines dans le Conuent des Iacobins, qui sont froides comme glace en Esté, & extremement chaudes en Hyuer. Les Eglises qui ne sont plus que des tristes monumens de la fureur des Huguenots, estoient autant superbes en leur structure, que riches en leurs ornemens, auant que ces nouueaux Euangelistes commençassent à reformer le Seruice de Dieu par la desolation folation de ſes Autels. Celle de ſainct Apollinaire, comme eſtant la Cathedrale, & qui eſt attachée au Palais de l'Eueſque, paſſe pour la premiere en beauté d'architecture, auſſi bien qu'en dignité. Celle de S. Felix, où l'on voyoit encore auant les troubles le tombeau d'vn Cheualier Romain & de ſa femme auec leur Epitaphe. Le Monaſtere des Iacobins, où l'on void dãs le iardin le portraict d'vn Geant nommé Buard, haut de quinze pieds, & large de ſept, comme on l'a recueilly de ſes oſſemens prodigieux qui furent tirez du Cloiſtre il y a quelques années.

L'Abbaye de S. Roux eſtoit vn des plus ſuperbes baſtimens de tout le Dauphiné auant qu'elle euſt eſté ruinée par les Religionnaires, particulierement le Cloiſtre, dont les pilliers eſtoient de marbre de diuerſes couleurs trauaillez fort delicatement, & embellis de diuerſes figures tirées du vieux & du nouueau Teſtament. Saint Iean de la Ronde, qu'on nommoit le Panthéon, eſt vn teſmoignage de l'opulence & de la fauſſe pieté des anciēs

h

habitans, qui taschoient de se conformer en toutes choses aux mœurs & aux façons de faire des Romains, & empruntoient d'eux leurs plus augustes ceremonies, leurs Temples & leurs Dieux, comme ils en auoient desia la vie & l'honneur. On void vn trou dans l'Abbaye de S. Pierre fondée au bourg par Charlemagne, qui trauerse assez loing dessous le Rhosne, & vous conduit dans les campagnes au delà de la riuiere que vous portez sur la teste. Il y a outre tous ces ornemens vn excellent tombeau dans la maison d'vn particulier, qu'on croid auoir esté d'vne Emperiere, qui sert de timbre à vne fontaine. Le sepulchre fut trouué dans vne vigne auec cette inscription Latine, D. Iustina M. A l'ouuerture qui en fut faite parut vne fort belle femme, qui auoit vne bague d'or à chaque oreille, & à chaque bague vne pierre pretieuse enchassée, à sçauoir vne Turquoise en l'vne, & vne Esmeraude en l'autre, vne coupe de cristal à ses pieds, & vne lampe de verre à sa teste. Le corps & tout ce riche appareil s'en alla en poussiere des qu'aussitost qu'il eut pris l'air. La Maison de Ville a ses Escheuins: sa Citadelle est fortifiée auec garnison & Gouuerneur pour le Roy; le torrent nommé *Barbeyrolle*, qui se descharge dans le Rhosne pres de la porte de Bourg, luy cause souuent du dommage: son Vniuersité qui reconnoist Louis XI. pour son Instituteur, s'est renduë fameuse en Droict Ciuil, & le Docte Cujas y a professé auec reputation: son Euesché est tres-opulente par l'vnion de celle de Die, & son assiette sur le Rhosne n'est qu'à deux lieuës de la Roche de Clain, où l'Isere perd son nom & ses eaux, apres auoir combattu fort long-temps, & conserué son auantage durant vne demye lieuë poussant flots contre flots, & vagues contre vagues, sans que la force du Rhosne puisse arrester son cours. D'où vient que ce passage est dangereux aux bateliers, & s'ils ne conduisent sagement leur bateau, ils sont en grand danger de n'auoir point d'autre port que le fonds de la riuiere.

Barbeyrolle, r.

L'ISERE.

ISERE, R. L'ISERE ne commence proprement qu'à Conflans dans la Sauoye, où l'Arc & la Mengiue s'allians ensemble & s'embrassans, luy donnent l'estre & le mouuement. De là elle entre en Dauphiné à Mommeillan, où elle est desia forte pour porter des vaisseaux qu'elle conduit à Grenoble & à Romans, & trois lieuës par delà dedans le Rhosne.

DAVPHI- Le pays de Dauphiné est d'vne assez
NE'. grande estenduë, borné de la Prouenuence, du Comtat d'Auignon, & de la Principauté d'Orange au Midy; du Lyonnois & de la Bresse au Nord; du Viuarets & du Vellay au Couchant; de la Sauoye, du Piedmont & de l'Italie au Leuāt. Il est diuisé en deux contrées, dont l'vne est appellée le haut Dauphiné, & l'autre le bas Dauphiné. Le haut Dauphiné est remply de montagnes couuertes de neiges toute l'année, & chargées de bestes fauues, comme d'ours & de chamois : le bas Dauphiné est fertile en bleds, en vignes &

en bois; mais les vignes sont sur les arbres, & le mesme champ rapporte assez souuent du bois, du vin & du froment. Ce pays a eu des Seigneurs particuliers, qui ont porté le nom de Dauphins, iusques à Humbert Dauphin de Viennois, qui renonçant aux grandeurs de la terre pour embrasser l'Estat Monastique, & changeant ses couronnes à l'habit de S. Dominique, transporta ses terres à Philippes Duc d'Orleans fils puisné du Roy Philippes de Valois, & depuis à Charles fils de Iean, & à ses successeurs, à condition que le premier né des Rois porteroit le titre de Dauphin, & escarteleroit ses Armes de France & de Dauphiné. Ce qui s'est tousiours gardé iusques à present, que par vne benediction extraordinaire du Ciel apres vingt-deux années il est né vn Dauphin à la France, qui possedant le courage de son feu Pere, a herité de son Sceptre, & a monté sur son Throsne, & doüé des graces de la Reyne Regente sa Mere, nous fait esperer qu'il contraindra vn iour l'Vniuers de se donner à luy, ou par la force de ses armes, ou par les charmes de ses yeux, la Nature ayant eu besoin d'vn grand temps pour faire vn Roy, qui deuançast en puissance & en grandeur tous ceux qui l'ont deuancé en aage. La Prouence est arrousée des riuieres d'Isere, du Rhosne, de Drome & de Durance, auec vne grande quantité de torrens qui descendent des montagnes dans la plaine, & font plus de mal que de bien.

Arc, r. L'*Arc* vient du Col du petit Bernard, traverse le Tarentaise, arrouse le Val d'Aoste, aborde le fort de sainct Iaqueme de difficile accez, & passe au milieu de Monstiers petite ville assise en vne plaine agreable, close de montagnes de toutes parts, dont les auenües sont presque inexpugnables pour estre dans les destroits costoyez de torrens & de precipices. Elle est la Capitale du pays, & se nommoit sous les Romains *Forum-Claudij*, & puis *Tarantasia*, le Siege d'vn Archeuesque ancien, & celebre dans les Conciles. De Monstiers, où l'Arc a vn pont de pierre pour passer d'vne partie de la ville à l'autre, elle gaigne le fort de Brianson, esleué sur vn rocher inaccessible de tous costez, sinon du costé de la riuiere, où sont deux ou trois cens degrez pour y monter; mais neanmoins qui fut pris par le Duc de l'Esdiguieres sous le Roy Henry IV. Ce grand Capitaine n'ayant besoin que du nom de son Maistre, & de son propre courage pour vaincre, & soûmettre la Nature & l'Art aux armes de la France, & à Conflans se fait l'alliance de l'Arc & de la *Mengiue*, qui vient d'vn village de mesme nom au pied des montagnes de Fossigny, & les deux engendrent l'Isere dans cet embrassement. Conflans est vne place forte & bien munie d'hommes, & de tout ce qui est necessaire pour soustenir vn siege, & fermer le passage des vallées.

Mangine, r.

L'Isere à peine est née, plustost nommée, qu'elle vient à Miolans, chasteau prattiqué sur vn roc, enuironné d'horribles precipices, qui ayma mieux se rendre au bruit des canons qui auoient desia tonné contre les murs de Conflans, & estonné toutes les places du pays, que de preferer l'incertain euenement d'vn assaut à la clemence d'vn Roy, qui sçauoit pardonner d'aussi

bonne grâce, que vaincre ses ennemis.
Arch, r. Il descouvre de loing la riuiere d'*Arch*, laquelle est bien nommée, puis qu'effectiuement elle a son cours aussi voûté qu'vn arc tendu, qui sort du Mont-Cenis, assez proche de la source de *Semar, r. Semar*, vne autre riuiere qui a sa cheute dedans le Doria au dessous de Gelasse: & du Mont Cenis elle coule auec bruit & violence tout le long des rochers, & passe à S. Iean de Mauriene, la premiere demeure des Comtes de Sauoye, & leur ancien titre; bat le pied du chasteau de Charbonniere assis à l'embouchure des montagnes sur vn roc, qui n'a pour toutes auenuës qu'vn chemin fort estroict taillé dans le rocher pour aller à la tour qui luy sert de donjon. Place remarquable pour auoir esté la premiere forteresse du pays, où nasquit Thomas fils de Hubert troisiesme Comte de Sauoye, & Prince de Piedmont, & enfin se ioint auec l'Isere au dessus de Chamousse.

L'Isere vn peu grosse des eaux de l'Arch, va briser ses flots contre le Fort de Montmeillan, que quelques vns estiment estre *Mantula*, celebre dans l'histoire de Bourgogne, estendu sur vne plaine resserree par les montagnes voisines. La ville est petite, ceinte de foibles murailles, mal flanquee, mal bastie, & mal peuplee, mais le chasteau couure la teste d'vn haut rocher planté au milieu d'vne plaine, entouré de precipices, fossoyé seulement du costé de la ville, defendu de cinq gros bastions Royaux bien flanquez, & entretenus de force tenailles, qui n'a qu'vne aduenuë du costé de la ville, & qui est tenu pour vne des meilleures places de toute l'Europe, garnie d'vne quantité de gros canons que les Sauoyards tournent en prouerbe, quand ils disent, que tous les canons de Montmeillan ne leur feroient pas changer de resolution. Il y a vn pont sur la riuiere, & vn autre à Goussolin entre Montmeillan & Grenoble. Et entre Montmeillan & Chambery est le deuot Conuent de Nostre Dame de Mians tenu par les Obseruantins de S. François, celebre pour ses miracles, & particulierement parce que cette seule Chapelle resta entiere dans vn effroyable tremblement de terre, qui abyſma la ville de S. André, & cinq parroiſſes voiſines du temps de l'Empereur Federic II. dont le pays d'alentour s'appelle encore auiourd'huy *les Abyſmes*. Il ſemble que la nature du lieu & le ſoing du Prince, qui croid auoir les clefs de ſes Eſtats renfermees dans la fortereſſe de Montmeillan & dans celle de Nice, l'ayent voulu rendre imprenable: car elle eſt hors de mine eſtant ſur vn rocher, l'eſcalade n'y peut eſtre plantée à cauſe des precipices, les boulets de canon rebondiſſent ſur la teſte des aſſiegeans de meſme que les fleches deſcochees contre le marbre; il n'y a que les oyſeaux qui puiſſent y voler, & la faim & la ſoif qui puiſſent y entrer, oncore y a-il vn puits creuſé dans la montagne. Mais les Lys viennent par tout, & fleuriſſent auec autant de majeſté ſur les rochers, que dans les parterres. François I. qui mit le Duc Charles en pourpoint, & Henry IV. qui mit ſon fils Emanuel en chemiſe, la prirent ſans beaucoup de reſiſtance. Sous celuy-là Franciſque Chiaramont Capitaine

DE FRANCE. 123

Neapolitain, se voyant mal pourueu de viures, & hors d'esperance de secours, ayma mieux rendre la place par vne capitulation honorable, que d'attendre de s'y voir contraint à des conditions honteuses. Sous celuy-cy, qui a esté l'Hannibal de son siecle pour l'ouuerture des Alpes, le Comte de Brandis, qui commandoit dans la place, se voyant battu de quarante pieces de canon, qu'il prenoit pour des foudres du Ciel, qu'on auoit montez contre toute apparence humaine sur les croupes des plus hautes montagnes, la rendit à ce grand Prince, auquel rien ne pouuoit resister.

L'*Albane* petite riuiere se vient perdre dans l'Isere assez pres de Montmeillan, ayant passé par la ville de CHAMBERY, la principale du Duché de Sauoye, l'ancien sejour des Ducs, & le Siege du Parlement du pays, qui a tousiours esté en tres grāde reputation pour les decisions de ses Arrests, qui sont alleguez par les estrangers dans les Tribunaux de Iustice. La ville a esté plus grande qu'elle n'est, mais ayant esté bruslee il y a deux cens ans, elle

Albane.

CHAM-BERY.

fut resserree dans des murailles plus estroites. Son assiette est fort agreable dans vne plaine presque toute entourée de collines couuertes de beaux chasteaux. Elle est embellie de plusieurs fontaines d'eau viue, qui ont la plusparr leur source dans la colline de S. Martin, & se distribuent par des tuyaux en diuers cartiers de la ville, laquelle d'ailleurs est arrousee d'vne petite riuiere nommee l'Albane, qui luy donne beaucoup de commoditez, & qui passe par dessous les ruës par des canaux, & sert à nettoyer la ville. Cela n'empesche pas que plusieurs des habitans n'ayent vne enfleure de gorge, qu'on nomme Goitre, qui est vne incōmodité presque commune à tous les Sauoyards, causee par la froideur des eaux. Ce qui fait aussi que dans les glaciers les glaces se conseruent durant plusieurs siecles sans se fondre, croissans chaque année, & couurans le sommet des montagnes. Elles se purifient d'elles mesmes, & deuiennent claires, nettes & solides, comme le cristal, sans pouuoir bien discerner si c'est mineral ou simple glacé, qui en quelques endroits se conuertit en vray cristal, qu'on porte à Milan. Cette glace fonduë ou puluerisée sert de remédes à quelques maladies estant beuë auec du vin.

Rentrons dans la ville d'où l'eau nous auoit fait sortir, pour y voir le chasteau, qui a sur la porte les figures du defunct Duc Victor Amedée, & de Madame Christine de France son espouse, comme les deux Genies du pays, auec les images de la Prudence & de la Pudicité, qui sont les deux ornemens d'vn Prince pour gouuerner son Estat, & d'vne grande Princesse, pour rendre sa gloire immortelle. Les maisons ont beaucoup de rapport à celles de Geneue, qui s'auancent dans les ruës, portées sur des pilliers, & qui forment des galleries, où l'on peut marcher à couuert en tout temps. On void dans l'Eglise des Cordeliers le tombeau où repose le corps du President Faber, car pour son esprit il est dans ses escrits, & la gloire de sa reputation est cherement conseruée dans la memoire de tous les honnestes gens qui font profession des lettres & du barreau. L'Eglise des Peres Iesuites est vne des plus magnifiques du pays, bastie par la liberalité du Duc Charles Emmanüel, qui taschoit de cultiuer par ses bienfaits ceux qui par leurs trauaux cultiuent l'esprit de ses subjets, qui sont presque aussi malhabiles en leurs productions, que mal propres en leurs habits, c'est du peuple que i'entends parler, l'exterieur de l'homme estant assez souuent vne marque certaine de son interieur, comme la monstre l'est du mouuement des rouës, & des heures d'vne horologe.

Quand ie considere les femmes de Chambery si mal ajustées, il me semble que ie vois de belles prisonnieres dans vne laide prison, ou des Astres dans vne nuë sombre & obscure : ce que la Nature a mis de beau sur leur visage est gasté par les atours du corps : on diroit qu'elles prennent de la peine à se faire laides en se parant : vous les prendriez pour ces marmotes qui naissent dans leurs montagnes. C'est vn animal gros comme vn chat auec les iambes fort courtes, le poil rude, le museau & les oreilles d'vn escurieu, dont la chair est bonne à l'estomach, & salutaire à plusieurs maladies. Cette beste dort six ou sept mois de l'année depuis la my-Septembre iusques en Mars sans aucune nourriture, faisant sa prouision de foing au mois d'Aoust pour reposer dessus, & y passer l'hyuer. L'Isere accreuë de l'Albane pousse ses eaux le long du Fort Barraux basty par le Duc de Sauoye l'an 1597. & pris par le Mareschal de Lesdiguieres Conducteur des armées de France, & fidelle Ministre de la la fortune guerriere du Roy Henry son Maistre. De là elle passe sous le pont de Goussolin, & faisant autant de plis à trauers les rochers du Gresiuodan, qu'vne vipere quand elle veut ramasser son venin, elle arriue enfin aux portes de Grenoble.

Cette ville Capitale de la Prouince, distante de Lyon de seize grandes lieuës, a bien assez d'attraits pour nous inuiter à la voir, puisque l'Empereur Gratian l'honora de sa presence & de son nom. Louis XI. Roy de France l'annoblit d'vn Parlement, & François I. accrût le circuit de ses murailles. Ses fortifications sont de huict

GRENO-
BLE.

gros baftions, & ce qu'on y void de plus beau, tant pour les edifices publics, que pour les maifons des particuliers, eft deu à François de Bonc, Duc de Lefdiguieres, & Conneftable de France. Ce qu'il faut voir à Grenoble font les deux portes anciennes, que l'Empereur Maximian y fift baftir de pierres carrées, rangées fi proprement, que le temps, qui corrompt tout, n'a pû effacer les traicts de leur premiere beauté. Celle qui regarde le Midy fut nommée *Romana Iouia*, pour gratifier Diocletian, qui s'egaloit à Iupiter : l'autre qui conduit à Vienne, fut appellée *Herculea*, à l'honneur de Maximian, qui faifoit de l'Hercule en terre. La ville eft au pied de la montagne de Charlemont. Il en faut fortir pour confiderer les quatre miracles qu'auoit remarquez Louis XI. vn des plus excellens efprits qui ont iamais porté la Couronne fur le front.

1. *La Fontaine de Vif*, autrement la Fontaine qui brufle, dont S. Auguftin fait mention la comparant à la Fontaine d'Epire, qui allumoit vn flambeau efteint, & l'efteignoit quand

il eft

il est allumé. Ce miracle est vn des plus grands du monde, qui conjoint l'eau & le feu ensemble, & arreste la paix entre deux ennemis irreconciliables, qui se font vne cruelle guerre depuis six mille années. En voicy toutes les particularitez. A trois lieuës de Grenoble sur le grand chemin de Dauphiné en Prouence, on void à main droite vne haute montagne couuerte de neiges, au pied de laquelle est vn champ assez large, donnant passage à vn torrent qui se va descharger, comme ie pense, dans le Drac. A deux pas du bord de l'eau est vne espace de terre de quatre pieds en quarré, d'où l'on void sortir des flammes, qui se renforcent au changement de temps, & quand le Ciel se couure. Cette flamme est inconstante & variable en sa couleur, en sa grandeur, en sa durée, & en son action. Car tantost elle paroist blanche, claire & transparente, tantost elle est rougeastre, & comme teinte en sang ; quelquefois elle tire vn peu sur le bleu, & d'autre fois ces couleurs se meslent & forment vne espece de nuance semblable à l'arc

Fontaine qui brule.

en-Ciel, ou aux fleurs depeintes sur la toile auec l'aiguille. Sa hauteur est de deux pieds pour l'ordinaire, mais elle s'esleue en hyuer, & mesme elle redouble ses forces quand elle se sent attaquée du froid, qui est son aduersaire. Sa durée est incertaine, tantost viuante, tantost mourante, dans vne estrange vicissitude. Neantmoins bien que la flamme soit esteinte, & qu'elle demeure quelques iours sans paroistre, si vous en approchez vn flambeau allumé, dez aussi tost elle se r'allume, & mesme vous voyez la flamme du flambeau descendre en bas pour rendre la vie & l'action à l'exhalaison qui sort continuellement de cette terre ensoufrée & combustible, semblable au feu d'vne chandelle esteinte, qui venant à rencontrer la flamme d'vne autre chandelle, violente son inclination naturelle, & l'oblige de se porter en bas pour se communiquer par cet esprit de societé, qui entretient le commerce des creatures. Cette exhalaison n'est point sensible aux yeux ny à l'attouchement; vous ne reconnoissez son impetuosité qu'en ce qu'elle fait bouillir l'eau qui passe à trauers, & en ce que la flamme y estant attachée s'elance par saillies, comme si elle estoit agitée du vent. Le lieu dont elle sort n'a rien qui la distingue d'vne terre commune, vous remarquez seulement quelques petites fentes par où la flamme s'esleue quand elle est allumée. Et bien que ce feu brusle le bois qu'on y jette, il espargne neantmoins la terre qui le produit, & a cette reconnoissance pour celle qui luy fait voir le jour, de ne la point endommager. C'est vne fausse opinion qu'ont ceux qui n'ont iamais veu ce lieu, de croire qu'il y ait aucune source d'eau, ce n'est que de la terre ; mais les curieux qui desirent profiter de la contemplation de cette merueille, & s'instruire des effets de la Nature, font vne fosse & la remplissent d'eau, qui tout d'vn coup commence à boüillir à grosses ondes, sans estre neantmoins chaude, dautant que l'exhalaison ne possede effectiuement aucune chaleur, mais seulement la flamme, qui s'excite aussi ayséement sur l'eau, que sur la terre seche auec vn flambeau. D'où vient que le vulgaire voyant cette eau boüillante, & couuerte de flammes, l'appelle la Fontaine qui brusle, bien que l'eau ne brusle point, & que la flamme ne passe point à trauers l'eau. Aristote raconte en ses Histoires, qu'vn Roy de Perse pour espargner du bois, fit dresser ses cuisines auprés de certains feux sortans de terre, où les officiers de sa table apprestoient les viandes. On pourroit icy se seruir du mesme mesnage, comme l'ont experimenté ceux qui ayans fait porter vne poësle, du beurre & du poisson, y ont appresté leur disner. Apres que cette flamme a duré quelque temps, elle disparoist tout d'vn coup, sans qu'on en puisse trouuer la veritable cause. Car ce n'est point le vent qui l'esteint, puis qu'elle souffre les mesmes disgraces aux plus beaux iours d'Esté, & aux temps les plus calmes : ce n'est pas aussi l'eau, dautant qu'elle se conserue auec autant de repos & d'indifferēce sur l'eau, que le feu sur nos foyers : ce n'est point non plus aucun defaut de nourriture, puisque l'exhalaison qui la nourrit & l'entretient ne manque iamais, & qu'elle prend feu dez aussi-tost qu'on approche vn flambeau: de sorte que ce n'est pas vne moindre merueille de ce qu'elle s'esteint d'elle-mesme, que de ce qu'elle s'allume aussi d'elle-mesme, sa mort & sa vie estans egalement miraculeuses. Que si vous desirez esteindre cette flamme il la faut battre à coups de bastons ou à coups de pierres, comme vn meschant seruiteur qui ne se meine que par la crainte. Voyla ce qu'vn docte Medecin m'a enseigné de cette fontaine bruslante.

2. La Tour sans venin n'est pas beau- *La Tour sans venin.* coup esloignée de Grenoble. Elle est ainsi nõmée, pource qu'elle ne soufre aucun animal venimeux; il faut qu'il meure incontinẽt qu'on l'y a porté, soit qu'vn effet si extraordinaire prouien-ne de quelque charme caché, comme on dit qu'il ne vole aucune mousche dans le Palais de Venise ; ou de quel-que proprieté secrette de la terre, com-me on raconte de l'Isle Iuica sur les costes d'Espagne, dont la terre a cette vertu de tüer les Serpens que l'isle Couleuriere, ou Ophieuse, qui est vis

à vis a engendrez : ou pluſtoſt des merites de quelque ſainct perſonnage qui a logé dans cette Tour. Ainſi l'Iſle de Malthe ne peut nourrir aucune vipere depuis le naufrage de l'Apoſtre S. Paul, ny l'Hibernie aucun Serpent, ny pas meſme vne araignée depuis la benediction de S. Patrice.

Montagne inacceſſible. 3. La Montagne inacceſſible du temps de Louis XI. quand il eſtoit encore Dauphin, à cauſe de ſon aſſiette, eſtant poſée ſur vne terre comme vne pyramide renuerſée, fort eſtroitte en ſon pied, & s'eſlargiſſant peu à peu iuſques à vne plaine aſſez grande, qui eſt deſſus.

La 4. merueille qu'auoit remarquée Louis le Dauphin eſtoient ſix lieuës de pays, qui ſont depuis la Boiſſiere & Aualon iuſqu'à Grenoble entre deux montagnes, qu'il appelloit le plus beau iardin du monde, où eſtoient pres de cent maiſons de Gentilshommes fort anciennes & bien baſties, dont l'vne auoit la meilleure eſpée du monde, que ce Prince appelloit l'eſpée Terraille, entendant les predeceſſeurs du Cheualier Bayard, digne fils de tels peres. On y peut adjouster les Tines ou Cuues de Sassonage, qui sont cauées dans le roc, & donnent vn indice des bonnes ou mauuaises années, & le lac de Nostre Dame de la Barme. Pres de Grenoble sur le chemin de Lyon & de Geneue se trouue vne cauerne, qui meine à vn lac sousterrain large d'vne lieuë ou enuiron, & long de deux ou trois, que le Roy François premier, venant de la Prouence, fut curieux de visiter, & fit faire vn batteau exprez, dont les pieces ont esté gardees assez long temps sur le lieu. On vogua plus de deux lieuës dessus, mais le bruit effroyable de ses eaux qui se lancent dans vn autre lac, ne permit pas à ce genereux Prince ny à ceux de sa suite d'aller plus auant : & ayant mis des flambeaux allumez sur vne planche suiuant le fil de l'eau, pour descouurir de loing ce qu'on n'osoit approcher, on les perdit de veuë dez aussi tost que la planche fut au bord du precipice où les eaux se deschargent.

Pour moy ie prise plus que tout cela le superbe chasteau de Vigile assis sur la Romance, où l'on void l'esprit & la

Chasteau de Vigile.

i iiij

conduite du Connestable de Lesdiguieres dans la disposition des bastimens, & ses victoires dans les tableaux des galeries. Le Maistre du logis paroist à cheual representé sur la premiere porte, comme s'il vouloit encore vous y receuoir apres sa mort auec les ciuilitez qui luy estoient si naturelles pendant sa vie. Les fontaines, les labirinthes, les allées, les parterres, & les compartimens du jardin vous recreent autant la veuë, que vostre esprit reçoit de diuertissement & d'instruction dans les galeries, dont l'vne vous sert de Commentaires pour les actions de sa vie, & l'autre de Bibliotheque pour apprendre les plus belles fables de l'antiquité, & les plus curieuses remarques de l'histoire moderne. Il y a six-vingts chambres; le cabinet d'armes est garny de tous les equipages de guerre, on y compte iusques à dix mil mousquets, plus de six cens cuirasses, plus de deux mil picques, & le reste qu'il faut pour mettre vne armée en estat de combattre.

La Romance petite riuiere vient des montagnes, passe au bourg d'Oysans, reçoit les descharges des lacs comme on les nomme qui sont au dessus de la montagne abysmée, arrouse le chasteau de Vigile, & prend son nom pres de Grenoble, auec le *Sop*, la *Saloise*, & la *Perse*, où elle entre dans le *Drac*. Le *Drac*, torrent impetueux, sujet aux débordemens, se passe sur vn pont fort esleué pres de Grenoble, aussi bien que l'Isere: mais il brise souuent ses digues, & fait des sorties cruelles & dommageables à tout le pays, particulierement quand la Romance & le ruisseau de Die, qui se joignent en son canal, se debordent aussi par le degel des neiges. Il vient de Champlieu village au Comté de Samsault, passe par Momtorsier en Dauphiné, Chabotes, S. Bonnet, le Saut du Loup au dessous des trauerses du Corp, & delà gaigne la Mothe, où il fait les bains chauds, puis se réd à Clais Sessins pres de Grenoble, & tombe dans l'Isere au dessous de la Baronnie de Sessenaigues, son humeur violente le rendant intraitable aux matelots, & incapable de porter aucun bateau. La *Die* vient de Mens & de Tresminis, & se iette dans

Sop, r.
Saloise, r.
Perse, r.
Drac, r.

Die, r.

le Drac au dessus de S. Marcieu.

I'oubliois le Prouerbe, qui porte, Qu'vn Serpent & vn Dragon engloutiront vn iour Grenoble. Le Serpent est l'Isere, à cause de ses plis & destours : le Dragon est le Drac, tant par la conformité de son nom, que pour les rauages qu'il cause dans le pays. On pourroit confirmer le destin & l'horoscope qui menace cette ville d'inondation par vn semblable accident, qui arriua sous le regne de Philippes Dieu-Donné, quand l'estang de S. Laurens, qui se descharge dans l'Isere, ietta tout d'vn coup vne si grande quantité d'eau que la ville de Grenoble fut inondée, les marchands qui estoient venus à la foire furent noyez dans les places publiques, les ponts de l'Isere rompus, les chasteaux ruinez, les plus gros arbres desracinez dans les forests, & toute la Prouince effrayée par l'apprehension d'vn deluge vniuersel, dont ils voyoient desia des commencemens sensibles aux portes de leurs maisons. Toutes ces eaux auec la *Gresse*, qui vient de Lens, & passe à S. Nazare, ayans gai-

Gresse, r.

gné le pont de Romans, ville baſtie, à ce qu'on tient, ſur le plan de Ieruſalem Capitale de la Iudée, & ſous celuy de Saline pres de S. Marcelin, où le Dictateur des Romains Fabius deffit les Allobroges, & le *Furens* au deſſous de Romans, s'eſcoulent dans le Rhoſne, dont ie prends le cours que i'auois laiſſé à Valence deux lieuës au deſſous de l'embouchure de l'Iſere, & continuë touſiours ma nauigation vers le Midy, m'enrichiſſant des preſens que luy fait d'vn coſté le Languedoc, & de l'autre le Dauphiné & la Prouence. Et de vray i'ay à peine perdu Valence de veuë, que la *Veſure* petite riuiere qui trauerſe le haut Valentinois du Leuant au Couchant, qui engraiſſe ſes terres, & deborde pluſieurs fois l'année, vient de Chabueil ſe ietter dans le Rhoſne vis à vis de Charmes, & ayant laiſſé le Chaſteau de la Voute à main droicte baſty ſur le bord du Rhoſne, ie tombe dans la bouche de la Drome au deſſous de Liuron.

Furens, r.

Veſure, r.

LA DROME.

Drome, R. LA DROME qui partage le Valentinois en deux, prend son origine & son eau d'vn grand lac nommé de Luc, renfermé entre quatre montagnes dans le pays de Treues, & passe pres de Monestier, descend assez pres **Rez, r.** de Chastillon, bourg fermé sur le *Rez*, petit ruisseau qui sort de Treschenu pour entrer dans la Drome, laquelle **Die.** vient à Die, Colonie des anciens Romains assise sur les plus basses montagnes de Dauphiné, & comme au centre du pays. C'est la Capitale de la vallée du Diocese fortifiée autrefois de trois tours, qui ont esté razées par Arrest du Parlement, & embellie de plusieurs edifices Romains, comme on y void encore dans la grande ruë vne maison qu'on croid auoir esté le logis des Vestales. Deux riuieres coulent au pied de ses murailles, la Drome qui vient de la Parroisse de Vaudrome huict lieües au dessus de Die, où est le lac de Luc, qu'on croid auoir esté vne ville connuë par les Romains, & submergée par la riuiere, dont restent encore quelques tours, & quelques voûtes entieres au milieu du lac: l'autre est *Merosse*, que les Romains auoient fait entrer dans la ville par des aqueducts, dont on void les vestiges : elle arrouse le terroir de Die, & fait moudre sept moulins. *Crest* est vne autre ville battüe de la riuiere de Drome, qu'elle a pour fossez, assez peuplée, auec vne belle & forte tour carrée & fort logeable, outre le chasteau, & la citadelle bastie derriere la ville. C'est le premier & principal Siege du Seneschal de Valentinois & Diois, quoy que le Siege ait aussi son Lieutenant general & particulier, & autres Officiers auec semblable pouuoir & Iurisdiction. LIVRON est vne petite ville & vn chasteau ruiné assis sur vn rocher pres du confluent du Rhosne & de la Drome, dont l'assiette porta si haut l'insolence des habitans, qu'ils oserent non seulement resister à l'authorité du Roy Henry III. mais encore arrester son armée par les auantages de la place, & charger sa personne d'injures. Ho! massacreurs, luy disoient-ils, ne pensez pas

Merosse, s.

Livron.

auoir affaire à des gens surpris dans leurs licts pour les esgorger, comme vous fistes l'Admiral, & tant d'autres gens de bien : nous nous garderons bien de vos trahisons. Que ces mignōs de Cour masquez, frisez & goderonnez approchent, & nos femmes leur apprendront qu'elles sçauent deffendrent leur pudicité aussi vigoureusement que leurs maris leurs vies.

Sur le mesme riuage descendant auec le Rhosne, vous trouuez en suite *Rubion,r* le *Rubion*, qui naist au dessus du pont de Barfet, passe entre Marmes & Charroux sous vn beau pont, à S. Geruais, à Montelimar, & au dessous de la ville *Iabron,r.* se descharge dans le Rhosne. *Iabron* qui prend sa source vers Bouieres en Diois, passe pres de Dieu-le-fit, à Chasteauneuf de Mazene, & se ioint à Rubion pres de Montelimar ville assise au bas Valentinois, fortifiée d'vne citadelle & d'vn chasteau, regie par vn Gouuerneur establi par le Roy, & annoblie d'vn Chapitre fondé par Louis XI. De Montelimar à Pierrelate on conte trois lieües de chemin par des allées d'vn beau parterre naturel, bordé de tym, de lauande, d'hyssope, de rosmarin, & d'autres herbes odoriférantes, qui embausment l'air de leurs parfums : à vos costez ce ne sont qu'amandiers & oliuiers, vignes & bleds. Si ces esprits de poudre & de vent qui sont si puissamment charmez des eaux de la Seine & des boües de Paris, qu'ils n'estiment le reste de la France que comme des deserts, la retraite des bestes & le refuge des bannis, auoient consideré ces grandes campagnes où la Nature produit sans contrainte & sans affectation, ce qui ne vient qu'auec de tres-grands soins, & encore fort imparfaitement, dans les iardins des Princes; s'ils auoient veu les buissons de rosmarin, de myrthe & d'hyssope, & les chemins publics où l'on foule aux pieds la marjolaine, couuerts de berceaux & de tonnelles de figuiers & d'oliuiers entrelassez les vns auec les autres, les peschiers & les amandiers naturellement plantez en eschiquier, sans corde & sans niueau; les grenades, les citrons & les oranges presque aussi communes que les pommes en Normandie & que les chastaignes en Perigord ; ie m'asseure qu'ils changeroient bien-tost de discours, & qu'ils reconnoistroient quelle différence il y a entre les belles choses & celles qui ne sont pretieuses que par opinion.

Mais comme nous voguons icy sur l'eau, nous sommes obligez d'abandonner la terre, & de prendre la riuiere de *Berre* à Pierrelate, qui vient de Montjoux, passe à Becone, à Blacons, à Taulignan, & se iette dans le Rhosne au dessus de Pierrelate, qui est vne ville bien bastie & marchande. Son chasteau esleué sur vn rocher, qui a son aspect sur la riuiere de Berre, laquelle a veu couler le sang des Catholiques auec son eau dans vn mesme canal, qui furent esgorgez ou precipitez des hautes tours de Pierrelate par le Baron des Adrets, homme cruel & barbare, qui n'auoit rien d'homme que le visage & la parole ; encore dit-on que l'vn & l'autre estoient des images de sa brutalité, & qu'il prenoit ses diuertissemens à voir les Catholiques sauter par force dans les fossez des villes.

Il semble que le Rhosne aille plus viste

Berre, r.

PIERRE-
LATE.

viste en cet endroit qu'ailleurs, comme s'il estoit poussé d'vne secrette ambition d'aller receuoir les couronnes & les arcades que les Romains luy ont dressées au Pont du S. Esprit. La ville est bonne; sa citadelle & la vigilance du Gouuerneur la fortifient, la riuiere & la beauté du paysage luy donnent des agreemens. Pour le pont esleué sur le Rhosne, il passe pour vn des premiers de l'Europe; il est long de douze cens pieds, & large de quinze, porté sur vingt-deux arcades, soustenües d'autant de gros pilliers percez artistement, auec des portes pour donner vn cours plus libre & plus ouuert aux flots du Rhosne quand il est debordé. Il sert de bornes à quatre Prouinces, au Dauphiné, au Languedoc, à la Prouence, & à la Comté de Venaissain. C'est icy que ma main treble par l'apprehension des dangers qu'il y a de voguer sur le Rhosne depuis le Pont du S. Esprit iusques au confluant de la Durance, où comme si les riuieres qui viennent se descharger du Vellay & du Viuarets iusques à Beaucaire sur les riuages opposez au Dauphiné

Pont S. Esprit.

K

auoient leurs eaux empeſtées par vne contagion d'erreur & de malice qu'elles peuuent auoir contractées dans les lieux infectez de l'eſprit de Caluin par où elles paſſent, que nous irons reuoir puis qu'ils ont eſté purgez par le fer & par le feu de Louis XIII. mais ce ne ſera, qu'apres que nous aurons encore pris les eaux de trois petites riuieres qui coulent de l'Orient dans le Rhoſne, ſçauoir du *Lez* qui paſſe à Mondragon, de la riuiere d'*Egues* pres de Crochan, qui ſepare la Principauté d'Orange du Dauphiné & du Languedoc ; & du ruiſſeau d'*Argent*, qui vient d'Orange meſme, & moüille le pied de ſes murailles.

Lez, r.
Egues, r.
Argent, r.

La Principauté d'Orange n'a que quatre lieües de long & trois de large, aſſiſe entre la Comté de Venaiſſe, le Languedoc & le Dauphiné, abondante en bleds, vins, fruicts & ſafran : ſeulement peut-on dire, comme a remarqué vn eſtranger, qu'à Orange il n'y a point d'orenges. Il eſt hors de doute que la ville d'Orange eſtoit en grãde reputation parmy les Romains, qui la conſideroient comme vne des

Orange.

plus illustres places de cette grande Prouince, qu'ils nommoient par excellence la Prouince des Prouinces, & que nous appellons maintenant la Prouence. Car outre qu'elle fut erigée en Euesché dez les premiers siecles de l'Eglise naissante, nous apprenons par l'histoire, qu'entre les diuerses Colonies des Citoyens qui furent enuoyez en plusieurs villes de cette noble Prouince, pour imprimer l'esprit & les mœurs de Rome dans l'ame de tous les subjets de l'Empire, la seconde Legion fut destinée à Orange, comme la sixiesme à Arles, la septiesme à Beziers, la huictiesme à Frejus, la dixiesme à Narbonne : aussi trouuons nous dans les anciennes inscriptions qu'elle est nommée la Colonie des Secondains, c'est à dire des Soldats de la deuxiesme Legion. Et pour vne glorieuse marque de cette premiere habitation, on y void encore les restes de plusieurs beaux ouurages d'vne magnificence Romaine. L'Arc de triomphe dressé à l'honneur des Consuls Romains Marius & Luctatius apres la deffaite des Cimbres, qui furent taillez en pieces

K ij

sous leur sage conduite iusques au nombre de cent quarante mille, qu'on void à vne des portes de la ville, est des plus celebres monumens de la gloire des Gaules. L'ouurage en est quarré. On y void d'vn costé la representation de toutes sortes d'armes & de trophées, comme aussi des nauires, cordages, & autres instrumens de la nauigation, auec l'image d'vne Sorciere qui tient le doigt dans l'oreille. C'est cette Syrienne, qui se trouuant vn iour dans l'amphitheatre de Rome au combat des Gladiateurs, predit à la femme de Marius, qui seroient les vainqueurs & les vaincus, auant qu'ils parussent sur l'Arene, dont cette Princesse conceut vne si haute opinion, qu'elle la presenta à son mary, qui ayant esprouué sa science en plusieurs euenemens, la retint auprés de soy, comme l'Arbitre de sa fortune, & l'Intendante de ses victoires. Il la consultoit en toutes ses entreprises, comme l'oracle des Dieux: il ne marchoit iamais que par ses ordres, & ne liuroit aucun combat que par son aduis, comme si elle eust esté la Tutelaire de l'Eſtat de Rome, & le Genie de ſes armées. Les noms de Marius & de Luctatius s'y liſent aſſez diſtinctement, auec pluſieurs autres circonſtances qui conuiennent à la vie & aux actions de Marius ce vaillant Capitaine. Ce qui me fait iuger auec beaucoup de fondement, que ceux qui ont penſé que ce trophee eſtoit de Fabius ſe ſont trompez. Voila la premiere & la plus illuſtre antiquité de la ville d'Orange.

La deuxieſme, ſont les bains chauds & les Arenes hors de la ville. Dans les bains on pourra connoiſtre la magnificence & le luxe de cet incomparable Romain, qui fit baſtir ces Eſtuues, qui retiennent encore ſon nom, à deſſein de s'y lauer apres s'eſtre ſoüillé du ſang des barbares, & s'eſtre couuert de ſueur & de pouſſiere dans les combats. Les Arenes conſeruent leur nom en deux vieilles tours qui reſtent de l'ouurage; car pour les apparences, elles ont ſi peu de rapport à vn amphitheatre deſtiné pour les exercices des Gladiateurs & pour la iouſte des beſtes, qu'il n'y a que le teſmoignage de ceux du pays qui soit capable de nous le persuader.

La troisiesme est le Circ, qui est dans la ville au pied de la montagne basty en forme de theatre, auec vn des plus beaux pans de murailles qui soit en Europe, ayant cent trente-six pieds de long & cent de haut. Au deuant de ce superbe bastiment se voyent des Lices, qui se reconnoissent par les ruines & par les sieges des spectateurs. Au dedans & au milieu se voyent les colomnes, parquets, chapiteaux & vne corniche de marbre richement entaillée & fort esleuée, qui estoit sans doute destiné pour le plus honorable de la compagnie, comme la premiere place. Il y a de plus, plusieurs arcs & portes pratiquées en la muraille, qui ferme le Circ du costé du Septentrion; dont celle du milieu estant la plus grande, semble auoir esté la principale: les autres sont proportionnees auec leurs pilastres, chapiteaux & corniches. A chaque bout du Circ sont deux beaux corps de logis pour enfermer les Gladiateurs & les bestes sauuages, qui deuoient estre le passe-temps du peuple. On y monstre aussi quelques murailles ou masures d'vn Temple, qu'on croid auoir esté consacré à Diane. Les aqueducts qu'on void en plusieurs endroits de la ville & hors des murailles, sont des preuues de la magnificence Romaine & de la Noblesse de cet ancien peuple.

On tient la citadelle, qui est esleuee sur vn rocher, & fortifiée de bastions comme la ville, pour vne des plus regulieres de l'Europe, d'où l'on descouure iusques à cinq Prouinces, à sçauoir la Prouence, le Dauphiné, le Languedoc, l'Auuergne, & le Forest. Quant aux Eglises elles ont chãgé de visage & de Maistre : les Protestans ayans ruiné durãt les troubles de la guerre les plus beaux bastimens, demoly les Autels, chassé les Prestres, & profané les lieux saincts par le poison de leur doctrine. De sorte qu'on n'y void plus aucune marque de cette anciẽne Religion, que les Peres des premiers siecles y defendirent si courageusement en deux Conciles assemblez pour combattre les Disciples de Pelagius auec le glaiue de la parole & de l'esprit de Dieu;

K iiij

le peché preuaut maintenant à la Grace, & l'Eglise d'Orange ne se void plus que dans les liures. Cette ville meritoit bien d'auoir vne meilleure fortune, & de meilleurs Citoyens, qui eussent des sentimens plus raisonnables touchant les veritez de nostre foy, puis qu'elle auoit seruy de champ de bataille à tant de saincts Prelats; & ie m'estonne que ce peuple ne soit plus riche qu'il n'est, ayant vne terre fertile & abondante en toutes sortes de fruicts, auec vn fleuue d'*Argent*, au moins en a-il le nom, qui coule au pied de leur chasteau.

Pour ce qui concerne la domination de ce petit Estat, il est sujet au Prince d'Orange, qui a le pouuoir de battre monnoye, & de se titrer par la grace de Dieu Prince d'Orange, qui est vne tres auguste marque de grandeur, & vn effect des bontez de Louis XI. qui ayant mis en liberté Guillaume Prince d'Orange, de la Maison & des Armes de Chaalon, prisonnier de guerre, dont il modera la rançon de trente à dix mille escus payez au Gentil-homme qui le gardoit, voulut l'engager à son

DE FRANCE. 153

seruice par toutes sortes de courtoisies, luy accordant le titre de Prince souuerain, qui ne subsiste que par la grace de Dieu, & par sa propre espée; & le droict de battre monnoye à son image & à son coing, de mesme alloy que celle du Dauphiné, auec vn Parlement pour rendre la iustice en ses terres. Son Vniuersité n'est plus qu'vne ombre de ce grand corps dont Charlemagne fut fondateur : ce sont des Escholes sans escholiers, & des Professeurs sans liures & sans estude.

Ie renuoye les curieux à l'histoire du dernier siecle pour apprēdre les cruautez pratiquées en cet Estat, qui ne se sont iamais veuës chez les barbares. Ie diray seulement que Philippes frere du Comte Maurice fut restably en la possession de sa Principauté par le commandement de Henry IV. dont il auoit esté despouillé par la licence des derniers troubles. Ie pourrois parler d'vne fontaine qui est au pied d'vn rocher assez pres de la ville, laquelle emprunte son nom d'vne vertu prodigieuse qu'elle a de rendre fecondes les femmes steriles qui s'y vont lauer;

mais pource que tous ces bains me semblent dangereux, & que ces feconditez d'artifice me sont fort suspectes, ie tiens cette fontaine au nombre de celles dont parlent les Historiens de la Nature, qui par des effects contraires ostent à quelques femmes la fecondité, qu'elles donnent aux autres; & i'ayme beaucoup mieux reprendre les eaux du Rhosne pour considerer les riuieres qui se viennent rendre à luy du costé du Vellay & du Viuarets, comme i'ay veu celles qui viennent du costé du Dauphiné, que de me souiller dans le bassin d'vne fontaine, dont les eaux doiuent estre aussi sales que son nom.

VELLAY. Le Vellay confine auec le Viuarets du costé du Leuant, auec le Geuaudan du Midy, l'Auuergne du Couchant, & le Forest du Septentrion. Sa longueur s'estend depuis le pont Salamon sur la riuiere de Semene, iusques au pont de Vabres sur la riuiere d'Allier, dont i'ay traicté ailleurs; & sa largeur est depuis Crapone iusques pres de S. Agrepne. On la diuise en la contrée deçà les Bois, qui est le costé du

DE FRANCE. 155

Puy, & la contrée delà les Bois, qui est le ressort du Bailliage de Montfauçon: les grandes montagnes de Mezeres, du Pertuis & de Megal couuertes de bois faisans cette separation.

Le Viuarets touche le Lyonnois, le Forest, le Vellay, le Geuaudan, l'Vzege & le Dauphiné. La riuiere de *Limonin* le separe du Lyonnois entre S. Pierre le bœuf & Serriere, où elle va se rendre dans le Rhosne. Il est diuisé de l'Vzege par la riuiere d'*Ardeche*, qui vient de Mirebel & de Montpezat, passe par Aubenas dans le Vellay, se charge de *Chosejac*, de l'*Hebrie*, de *Ligny*, qui trauerse Ioyeuse, & de *Bordesac*, qu'il va porter dans le Rhosne au dessus du Pont du S. Esprit. Il est diuisé en haut & bas dans la riuiere d'*Erieu*, qui passe à Bais sur Bais, & se iette aussi dans le Rhosne au dessous du Pousin, chargée de la *Dumere*, de *Dorie*, de *Gleure* & d'*Orene*. Les autres riuieres sont *Canse* auec *Deom*, qui separent les deux fauxbourgs de la ville d'Annonay: le *Doux* qui se rend à Tournon, entre les riuieres de Canse & d'Erieu. La *Seize* qui descend des montagnes

VIVA-
RETS.

Limonin,
r.

Ardeche,
r.

Chosejac,
r.
Hebrie, r.
Ligny, r.
Bordesac,
r.
Erieu, r.

Dumere.
Dorie, r.
Gleure &
Orche, r.
Canse &
Deom, r.
Doux, r.
Seize, r.

de Geuaudan, guéable en plusieurs lieux, passe à S. Ambrois petite ville appartenante à l'Euesque d'Vzez, moüille les murailles de Bagnols, ville & Baronnie appartenant à M. le Prince de Condé, comme ayant esté de la Maison de Montmorancy, assise dans vn terroir plein d'agreables sources d'eau, qui luy ont donné le nom, & se rend dans le Rhosne : & vn peu au dessus la *Teue*, qui arrouse Loudun petite ville & Baronnie de la maison de Ioyeuse, qui s'est glorieusement perduë en celle de Guyse. Le Chef du Viuarets est Viuiers assise sur vn rocher, le Rhosne passant au pied, où il reçoit l'*Achasse*, assez proche des hautes montagnes du Viuarets, & diuisée en deux villes, la haute & la basse ; la haute sur le rocher, qu'on nomme le Chasteau, & la basse au dessous, qu'on appelle la Ville. L'Euesché d'Aubenas y fut trasferée apres qu'elle eut esté demolie par les Vandales ; comme l'Eglise de Viuiers a esté depuis ruinée par les Religionnaires, qui s'estans emparez de la ville, ne saccagerent que la Maison de Dieu. Il est vray que la pieté des

Teue, r.

Achasse, r.

Catholiques l'a releuée auec auantage, n'eſtant pas raiſonnable qu'vn Temple ſi auguſte, qui auoit receu tant de faueurs des Rois & Empereurs François demeuraſt enſeuely dans ſes ruines. Car le Roy Iean, comme il paſſoit par Viuiers pour aller saluër le Pape en Auignon, ayant apperceu les Aigles de l'Empire depeintes dans les bannieres & ſur la chaire Epiſcopale du grand Autel de l'Egliſe Cathedrale dediée à la memoire de ſainct Vincent, & ayant appris des Chanoines que c'eſtoit vne conceſſion de l'Empereur Louis le Debonnaire, pour vn teſmoignage du rang que cette ville tenoit parmy les villes Imperiales ; iuſques là meſme que ceux du pays appellent encore auiourd'huy l'Empire, les terres qui ſont ſur le Rhoſne, & qui ſe ſeruent meſme des loix Imperiales, les autres Prouinces de France ayans leurs couſtumes particulieres, voulut qu'au lieu de l'Aigle cette Egliſe portaſt les Fleurs-de-Lys, & que les Armes du Royaume de France fuſſent auſſi les Armes d'vne partie de l'Empire du Fils de Dieu, ſe croyant obligé d'imiter la Religion de ce Prince dont il possedoit l'Estat.

Ie ferois difficulté de parler des autres places assises sur les bords du Rhosne en ces Prouinces, pour auoir si souuent seruy de retraitte à la rebellion & à l'impieté, si le feu Roy ne les auoit remises dans le deuoir de l'obeissance & dans l'exercice de la Religion.

ANNONAY. ANNONAY portant le titre de Marquisat à la maison de Vantadour, assis sur la ionction de la Canse & du Deom, porte les marques de la fureur des Heretiques, qui s'en estans saisis sous le Roy Charles IX. ruinerent les Eglises & fouillerent publiquement vne chasse nommée de sainctes Vertus; ces estranges Reformateurs de la foy de nos peres, comme ils ont pris à tasche de despouiller les Saincts de l'honneur que la terre leur rend, & des ornemens que les peuples leur donnent, ayant aussi resolu de ruiner les vertus qui composent les membres du corps des Saincts, suiuant la pensée d'vn docte personnage, & qui perfectionnent les facultez de leur ame.

SOYON

SOYON est sur les bords du Rhosne, qui porte ce titre de Principauté au Duc d'Vzez, laquelle s'est ressentie des guerres ciuiles aussi bien que les autres places ses voisines; il y a vn chasteau pour le Seigneur, vne Abbaye pour les filles, vne Parroisse pour les Catholiques, & vn Temple pour les Huguenots du lieu & de Valence, qui n'en est qu'à vne lieuë: Estat contre Estat, & Autel contre Autel. Les hommes font par leur police, ce que Dieu ne peut faire par l'Euangile, logeans sous vn mesme toict l'Arche de l'Alliance & l'Idole de Dagon ; & d'vn mesme encensoir offrans des parfums à Baal & à Iesus. Elle a esté diuerses fois prise & reprise, fortifiée par les Religionnaires, afin de leuer des contributions sur le Rhosne, & ruinée par les Catholiques afin d'entretenir le commerce, iusques à ce que le Duc de Montmorancy ayant aduis qu'on y trauailloit encore par le commandemét du Duc de Rohan, & que l'ouurage estoit bien auancé, y accourut pour l'arrester, qui espouuenta si fort les assiegez par sa presence plustost que par les bresches de leurs murailles, que redoutans vn assaut, ils abandonnerent de nuict la place, & grimpans comme des ours sur les montagnes, se sauuerent à la fuite. Le Duc fit raser le fort auec tout ce qu'il y auoit de logement, de peur que cette taniere de voleurs ne fust bien tost remise en estat d'incommoder la contrée.

POVSIN. LE POVSIN assis sur la mesme riuiere peut estre iustement appellé le jouët des guerres, & le theatre des sanglantes tragedies de Mars, ayant soustenu trois sieges, le premier sous le regne du Roy Charles IX. le deuxiesme sous le Roy Henry III. & le dernier sous le feu Roy Louis le Iuste, qui la fit demolir & brusler, pour purger par le feu la perfidie de ses citoyens. Brison l'ayant remise entre les mains du Connestable de Lesdiguieres moyennant vingt mille escus, elle fut rasee; mais le Duc de Rohan s'en estant depuis saisi, la fit rebastir & fortifier, auec vne grosse garnison qui incommodoit plus que iamais le commerce du Rhosne; & se sentant couuerte de Chaumerac, de Mirabel & de Priuas, elle

elle tenoit tout le pays dans la crainte & dans l'oppression. Ce qui obligea le Duc de Montmorancy d'y aller planter le siege: & comme les fortifications estoient fraischement eleuées, le canon y fit bien tost vne bresche assez raisonnable pour contraindre les assiegez de venir à vne capitulation, qui leur fut accordée, à condition de sortir de la ville auec l'espée seule, sans autres armes, ny esquipages; & pource que les auantages de la place estoiet vne occasion de reuolte à des esprits remuans, & ennemis de la domination de leur Prince, l'image de la puissance de Dieu, elle fut rasée pour la deuxiesme fois.

Chaumerac en suite fut forcé, la garnison taillée en pieces, & ceux qui eschapperent la fureur des armes furent punis de la corde, estans plus dignes de mourir de la main d'vn bourreau que d'vn soldat. Le chasteau de Mirabel assis sur la pointe de l'Ardeche inaccessible que par vn seul endroit, pour estre esleué sur vne roche droit escarpée, ayant tesmoigné autant d'obstination que Chaumerac, fut traicté auec pareille rigueur.

PRIVAS. Pour PRIVAS ville du Viuarets sise à deux lieuës du Rhosne sur vn petit ruisseau qui s'y va rendre, ayant tousiours esté des premieres à arborer l'estendart de la rebellion, comme elle se sentoit forte, estant couuerte de deux chasteaux, l'vn nommé Tolon du costé de la montagne, attaché à la ville par vne ligne de communication, & l'autre appellé Tournon du costé de la vallée, sembloit mespriser vn Roy, qui auoit forcé les Alpes, & contraint l'Italie de receuoir ses loix, & se moquer d'vne armée victorieuse, qui auoit cueilly des palmes où Hannibal n'auoit trouué que des rochers steriles chargez de neiges : & nonobstant l'arriuée de sa Majesté à Valence, qui n'en est qu'à six lieuës, les habitans auec la garnison faisoient des actes d'hostilité, courant la terre & l'eau, pillât, tuant & faisant des prisonniers comme en vne guerre ouuerte. Leur auarice s'estendoit sur tous, & leur cruauté s'attachoit particulièrement aux gens d'Eglise. Ayans arraché les yeux à vn bon Pere Capucin, ils l'attacherent à vn arbre, & le firent seruir de bute à leurs mousquetades; & Dieu n'ayant pas permis que les bales portassent sur vn corps couuert d'vn si venerable habit, & possedé d'vne si sainte ame, ils le hacherent en pieces à coups d'espées. Ces horribles attentats estans rapportez au Roy, sa Majesté se resolut d'opprimer la reuolte en sa naissance, & d'arrester l'impieté en ses progrez. Il vint, il vid, il vainquit. Car les batteries estant dressées deuant la ville, la mesintelligence des Chefs, & la consternation des plus hardis, qui pressez par la côscience de leurs crimes se retirerent dans le fort de Tholon, en firent ouurir les portes auant que le canon eust battu les murailles. La ville estant abandonnée fut saisie par les soldats; & nonobstant les expresses defenses du Roy, le feu ayant esté ietté dans vne maison, l'embrasement la mit bien tost en cendres auec ses habitans, qui ne meritoient pas de mourir en l'air par vne corde, ny de seruir le Roy dans ses galeres, comme il auoit esté resolu dans le Conseil, mais d'estre bruslez tous vifs, afin qu'il ne restast aucun germe d'vne si mauuaise plante, ny aucune semence d'vn si pernicieux fruit.

TEL.   Le TEL est vne autre petite ville située sur la riuiere du Rhosne, laquelle separe le Dauphiné d'auec le Viuarets.

VOVTE.   La *Voute* est au pied du costau sur la mesme riuiere portant titre de Comté appartenant à la maison de Vantadour, dont les Seigneurs ont séance aux Estats de Languedoc. I'obmets les autres sans les voir, pour repasser sur l'autre bord du Rhosne dans la Comté de Venaisse, qui a pris son nom, à ce qu'on tient, pource qu'estant vn pays de venaison, il est tres-propre aux diuertissemens de la chasse. Ce pays appartenoit autrefois à Raimond Comte de Tholose: mais parce qu'il estoit le Protecteur des Heretiques Albigeois, le Pape Innocent III. l'excommunia, & s'attribua la confiscation dudit Comté au preiudice des Comtes de Prouence qui en estoient les Souuerains: joint que Ieanne I. du nom Reyne de Naples & de Sicile, Comtesse de Prouence, vendit la ville d'Auignon au Pape Clement VI. qui l'a conseruée pour les autres Papes ses successeurs. L'entrée nous en est ouuerte par la riuiere de Sorgues, qui se vient ietter dans le Rhosne auec la Russe & l'Oueze au dessous de la Principauté d'Orange.

SORGVES.

NOvs sommes en fin arriuez au pont de Sorgues deux lieuës au dessus d'Auignon, ainsi nommé pour estre basty sur la riuiere de Sorgues, laquelle apres s'estre souuent partagée en branches & en rameaux, comme vn grand arbre couché sur terre: apres auoir formé des Isles en terre ferme; apres diuers destours qu'elle a pris dans la Comté de Venaisin, rallie enfin ses forces, & se diuisant en deux parties, l'vne gaigne le Rhosne sous le pont de Sorgues *au port de la Traillie*, qui est, au iugement de Scaliger, la ville de *Vindalus* ou de *Vindelicon*, dont Florus, & les autres Historiens, font mention en leurs escrits: & l'autre se iette dans les fossez d'Auignon, sous le nom du ruisseau

Sorgves R.

de Vaucluse, qu'il emprunte du lieu de sa naissance, entre en la ville, nettoye les ruës, & apporte force commoditez aux habitans.

Ce que nous ont chanté les Poëtes de leur Tempe n'a rien de si charmant que le lieu de Vaucluse, qui a esté le fidelle depositaire des secrets de Petrarque, l'entretien de ses plus doctes pensées, & l'amy confident de ses belles amours auec Madame Laure, qui rendit l'esprit au mesme mois, au mesme iour, & à la mesme heure qu'elle luy auoit rauy le cœur. Et toutes les loüanges qu'ils donnent à leur Fontaine de Cheual, ne valent pas vn chapitre des excellens liures que ce grand personnage a composé sur les bords de la Fontaine de Sorgues. Elle sort d'vn rocher plus haut que les tours de l'Eglise de Nostre Dame de Paris, auec vne telle abondance d'eau qu'elle peut aysément porter des bateaux dez le lieu de sa source; elle coule si doucement, que l'Escriuain de ses loüanges la nomme auec raison la Reyne des Fontaines, & proteste qu'il est incapable de iouïr d'aucun repos hors de son

Fontaine de Vaucluse.

Italie, que sur les riuages de Sorgues: & de plus, elle ne fait iamais aucun mal que pour estre trop bonne; car elle produit des herbes, dont les bœufs & les autres animaux domestiques sont si frians, qu'ils vont les chercher iusqu'au fond de l'eau, où ils se noyent assez souuent, trouuans la cause de leur mort, où ils pensoient chercher la conseruation de leur vie auec trop d'auidité.

Sortant de Vaucluse elle se partage en deux bras, qui font vne Isle garnie d'vn bourg, & d'vn chasteau portant aussi le nom d'Isle; & puis se reioignās passent à Vaison place forte, pour se diuiser encore vne autre fois, comme i'ay dit. Mais dautant qu'elle seroit trop foible, ses forces estans ainsi separées, elle reçoit deux riuieres: l'vne est la *Russe*, qui passe à Carpentras, la ville principale du Comté de Venaisse, le Siege d'vn Euesque, & le Bureau general du Thresorier du Comté, où sont portez tous les reuenus & finances que le Pape en retire. Au dessus de la ville on void le *Mont-ventoux*, si haut esleué, qu'on conte quatre lieues de-

Russe, r.

l iiij

puis le pied iusques au sommet. L'autre riuiere est l'Oueze, qui vient du Dauphiné se rendre au pont de Sorgues auec les eaux de l'estang de Fouquieres.

Oueze, r.

Pont d'Avignon. Auant que d'entrer dans Auignon, il faut considerer son Pont qui est sur le Rhosne, lequel seroit sans comparaison plus à priser que celuy du S. Esprit, si les trois arches qui ont tombé depuis quelques années du costé de la ville, & la quatriesme du costé de Villeneuue, ne le priuoient de cette gloire par ses ruines. Son entreprise est miraculeuse, & sa structure incomparable, ayant plus de trois cens pas en long, depuis la porte d'Auignon iusques à la Tour de Villeneuue, qui est à l'autre extremité, & où le Roy de France tient garnison. Il estoit de dix-neuf arcades, dont les deux dernieres sont seulement au Pape, les autres au Roy, qui leue les imposts qui s'y payét. Dieu qui auoit choisi la main d'vn Berger pour abbatre l'orgueil des Geans, choisit vn autre Berger pour fouler aux pieds les flots d'vn fleuue rapide & indomptable. Ce fut le petit

S. Benoiſt, que ceux du pays nomment ordinairement S. Benézet, qui gardant aux champs les moutons de ſa mere, receut commandement de Dieu de faire cet ouurage, que Iules Ceſar & Auguſte n'auoient oſé entreprendre, comme s'ils euſſent trouué plus d'oppoſition à charger vn pont ſur le Rhoſne, qu'à couurir la terre de lauriers, & plus de difficulté à deſtourner le cours d'vne riuiere, qu'à rompre toutes les forces de l'Vniuers.

Touchant la ville on en fait deux remarques aſſez curieuſes. L'vne, que comme l'ancienne Rome fut baſtie ſur les augures que ſes premiers Fondateurs prirent du vol & du nombre des Vautours, que les deux freres auoient choiſi pour arbitres de leur couronne & de leur gloire; de meſme Auignon a ietté ſes premiers fondemens ſur le ſort de certain nombre d'Eſperuiers: d'où vient que ceux qui portent ces oyſeaux, y ſont encore exempts & affranchis des peages & contributions que les autres marchãds ont couſtume de payer aux paſſages. L'autre eſt, qu'en cette ville la Capitale du Comtat, toutes les choses signalées y estoient autrefois au nombre de sept : Il y auoit sept Eglises Parrochiales, sept Hospitaux, sept Colleges, sept Conuens, sept Monasteres de filles, sept Portes, & sept Palais, dont il y en a trois qui sont comme de beaux chasteaux. Le plus grand seruoit de logis au Pape quand il tenoit son Siege dans Auignon, ce qui dura l'espace de soixante & quatorze ans, que les Romains appellent la captiuité de l'Eglise, & maintenant il sert d'Hostel aux Legats Apostoliques & aux Vicelegats, lesquels y font leur residence pour gouuerner les affaires de la ville & du Comtat au nom des Papes, depuis que Clement VI. l'achepta de Ieanne fille de Robert Roy de Sicile, du consentement de son mary Louis Prince de Tarente, pour la somme de trente mille florins, encore que quelques Auteurs Italiens ayent laissé par escrit que le prix de la vente fut compensé auec les arrerages que Ieanne deuoit au S. Siege pour les deuoirs du Royaume de Naples. Il y a vn autre vieux Palais à costé de celuy-là, où est vne cloche d'argent, qui ne sonne iamais qu'à la mort ou à la promotion d'vn Pape, comme la cloche miraculeuse d'Arragon en Espagne ne sonne iamais que lors que le peuple Chrestien est menacé de quelque grande calamité. Le Palais de l'Archeuesque est basty sur vn rocher flanqué de bonnes tours, où l'on fait garde le iour & la nuict dans vne Chapelle fort esleuée, comme au lieu le plus important de la ville. Dieu qui se qualifie le Seigneur des armées, prestant ainsi sa maison pour en faire vn corps de garde.

Les Papes tenans leur Siege dans Auignon, l'agrandirent de plus de la moitié, & c'est à leur auguste presence & à leurs soins que cette ville se confesse redeuable de tant de somptueux Palais, de superbes Eglises, & de riches maisons. L'Eglise Cathedrale dediée à la Vierge paroist esleuée sur vn roc, auec vne illustre Inscription sur la porte, qui dit : A LOVIS XIII. " Roy de France, digne heritier & suc- " cesseur du Sceptre & de la vertu de ses " Ancestres, pour auoir nettoyé son "

» Royaume de l'heresie & de la rebel-
» lion, souftenu la foy de l'Eglise Ro-
» maine, protegé de ses faueurs la ville
» d'Auignon, & egalé le courage de
» Charles-Martel & la gloire de Charle-
» magne, les destructeurs des Sarrasins,
» & la grandeur auec la pureté de sainct
» Louis le vainqueur des Albigeois : Le
» Preuost & les Chanoines de l'Eglise
» d'Auignon fondée par saincte Mar-
» the, sacrée par S. Roux Disciple du
» Fils de Dieu, & retirée de la propha-
» nation des Goths par Charlemagne,
» luy ont dressé cet Arc de Triomphe
» l'an M.DC.XXII. Le dedans de
l'Eglise est capable de ietter autant
d'estonnement dans les esprits par ses
beaux ornemens, que de deuotion
dans les cœurs par son Seruice. Les
Chanoines y sont vestus comme des
Cardinaux.

Dans l'Eglise de S. Martial on void
les images de tous les Abbez de Cluny, & parmy ce grand nombre de saincts
personnages est Casimir Roy de Pologne, qui fut obligé de sortir du Monastere, où il auoit fait profession, pour
aller gouuerner son Royaume, estant

plus necessaire au bien de son peuple, qu'à la conduite de ses Religieux. Le Pape le dispensa de ses vœux à l'instante priere que luy en firent les Polonois: neantmoins ce fut à condition, que tous les subjets du Royaume de Pologne ieusneroient tous les Mercredis de l'année; & qu'ils porteroient les cheueux tondus en couronne de Moines; que les Gentilshommes auroient vne Estole au col durant la Messe aux festes solemnelles; & que chacun du peuple payeroit vne obole de cens annuel pour l'entretien d'vne lampe qui brusleroit perpetuellement dans vne Eglise de Rome.

L'Eglise des Cordeliers est plus glorieuse des despoüilles & du tombeau de la belle Laure maistresse de Petrarque, que de la sepulture de plusieurs Princes. Le Roy François I. passant par Auignon en son voyage de Marseille, le fit ouurir, & n'ayant rien trouué de cette charmante beauté que des ossemens & de la terre; ny de ce grand esclat qui esblouïssoit les yeux des plus sages, qu'vne petite boëte de plomb, auec des vers, & vne Medaille aussi de plomb qui representoit d'vn costé l'image d'vne Dame, & de l'autre quatre lettres, M. L. M. I. qui veulent dire en Italien, *Madonna Lora morta iace*, Madame Laure est morte: il fit esleuer le tombeau, & l'honora d'vn Epitaphe de sa façon.

Mais le tombeau de S. Pierre de Luxembourg dans l'Eglise des Celestins merite bien plus de veneration, tant pour l'integrité de son corps plusieurs années apres son decez, que pour la grandeur des miracles qui s'y operent tous les iours par la force de ses merites. Il y auroit bien d'autres choses à voir & à dire, si le Rhosne n'auoit desia fait vne lieuë pour prendre la Durance sous Auignon.

LA DVRANCE.

DVRANCE R.

LA DVRANCE est la plus fascheuse riuiere de France, au rapport de l'Historien de Rome: elle change presque aussi souuent de place que le Soleil; elle outrepasse tous les iours les limites que la Nature a mises pour empescher les inuasions: elle fait des guez fauorables pour le passage au mesme endroit où elle creuse des precipices pour le retour : elle entraisne des rochers & des montagnes de sable : elle desole les campagnes voisines : elle n'est propre ny au trafic ny à la nauigation, à cause de sa rapidité & de ses escueils : elle n'a rien d'arresté que ses changemens & ses rauages ; d'où est né le Prouerbe qui dit, que

Le Gouuerneur, le Parlement & la Durãce,
Ces trois ont gasté la Prouence.

Elle descend du mont Genéure, d'où coule aussi la *Douere*, qui va se rendre dans le Pô pres de Turin, & sort de deux fontaines, qui se ioignent à Briançon, & de là se precipitant par les rochers, elle prend le ruisseau pres de Guilestre, qui luy vient du Col de la Croix dans la mesme montagne, où sont les trois sources du Pô, auant que de passer au pied d'Embrun, située dans vn aspect tres-agreable, limité de tous costez de diuerses collines, chargées en quelques endroicts de bleds & de vignes ; en d'autres d'agaric, de torrmentine, & de simples tres-exquis ; & en d'autres encore temperées d'vn air si doux & si benin, qu'on y recueille en abondance la manne qui degoute du Ciel sur les fueilles des arbres. Pres d'Embrun elle separe le Dauphiné de la Prouence, & puis se porte auec impetuosité vers Sauine, de là à Vauserre & à Talard, où s'estant renforcée de quelques ruisseaux, comme de la *Hubaye*, de *Bene*, de la *Sasse* & du *Buelch*, elle coule sous vne belle arche à Cisteron, prend le *Bleon*, qui passe à Digne, la *Larque* vis à vis d'Oreson, l'Arc dessus Vouls, l'*Asse* à l'autre riue : le *Verdon* à Corbieres, qui conduit auec soy l'*Issolet* de la Comté de Bueil, & la *Nartube* des montagnes de la Prouence auec le ruisseau de *Ricz*, *Lez* au dessous de Pertuis, & la *Crapone*, dont vne partie se iette dans la Durance à la Roque, & l'autre va tomber dans la mer de Martigues, ayant tracé vne figure d'Isle dans le champ de Crau. La Durance se partage en deux branches à Male-mort, la plus grosse conserue le nom de Durance, l'autre a pris celuy de Duransole, qui se rejoignent au delà de Cauaillon, où elles se chargent de la riuiere de *Calenon*, qu'aucuns nom-

Hubaye, r
Bene, r.
Sasse, r.
Bleon, r.
Larque, r.
Asse, r.
Verdon, r
Issolet, r.
Nartube, r.
Ricz, r.
Lez, r.
Crapone, r.

Calenon ou Coulon, r.

hommrent *Coulon*, qu'on a passé sur le pont d'Apt, & enfin elle se va descharger dans le Rhosne vne lieuë plus bas qu'Auignon, luy portant les reseaux de merrien dont on fait les galeres, qu'elle a pris à Biscodon, Abbaye proche d'Embrun. Telle est l'origine, le progrez & la cheute de la Durance.

On trouue assez prez de Briançon le Rochet percé, par où l'on croid que Cesar entra dans les Gaules auec son armée, à la descente du mont Godard: & l'inscription qu'on lit en grosses lettres sur l'entrée de la roche taillée en porte, nous en peut seruir de tesmoignage. *D. Cæsari Augusto dedicata: salutate eam.* Elle est consacrée à Cesar Auguste, saluez-la. Ie m'asseure que ceux qui sçauent la peine qu'il faut prendre pour porter l'eau des fontaines sur le haut d'vne montagne, trouueront l'ouurage des Briansonnois incomparablement plus merueilleux & plus loüable, que celuy de ces vains Conquerans: lesquels voyans que la vallée d'Ours qui a sept lieuës de longueur, estoit sterile pour manquer d'eau, ont percé la montagne de To-

nilles, & ont conduit l'eau du piedmont iusques au haut de la montagne
pour arrouser le pays, de quoy ils sont
venus à bout heureusement apres quarante ans de trauail.

EMBRVN. EMBRVN dans les Alpes maritimes, est vne ville naturellement forte,
assise sur vn rocher inaccessible du costé de l'Occident & du Midy, & des
autres renfermée de murailles & garnie de bastions. L'Archeuesque est
conseigneur de la ville auec le Roy,
& ses predecesseurs faisoient battre
monnoye à sept lieuës d'Embrun, d'où
ils prenoient la qualité de Princes. Le
Chapitre est composé de vingt Chanoines, parmy lesquels le Roy peut
auoir vne place d'hôneur, & le defunct
Roy voulant tesmoigner à ses soldats
que les exercices de la pieté ne sont
point incompatibles auec le mestier
de la guerre, l'occupa en son voyage
de Suse, & porta le surplis & l'aumusse
au chœur. On dit que Fraçois I. l'establit auec vne Messe, qu'vn Chanoine
y celebre tous les iours, qu'on nomme la Messe du Roy. Le Bailliage peut
auoir onze lieuës de long & trois de

large, les vallees de Barsesone ou terre neusue trauersees par la Hubaye qui est au Duc de Sauoye le confinent au Leuant & au Midy, la montagne faisant la separation des lieux plus proches, où est la place de Laufet gardée pour le Duc. Le Briançonnois luy est aussi au Leuant, où est le mur qu'on appelle de Pertuis Rostan, ouurage basty par les Romains, qui ouure le chemin du Piedmont. La riuiere de Durance arrouse tout le pays, & passe sous cinq ponts de bois, l'vn à S. Clement, ville ceinte de murailles, les autres sont à S. André, sainct Priuas, la Clapiere, & la Sauine.

GAP, en Latin *Vapingum*, est vne ville Episcopale, auec vne citadelle flanquée de quatre bastions, sur le ruisseau de *Bene*, qui coule pres de Saulse, où est la Fontaine salée, qui fournit du sel à tout le pays. Pour le *Buelch*, qui va se rendre à Cisteron, c'est vn torrent composé de deux branches, dont l'vne vient de Montmaure, & l'autre de la Quayre, & se ioignent à Serre. L'*Arc*, qui passe contre Limans & Forcalquier, a le plaisir de

Bene.r.

Buelch.f.

Arc.r.

m ij

voir les essays de la Nature ambitieuse de rauir les esprits des hommes sçauans par la côtemplation de ses beautez, comme elle a desia gaigné les cœurs des peuples par ses liberalitez, produisant au village de Limans des pierres qui representent naifuement des figures d'oyseaux, des serpens & des arbres, & des lettres si bien escrites, qu'on en pourroit compter des mots. Le *Verdon*, qui prend sa source pres d'Allos en la Comté de Bueil, n'a pas moins d'agreement de passer le long du desert de S. Martin à deux lieuës de Riez & de Moustier, & d'y contempler les grottes, où il semble que la Nature ait basty son palais. Desert veritablement affreux pour estre au milieu des rochers, mais beaucoup plus admirable que celuy de la grande Chartreuse, soit pour son air tousiours serain & temperé, ou pour le cristal de ses fontaines, dont la source est prodigieuse, ou pour les flots de son Verdon, lequel contraint & resserré dans vn lict trop estroit, fait vn bruict qui cause vne agreable horreur parmy ces solitudes. Dans les grottes on void

Verdon, r.

quantité de ces pierres, qui representent presque toutes ces figures, que l'imagination autant feconde qu'elle est capricieuse en ses inuentions nous peut fournir.

MANOSQVE ville assise sur la Durance à l'opposite de l'Asse, appartient aux Cheualiers de Malthe, & vn des Commandeurs s'en dit Bailly. CAVAILLON bastie en l'Isle de la Durance & de la Duransole, est du Comtat d'Auignon, & separe les terres du Pape de celles de France. ORGVON ville & chasteau est au Duc de Guyse. Ie laisse les autres lieux qu'arrouse la Durance, pour me remettre sur le Rhosne, & le suiure iusques à la bouche du Gardon.

Le *Gardon* d'Alets vient des Seuennes, haut pays du Languedoc, descend à Alets, dont il emprunte son nom, & le fils du Duc d'Engoulesme le titre glorieux de Comte d'Alets, passe au pont du Gard, se rend à Baignols, à Fournals, à Haramond, & de là se iette dans le Rhosne sans porter aucun batteau. Le *Gardon* d'Anduze vient des mesmes montagnes, passe à

Gardon, r.

S. Iean de Gardemagne, puis à Anduze, & se ioint au Gardon d'Alets proche le Vez, pour aller tous deux passer à Bocoiran, sainct Anastasiers, & sous le pont de S. Nicolas à

Alzon, r
Eyssene,
r.

vne lieuë d'Vzez receuoir *Alzon* qui naist au dessus de la ville, & *Eyssene* au dessous, & tous ensemble accompagner le Rhosne, qui doit passer entre Baucaire & Tarascon, deux villes opposées l'vne à l'autre, basties sur les deux bords de la riuiere. Sur la petite riuiere du Gardon les Romains esleuerent le superbe pont du Gard à l'honneur de leurs Souuerains, qui doit estre auiourd'huy consideré non pas comme vn monument de la magnificence de ce peuple victorieux, mais comme vn Arc de triomphe esleué sur les eaux à la valeur & à la pieté de Louis XIII. de glorieuse memoire, pour auoir soûmis toutes les villes que cette riuiere arrouse à son obeissance & à la Religion. ALETS s'estant renduë remit le Duc de Rohan en son deuoir, & ayant ouuert ses portes à son Prince fit incontinent ouurir les yeux à vn Sujet rebelle Chef departy,

ALETS.

pour connoistre que les belles paroles de l'Espagnol, & l'esclat de ses pistoles n'estoient point si puissantes que le bruit des canons, & que la presence d'vn Roy armé de force & de Iustice. VZETS bonne ville assise sur la petite riuiere d'Alzon, qui se iette dans le Gordon, Baronnie, puis Vicomté, & enfin Duché & Pairie par erection faite sous le Roy Charles IX. en faueur de Iaques de Crussol, ne se crût iamais si asseurée par la defense de ses fortifications, que par la veuë de son Prince legitime. ANDVZE voulut effacer les marques de son ancienne rebellion, en receuant les Deputez de toutes les autres villes complices de ses crimes, & les portant à reconnoistre l'authorité Royale, & se ioindre à sa Couronne, plustost que se diuiser par des factions; de sorte qu'il semble que cet ouurage ait esté dressé pour honorer la memoire des vertus de nostre feu Monarque, plustost que pour marquer les richesses & l'esprit des Romains.

Si ces Poëtes Latins qui ont descrit auec tant de pompe les bastimens de la ville de Rome, n'eussent point esté preoccupez de cette injuste opinion, qu'il n'y auoit rien hors de leur pays qui meritast l'employ de leur esprit, & si ces vieux Historiens qui nous ont fait passer des ouurages assez communs pour des miracles de l'art, eussent eu autant de lumieres certaines en leur connoissance, que de faux esclat en leurs paroles, ils n'eussent pas emprunté des Egyptiens ny des Asiatiques les ornemens de leurs Histoires.

Pont du Gard. Le pont du Gard, qui est entre Beaucaire & Nismes, est incomparablement plus superbe & plus hardy que les pyramides & que les colosses, & que ceux qui l'ont consideré confessent que les Romains n'ont iamais laissé de si augustes marques de leur grandeur, soit pour la despense, soit pour les ouuriers : estant bien plus difficile de ioindre deux montagnes ensemble auec vn pont, & de faire couler des riuieres les vnes sur les autres, que de lier des pierres auec du ciment, & de faire vne image de bronze, qui n'a rien d'extraordinaire que sa grandeur & grosseur.

C'est donc ce pont, basty sur la petite riuiere du Gardon, qui est capable de former dans nos esprits vne iuste & veritable idée de la gloire des Conquerans du monde: ses trois estages esleuez l'vn sur l'autre valent plus que les amphitheatres: ses arcades & ses pilliers sont des pieces plus hardies que toutes les colomnes & que tous les arcs de triomphe des Empereurs, & particulieremét de l'Empereur Antonin, qui le fit faire. Ce sont effectiuement trois ponts appuyez les vns sur les autres, dont le plus bas qui sert de passage en esté aux hommes & aux bestes, a six arcades, de quatre cens trente-huict pieds de long, & de quatre-vingts & trois de haut. Le pont du milieu, où l'on passe en hyuer quand les eaux sont debordées, & soustenu d'onze arceaux, & a sept cens quarante six pieds de longueur & vingt-vn en hauteur; la largeur de chaque pillier est de treze : mais le temps qui consume tout, & qui se destruit luy-mesme auec ses ouurages, y a fait quelque ouuerture, qui rend le passage dangereux. Le troisiesme, qui est le plus esleué, est de brique, composé de trente-cinq arches, qui seruoit autrefois d'vn aqueduct pour conduire vne fontaine d'vne montagne à l'autre, & porter l'eau dans la ville de Nismes, à quatre lieuës de là, qui en manque vne partie de l'année pour ses moulins & autres vsages. Ceux qui ont mesuré tout l'ouurage l'ont trouué haut de quatre-vingts deux pieds.

TARAS-OCN.

La ville de TARASCON assise sur les riues du Rhosne du costé de la Prouence est forte, & son chasteau bien basty par René Roy de Sicile & Comte de Prouence, dont l'effigie se void en la cour, & celle de la Reyne Ieanne son espouse, auec vne Inscription Latine pour instruire la posterité des vertus & des merites du Fondateur. Il n'est point couuert d'aucun toict; mais le dessus est comme vne plate forme où il y a quelques pieces d'artillerie, & d'où l'on descouure auec plaisir toute la ville designée en forme de Croissant. L'Eglise principale est dediée à saincte Marthe, l'ancienne hostesse du Fils de Dieu: elle y est ensueulie, ses reliques sont enfermées dans vn precieux vase, & la victoire qu'elle remporta du Dragon, qui auoit si long temps infecté le pays, est depeinte sur vn pillier qui luy sert de trophée. Vouloir choquer la verité de cette tradition, c'est passer pour vn impie dans le sentiment des Prouençaux, qui croiroient n'auoir iamais esté fidelement instruits aux mysteres de nostre Religion, & estre encore enuelopez dans les tenebres de l'erreur, s'ils auoient eu d'autres Apostres & d'autres Euangelistes que S. Lazare ce deux fois viuant, & S. Maximin, l'aueugle né : les femmes d'amour n'embrasseroient iamais les exercices de la penitence, si elles auoient la pensée que saincte Magdeleine n'a iamais arrousé la Prouence de ses larmes, ny fait retentir les rochers de la saincte Baume de ses gemissemens : Ie me persuade mesme, que s'il estoit vray que saincte Marthe n'eust iamais veu Tarascon, ny combatu côtre vn Dragon auec les armes de la priere, la pluspart des filles qui font profession de l'imiter, deschireroient le voile qui leur couure les yeux, & sortiroient de leur Cloistre, si elles pouuoient, comme d'vne prison, pour se mettre en liberté. Tant a de pouuoir sur les esprits vne anciéne opinion, qu'il vaut mieux souffrir sous vn pretexte specieux, que de se mettre en peine de la changer auec danger.

Il y a desia quelques années qu'vne Isle s'est descouuerte dans le milieu du Rhosne entre Beaucaire & Tarascon, pour dementir le vieux Prouerbe, qui dit,

Qu'entre Beaucaire & Tarascon,
Ne paist ny brebis ny mouton,
Non plus qu'entre Tain & Tournon.

De Tarascon on descend iusques à Arles, trouuant la riuiere guéable en vn endroit. ARLES, sœur d'origine à Marseille, puisque les Grecs de la Phocide, qui ont ietté les premiers fondemens de l'vne, ont aussi posé les premieres pierres de l'autre, a esté vne Colonie des Romains, & la demeure des soldats de la Legion sixiesme, qui furent enuoyez aux Gaules, pour les conseruer à l'Empire apres leur conqueste. Les Historiens en font vne honorable mention, les vns la

ARLES.

nomment la gloire des Citez, les autres Rome la Gauloife, ou la Rome des Gaules. L'Empereur Conftantin ordonna qu'elle feroit appellée Conftantine : quelques vns la reconnoiffent dans les vieilles Infcriptions fous le nom de Mammellaire ou Mammelüe, pour la bonté de fon terroir; mais fon nom le plus commun, & qui feul luy eft refté de tous fes glorieux titres eft celuy d'Arles, *Arelas* en Latin, comme qui diroit *Ara lata*, de deux colomnes antiques, ouurage des Romains, & d'vne pierre fort large qui eftoit deffus, qu'on void encore dans le College, & que le vulgaire croid eftre les Colomnes & l'Autel de Hercules : fi ce n'eft pluftoft cette pyramide haute de foixante pieds, où l'on faifoit des facrifices à la Deeffe Diane, dont on void encore quelques pieces à la Roquette.

On la peut nommer aujourd'huy le Soleil de la Prouence, & la Riuale de la premiere Rome, à caufe des fuperbes ouurages qu'elle renferme dans l'enceinte de fes murailles, comme le Temple de Diane & l'Amphitheatre.

qui est vn des plus beaux de l'Europe, quoy qu'en die le docte Lipse, qui n'en a parlé que par le rapport d'autruy sans l'auoir veu. Il est composé de soixante arcades, chacune de quinze pieds, faites de pierres d'vne grosseur prodigieuse, qui se soustiennent de leur propre poids sans chaux & sans ciment. La place des arenes, qui estoit le lieu de combat pour les Gladiateurs & pour les bestes, est remplie de bastimens ; & les eaues, dont il y en a vne qui passe sous le Rhosne, & va iusques à Nismes par le moyen d'vn aqueduct, seruent de boutiques aux tisserans & de celliers aux hostes. Elle est assise sur le Rhosne, qui l'ayant diuisée en deux villes iointes auec vn pont de batteaux, se diuise luy-mesme en deux branches, qui forment l'isle de la Camargue.

Autrefois elle estoit le Siege & la Capitale du Royaume d'Arles, dont les Imperiaux s'attribuent encore le droict & la proprieté, mais les François en ont la iouïssance & la possession. Et certes il n'est point à douter, que ce Royaume, qui comprenoit la

Bourgogne, le Dauphiné & la Sauoye, n'aye esté vn membre de l'Empire, puisque, comme i'ay desia remarqué, le pays se nomme encore auiourd'huy l'Empire, & que l'on suit le Droict escrit & les loix Imperiales aux Parlemens & aux Cours subalternes de ce ressort, & que l'Electeur de Treves represente le grand Chancelier des Gaules & du Royaume d'Arles à l'Election du Roy des Romains, & au sacre de l'Empereur : mais de dire au vray comment la ville d'Arles est tombée entre les mains des Rois de France, & a esté vnie à leur Couronne, c'est vn poinct d'histoire assez difficile à demesler.

De dire, comme quelques vns, que l'Empereur Charles IV. surnommé la Sangsuë de l'Empire, en fit present au Roy de France, pour l'auoir regalé à Villeneufue d'Auignon; certes ce seroit excessiuement payer son hoste, & acheter trop cher vn repas : outre que l'Empereur, qui n'est proprement que le Tuteur de ses peuples pour la conseruation de leurs droicts, ne pouuoit disposer des biens de la Republique au

preiudice de ses Successeurs sans le consentement des Estats. L'opinion des autres n'est pas plus receuable, qui se persuadent que les Rois de France ayans receu la Prouence du Comte René Roy de Sicile, se sont en suite iustement emparez de la ville d'Arles, qui en mouuoit comme vn fief de sa terre: puis qu'ils peuuent apprendre de l'entreueuë de Charles IV. Empereur, de son fils Vuenceslas Roy des Romains, & de Charles V. Roy de France, que l'Empereur declara le Dauphin son Lieutenant, & Vicaire general dãs le Royaume d'Arles. Sans nous arrester dauantage à la discussion d'vn procez qui n'est pas encore bien intenté, & dont nous ne sommes pas establis Iuges, les Rois de France ont tousiours leur espée pour defendre leurs droicts, & se maintenir en la iuste possession des biens qu'ils ont receu de leurs Ancestres; i'ayme mieux entrer dans la ville apres auoir veu le port, pour y considerer quelques Eglises, & suspendre nos vœux aux Autels, à la façon des plus religieux Pilotes, qui estans arriuez au port, font leurs of-
frandes

frandes à Dieu, & luy chantent des actions de graces pour l'heureux succez de leur nauigation. Aussi sommes nous presque à la bouche du Rhosne.

L'Eglise de S. Trophime Disciple des Apostres, le premier Euesque d'Arles, & vn des plus illustres Fondateurs du Christianisme dans les Gaules : l'Eglise de S. Antoine, où il y a des reliques de ce sainct Solitaire, le modele des bons Moynes, dans vne chasse d'argent, auec la Commanderie des Cheualiers de Malthe : l'Hospital fondé & renté par le Roy Charles IX. l'Abbaye de Montmajeur assise sur vne montagne pierreuse enuironnée de marests, & fortifiée d'vne tour quarrée, esleuée comme la place d'Aiguesmortes : la grotte de S. Trophime, où l'on croid qu'il se cacha fuyant la persecution des Infidéles, sont des monumens de la deuotion & de la liberalité de nos ancestres. Mais l'Eglise de S. Honorat conserue tout ensemble les marques de la rage des Espagnols en ses ruines, de la magnificence & de la pieté des Romains sur les anciens tombeaux du cimetiere; & de la sainteté de quelques illustres personnages en la voûte qui est dessous le chœur. Cette Eglise estoit superbe & somptueuse en ses bastimens, comme on le peut connoistre de quelques pilliers de marbre & de iaspe d'vne grandeur prodigieuse qui restent encore d'vn grand nôbre, dont quelquesvns furent portez à Paris, à ce qu'on dit, auant que les Espagnols, ces grands zelateurs de la gloire de Dieu & de l'honneur de sa Maison, l'eussent ruinée durant les dernières guerres, qui se couuroient à la verité d'vn specieux pretexte de la Religion Romaine, & qui descouuroient aux yeux de tout le monde les ambitieux desseins de la faction d'Austriche.

Il y a plus de six cens tombeaux dans le Cimetiere, dont Gruterus eût pû recueillir les Inscriptions pour en grossir ses liures. On y void entr'autres vne tombe fort ancienne d'vn Duc de Sauoye liée d'vne chaisne de fer, que le Duc Charles Emanüel fit ouurir pour voir ce qui estoit dedans; mais il n'y trouua que les restes de la corruption, des os & de la cendre, l'heritage comun des Rois & de leurs subjets. On en void vne autre d'vn Caualier, qui fut tué en duel, haché en pieces, & ietté aux pieds par son ennemy. Dans la caue de l'Eglise on monstre le sepulchre de Roland neueu de Charlemagne, & celuy de S. Hilaire Archeuesque d'Arles, où par vne espece de miracle il y a tousiours de l'eau en mesme quantité, sans croistre ny diminuër en aucune saison de l'année. Ie pourrois saluër la vraye Croix, qui est sur le maistre Autel, & rapporter ce qu'on en dit, qu'on ouït vn iour des voix humaines sortir du Reliquaire où elle est enchassée : de la sepulture des douze Pairs de France, & de plusieurs autres curiositez, lesquelles ie tiens pour fabuleuses, & que ie laisse pour aller gaigner la mer auec le Rhosne.

I'ay dit que le Rhosne se diuise en deux branches, dont l'vne va se joindre à la mer entre le champ de Crau & l'isle de la Camargue : l'autre s'estend iusques à la Mote, où elle se partage encore en deux; vne partie qu'on nommé le Canal de Laye, & trauersé la Camargue : vne autre, qu'on nomme la Robine, se dissipent en plusieurs rameaux, dont les vns se rendent à Aigues-mortes, les autres font les Isles de Pecay, l'autre renferme la Camargue aux Trois Maries, & ainsi tous portent le Rhosne sur leurs bras dans la Mediterranée, comme le grand Intendant du commerce & de la nauigation de France sur les mers du Leuant. Le Nil n'a point plus d'auantage ny d'honneur en son entrée dans la mer que le Rhosne, puisque la Nature luy a ouuert sept ou huict portes aussi bien qu'à l'autre, pour entrer dans ce vaste Empire des eaux; & ses portes ou bouches se nomment Gras par ceux du pays, comme le Gras de Passon, le Gras d'Enfer, le Gras Grand, le Gras de Paulet, & le Gras d'Orgon, auec le Lez & la Robine, au dessus de ces grandes pointes de Sable, qu'ils nomment les Tignes, dont l'abord est dangereux aux nautonniers.

La CRAV est vne grande plaine pierreuse, connuë depuis tant de siecles, que les Anciens en ont fait mention sous les noms de Champ-pierreux, & de Riuage de pierres. Elle a six ou sept lieuës de long, qui en valent bien douze Françoises, exposée au vent & au Soleil, & neantmoins tres fertile en bleds & en bons vins, outre la manne & le vermillon qu'on y recueille auec diuers simples au grād estonnement des estrangers, qui voyēt ce qu'ils n'auoient pû croire, des herbes & des moissons croistre parmy des pierres, qui estans toutes d'vne mesme grosseur, & se touchans les vnes les autres, sont capables d'apporter la sterilité aux meilleures terres. Les Grecs & les Romains nous en ont escrit de plaisans contes, voulans nous faire croire que cette plaine a esté le champ de bataille où les Geans se sont bandez contre les Dieux : & que ces pierres sont des restes de cette furieuse meslée, & des pieces destachées de ces grands rochers, que les Geans esleuoient les vns sur les autres pour emporter le Ciel par escalade, & desmettre Iupiter de son Throsne.

La Camargve est vne Isle qui a pris son nom de Cajus Marius, où il

LA CAMARGVE.

campa pour s'oppofer aux Cimbres, qui cherchoient vn paſſage pour entrer en Italie. Elle nourrit de bons cheuaux de guerre, & les bœufs & les taureaux y retiennent vne fierté particuliere, qu'ils font paroiſtre en certains iours de l'année, qu'ils appellent Ferrade, quand la Nobleſſe & les Bouuiers s'aſſemblent pour les combattre auec beaucoup de courage & de dexterité, comme les Eſpagnols & les Gaſcons ont auſſi la courſe de leurs taureaux. Et ce qui eſt fort remarquable, c'eſt que ces animaux qui ſont intraictables dans l'Iſle, deuiennent ſouples à la voix & à la main, dez auſſi toſt qu'on leur a fait changer d'air, comme ſi la nourriture qu'ils reçoiuent parmy les pierres leur communiquoit ces humeurs farouches, qu'ils quittent en reſpirans vn air plus doux, & viuans dans des paſturages plus temperez.

AIGVES-MORTES.
AIGVES-MORTES a eſté vne place baſtie & peuplée de Citoyens Romains par le meſme Marius, quand il faiſoit la guerre en Prouence, qui fut nommée de ſon nom *Foſſe Mariane*, les Foſſes de Marius : pource qu'il y

auoit fait fossoyer & retrancher son camp; & rendu ce canal, qui d'ailleurs estoit plein de vase & de limon, capable de porter des batteaux pour la commodité de son armée. Nos François l'ont depuis nommée Aiguesmortes, à cause que les eaux croupissantes dans les marests y sont comme mortes. C'est là qu'on void la haute tour Charbonniere, qui fut prise par les Religionnaires il n'y a pas encore long-temps, d'où ils enleuerent le sel de Pequay, dont ils firent de grands deniers, qui leur seruirent pour l'entretien de leurs armées. Il est vray que ie ne deuois rien dire de cette place parlant de la Prouence, dautant qu'elle est en Languedoc, aussi bien que les Trois Maries, ville qui doit son nom & sa protection aux reliques des trois Maries de la Iudée, les Confidentes du Fils de Dieu, & les Tesmoins de sa Resurrection; mais le Rhosne partageant ses eaux en deux Prouinces, a aussi partagé ma plume, & m'a fait entrer sur les frontieres du Languedoc, auant que d'auoir veu toutes les costes de Prouence.

LES RIVIERES
LA TOLEBRE.

Crapone, r.

LA *Crapone* & la *Tolebre* se presentent les premieres à l'issuë du champ de Crau, pour se ietter dans la mer de Martigue. La Crapone semble ne sçauoir à qui se donner, elle fait vne Isle en forme de cœur dans cette plaine pierreuse, & apres plusieurs destours, elle porte vne partie de son eau dans la Durance, & l'autre dans la mer, par deux mouuemens opposez l'vn à l'autre; l'vn vers le Septentrion, & l'autre vers le Midy. Pour la Tolebre, qu'on passe sur vn pont, qui a vn arc de triomphe aux deux bouts auec vne Inscription Latine fort ancienne pres de S. Chamas, elle va se rendre tout droict dans le grand estang de Berre, ou mer de Martigue. Et sainct Chamas est vne ville dont vne partie est assise sur le haut d'vne montagne percée de bout en bout pour la facilité du passage.

Tolebre, r.

L'ARC.

L'ARC vient en suite de Tolebre: il prend son origine au bourg d'Ollieres dans les montagnes de la Prouence, & s'estant accreu de quelques petits ruisseaux qui tombent des rochers, il se vient rendre à Aix Capitale de la Prouince, où il reçoit le Barret, qui engraisse les teres, & embellit les iardins des Citoyens hors de la ville; & de là coule iusques à Berre petite ville assise sur le haut de l'estang dans vne forme d'Isle, que trace la riuiere d'Arc par les deux canaux qui luy donnent l'entrée dans l'estang de Berre, autrement la mer de Martigues, riche pour le sel qui s'y fait, & inaccessible aux pirates, n'ayant qu'vne seule auenuë, encore est-elle fermée par les deux ponts qui couurent son emboucheure, & defenduë par la tour de Bouc & par le chasteau de l'Isle. Martigues est vne Principauté bastie en Isle, qui emprunte son nom.

Arc, r.

Barret, r.

Si AIX n'est pas la plus ancienne place de la Prouence, elle est neant-

Aix.

moins vne des plus illustres, redeuable de sa gloire & de son nom à ce grand Capitaine Caius Sextius, qui ayant rangé ces peuples sous la domination de l'Empire Romain l'an de la fondation de Rome 631. ietta les premiers fondemens de la ville, & y dressa des bains d'eaux chaudes, qui la firent nommer *Aquæ sextiæ*, comme qui diroit les eaux de Sextius, que nous appellons Aix par corruption de termes. On void encore quelques vestiges de ces vieux bastimens, où les eaux sont tiedes, alumineuses & ensoufrées, auec plusieurs autres marques d'antiquité, comme sont tombeaux, inscriptions, colomnes & medailles.

Mais ses plus beaux ornemens sont les Eglises, dont la principale est celle de S. Sauueur le Siege de l'Archeuesque, où Charles Comte d'Anjou Roy de Naples & de Sicile, Comte de Prouence & frere de Louis XII. est enseuely dans vn riche tombeau de marbre, & où l'on void vn Baptistere entouré de huict colomnes de grand prix qu'on croid auoir esté l'Autel de Baal, à qui les Prouençaux offroient des sacrifices auant qu'ils euſſent eſté conuertis à la Religion Chreſtienne par les inſtructions de leur Apoſtre S. Maximin, lequel auec S. Lazare y ietta les premieres ſemences de la foy, qu'il cultiua par ſes ſoins, & arrouſa de ſes ſueurs en eſtant Eueſque.

Le Roy Louis XII. voulant conſeruer ce pays nouuellement acquis à la Couronne, & l'attacher plus fortement à ſon ſeruice par les liens des bienfaits, pluſtoſt que par la crainte & par la rigueur des armes, y eſtablit vn Parlement l'an 1501. au lieu du Conſeil des Comtes, où reſſortiſſent les Bailliages d'Aix, d'Arles, de Marſeille & de Digne, afin que ceux qui n'auoient plus qu'vn meſme Roy auec les autres Prouinces, n'euſſent plus auſſi qu'vne meſme loy, & que cette cóformité de Gouuernement & de Iuſtice ſerraſt vne eſtroite vnion entre tous les peuples de France, comme domeſtiques d'vn meſme Eſtat, & enfans d'vn meſme Prince. Le Palais où ſe tient la Cour de Parlement eſt magnifique, auec vne grande & belle place au deuant, & l'image du Roy Henry IV. eleuée sur le portal, & les armes du Roy René de Sicile leur dernier Comte, qui en mourant les fit François. Pour le fait de la Police il n'y a que trois Consuls & vn Asseffeur, qui prend sa place apres le premier Consul: & pour l'estude des lettres il y a vn College Royal tenu par les Iesuites, auec vne Vniuersité. De sorte que cette ville doit estre assez heureuse ayant vn Prince de l'Eglise, qui la peut faire saincte; vne escole des Sciences, qui perfectionne l'esprit de ses enfans, & la rend docte; vn Parlement & des Consuls, qui luy donnent la paix au dedans & au dehors de ses murailles.

Les choses futures estans tout à fait eloignées de nos sens, & la fortune des hommes dependant plustost du bon ou du mauuais vsage qu'ils font du temps & des occasions qui se presentent, que du mouuemét des Cieux & de la force des Astres; ceux qui preuiennent les euenemens par leur connoissance, & qui se portent bien auant dans les siecles à venir à la veuë des estoilles, les marques de quelques vnes

DE FRANCE.
de nos destinées, s'acquierent vn rang au dessus du commun, & se font plus connoistre sur la terre que les estoiles mesmes ne sont visibles dans leurs globes. D'où vient que tout le monde connoist Nostradamus grand Medecin, fameux Astrologue & insigne Mathematicien sans l'auoir iamais veu : que si quelqu'vn est curieux de voir les restes de ce grand homme, il n'a qu'à visiter son tombeau dans l'Eglise des Cordeliers d'Aix, tandis que nous gaignerons les costes, & aborderons Marseille auec les deux petites riuieres qui arrousent son terroir.

VEAVVE ET ARENS.

Veaume & Arens sont deux petits ruisseaux, qui arrousent les terres autour de Marseille; la Veaume du costé de l'Orient chargée du *Barret*, & l'Arens du costé du Couchant, & les deux se joignent à la mer, comme deux belles barrieres, que la Nature a posées le long des portes de cette grãde ville, celebre par toutes les nations du monde, & qui s'est veuë autrefois

Veaume, r.
Barret, r.
Arens, r.

vn Abregé de l'Vniuers.

MARSEILLE. MARSEILLE se vante de son antiquité, ayant esté vne Colonie des Phocenses Grecs, qui la bastirent sur les riuages de la Mediterranée dans vn lieu fort auantageux, qui leur donnoit de belles esperances de pouuoir arrester le progrez de la ville de Rome, qui ne faisoit encore que naistre, & imposer la loy à celle qui sous la conduite de ses Capitaines & à la faueur de ses Destins se promettoit l'Empire de la terre; car Marseille fut fondée au temps que le Roy Tarquin le Superbe regnoit à Rome, quand Ierusalem la Capitale de la Iudée fut destruite par Nabuchodonozor, & quand Harpalus contraignit les Grecs de sortir de l'Asie, & de chercher leur seureté dans les Gaules, où ils ietterent les premiers fondemens de cette illustre Cité, anciennement la mere des armes & des lettres.

Elle met en auant sa florissante Acadèmie, qui a esté l'eschole publique des trois plus sages peuples du monde, des Romains, des Grecs & des Gaulois, où ces trois nations pouuoient apprendre les sciences en leur langue maternelle, comme tous les habitans de la terre reçoiuent la lumiere d'vn mesme soleil, qui conduit leurs pas & regle les actions de leur vie: aussi fut-elle appellée *Triglossos* par les Grecs, *Trilinguis* par les Latins, c'est à dire en langage François, la ville à trois langues: Mais l'Empereur Tibere ayant ouy parler des sacrifices detestables qui se faisoient de nuict par les Druides les Docteurs des Gaules, où ils prenoient leurs presages sur les entrailles des hommes, prist de là occasion d'abolir leurs escholes.

Elle peut adjouster que ce n'est pas sans raison qu'elle est bastie en forme de harpe, qui s'eleue vers le Septentrion & panche sur le Midy, puisque la police & les loix qui s'y obseruent forment vne harmonie dans le gouuernement des Citoyens, incomparablement plus doux que le concert des instrumens & des voix. On ne la tient ny du Comté de Prouence, ny des terres adjacentes; aussi n'entre-elle point aux charges du païs, & n'a point de voix dans les Estats, quoy qu'elle ait vn Euesché, & qu'elle soit comprise dans le Gouuernement de la Prouence : elle est diuisée en quatre quartiers, dont chacun a son Capitaine, qui estoient autrefois quatre Comtes souuerains, & la maison de Vintimille porte encore auiourd'huy le nom de Comte de Marseille. Il fait beau voir ses trois Consuls auec leur Assesseur vestus d'escarlatte le iour de leur instalation, & de damas cramoisi le iour de Pasques. Le Viguier accompagné de douze archers, & assistez de trois Iuges Royaux connoist des causes criminelles par preuention, & à l'œil sur la police auec les Cõsuls. Les Lieutenans ciuil & criminel, le Lieutenāt des soubmissions, les Conseillers & gens du Roy, les Iuges des Marchands : les Iuges Prud'hommes qui prennent connoissance de la pesche ; Le Iuge de l'Admirauté, qui connoist des naufrages, & autres officiers sont autant de voix & de tons, qui contribuent à la melodie de cét accord.

Elle se glorifie de ses bonnes murailles, de ses tours & bastions, & sur
tout

tout de son port si asseuré, que iamais vaisseau n'y a fait naufrage; les Galeres y sont à couuert des Pirates & des tempestes, pour estre en ouale pratiqué entre deux rochers, qui destournent ou arrestét les vents, & pour estre tendu d'vne chaisne de fer, qui ferme le passage aux vaisseaux ennemis, auec la grosse tour, qui est à l'emboucheure, & le fort de Nostre Dame de la Garde esleué sur vne petite montagne qui commande à la ville, & luy sert de sentinelle, outre les gardes qu'on pose le long de la coste descouurans les vaisseaux & galeres qui paroissent sur la mer, pour en aduertir les Citoyens par le moyen des feux qui se font sur les mōtagnes depuis Mourgues iusques à Marseille, qui sont soixante lieuës de chemin. Le chasteau d'If, & la forteresse de Ratoneau bastis dans l'eau sur les rochers.

Elle compte le trafic qu'elle fait au Leuant, & il me semble que i'appercois tous les iours sur son port des vaisseaux qui s'esquippent, les vns pour Alep en Syrie, où les Marseillois portent des reaux & du corail, & rapportent les soyes, les cottons, la rheubarbe, la scamonée, & plusieurs drogues; les autres pour Tripoly, Tunis, Alger, le grand Caire, & pour les meilleures villes d'Afrique, d'où elle amene les cheuaux barbes, recherchez des Gentilshommes François pour leur vitesse, qui leur est auantageuse en guerre, non pour fuir, mais pour deuancer les ennemis au combat. Elle peut encore se glorifier de ses superbes bastimens, comme de ses belles Eglises, & particulierement de sa Cathedrale dediée à S. Lazare frere de Marthe & Magdeleine, les cheres amantes du Fils de Dieu, lequel a esté le premier Euesque de cette ville, si les sentimens de la pieté du peuple sont receuables; de la maison du Duc de Guyse cy-deuant Gouuerneur de la Prouence; du Palais où se tient la Iustice; des prez & iardins remplis d'arbres fruictiers; des collines & vallons arrousez de fontaines; des champs couuerts de maisons, qu'ils appellent Bastides, si proches & en si grande quantité qu'elles y font comme vn corps de ville, iusques au nombre de quinze mille. Et si ell veut elle peut tirer du fourreau cette vieille espée toute roüillée, qu'on nōmoit l'espée de Iustice, & dont elle s'est seruie durāt plusieurs siecles pour l'execution des criminels, voulant faire connoistre que les anciennes coustumes ne doiuent estre iamais changées dans vn Estat.

Elle peut mōstrer le Bastion de France en Barbarie du costé du Midy entre Tunis & Alger au Cap de la Rose distant de cinquante lieuës de l'vne & de l'autre, & fort proche de Bonne, le Siege & l'Eglise ancienne du grand S. Augustin le Docteur de l'Afrique, que le Turc & les Vice-rois de Tunis & d'Alger auoient consenty qu'il fust possedé par vne compagnie de Marchands Marseillois pour faciliter le commerce contre les incursions des Pirates, sans qu'il fust neantmoins permis de le fortifier ou munir d'artillerie, de peur que le mesme n'arriuast en cette place par l'ambition d'vn Gouuerneur, ce qui arriue assez souuent en la cure des corps par l'ignorance d'vn Medecin, que les preseruatifs mal ordonnez & plus mal preparez se

o ij

se changent en poison. Et de vray le Gouuerneur abusant de son authorité & faisant comme les plus mauuais Iuges, qui sont tousiours les plus criminels de leur Chambre, obligea la milice d'Alger de le demolir, n'y ayant point de plus infames corsaires sur toutes ces costes, que ceux qui faisoient semblant de les poursuiure. La garnison estoit de quatre cens hommes, & les marchandises qui s'y portoient de tous les endroits de l'Afrique, comme bleds, huiles, cuirs, cire, laines, corail, & cheuaux barbes estoiét appretiées par l'Intendant, auec tant d'equité que tous y profitoient. Il est permis encore aux Marseillois d'y pescher le coral. Mais ce que prise dauantage cette belle ville, c'est d'estre tousiours Françoise, nonobstant les puissans efforts de Charles-Quint, & les sourdes menées de son fils Philippe II. qui ont tasché par toutes sortes de voyes de la rendre Espagnole. L'histoire de l'an 1596. est memorable.

Les Marseillois irritez que leurs priuileges fussent anneantis par la licence des temps, & par la souueraine autorité du Parlement d'Aix, se retirerent de l'obeissance du Roy, & embrasserent le party de la Ligue, couuert d'ailleurs d'vn pretexte fort specieux de la Religion. Charles Casaut, homme brutal, ambitieux & temeraire, de premier Consul qu'il estoit; & & Louis d'Aix de Viguier s'estans rendus les maistres de la ville, qui auoit autrefois fait teste à Cesar, traitterent auec l'Espagnol, & promirent de la luy liurer entre les mains, moyennant deux mille escus de rente auec le gouuernement d'vne place en Prouence, ou de Donkerque en Flandres pour Casaut, & pour Louis d'Aix le Gouuernement de Marseille, & vn Euesché pour son frere. Ils auoient neuf galeres au port bien pourueuës de canon, de munitions, & de gens de guerre: ils tenoient les forts de Nostre Dame de la Garde, de S. Victor, & celuy de Teste de More auec de bonnes garnisons: rien ne manquoit pour l'execution de leur dessein que la venuë des marchans des villes qu'on attendoit tous les iours sur le port. Quand Libertà, le bien nommé, puis qu'il devoit estre le Liberateur de sa patrie, & le destructeur des tyrans, se servant de l'occasion du iour qu'il estoit commis à la garde de la porte Reale, par où les traistres sortoient tous les matins aux champs pour prendre l'air, & conferer plus ouuertement de leur mauuais dessein, se ietta sur Casaut, & luy enfonça son espée dans le ventre : & puis estant fortifié des troupes que luy enuoya le Duc de Guise, il donna si vertement la chasse au Viguier qu'il fut contraint de se retirer dans le fort de Nostre Dame, & de là s'enfuyr en Espagne, craignant d'estre liuré luy-mesme au Duc, qui auoit esté receu par ses Citoyens comme le Conseruateur du pays auec des acclamations de joye qui retentissoient de tous costez, Viue le Roy & Monsieur le Duc de Guyse, viue le President, viue Liberta.

Nonobstant ces bonnes volontez que les Marseillois tesmoignerent à leur Prince legitime en cette occasion, nous pouuons dire qu'il n'est rien de plus difficile à forcer que la nature, & qu'il n'est point si penible d'arrester le cours des riuieres, que de combattre les inclinations que la naissance nous a données. Les Marseillois sont descendus d'vn peuple libre de la Grece, lesquels ayans fondé vne Cité dans les Gaules vn siecle apres celle de Rome, conseruerent leur liberté iusques à ce que la Republique Romaine perdit la sienne. Ce cher nom de liberté leur estant profondement graué en l'ame, leur a semblé tousiours aussi naturel que le laict de leurs meres. D'où vient qu'ils n'ont iamais supporté que par contrainte la domination de leurs Comtes, comme l'ont reconnu Raimond Berenger, & Charles d'Anjou.

Raimond Berenger esprouua combien le sort humain est variable par des coups extremes d'aduersité & de prosperité, comme s'il eust esté le joüet de la Fortune, ou plustost comme si Dieu l'eust voulu faire seruir d'exemple aux Grands du monde, pour considerer en sa personne, combien les faueurs humaines sont trompeuses, & les grandeurs de la terre inconstantes. Il fut si heureux en enfans, qu'ayant eu quatre filles de Beatrix de Sauoye, elles furent toutes quatre mariées aux plus puissans Roys de l'Europe : Marguerite l'aisnée à S. Louis Roy de France; Eleonor la seconde à Henry Roy d'Angleterre; Sancie la troisiéme à Richard Roy des Romains, & Beatrix la quatriesme à Charles d'Anjou frere de S. Louis & Roy de Sicile. Il fut si malheureux en subjets, qu'ils se reuolterent contre son authorité, à cause des exactions qu'il estoit contraint de faire pour fournir à ses profusions; les finances estans en cela semblables à la rate de l'animal, qui iamais ne s'enfle qu'auec vne tres-sensible incommodité de tout le corps. Vn Pelerin de S. Iacques, duquel on n'a iamais peu sçauoir ny le nom ny le pays, ny la condition, restablit l'ancien lustre de sa maison, tripla ses reuenus, remplit ses coffres d'or & d'argent, auec vne magnificence si prodigieuse qu'elle peut passer pour vn Roman. D'ailleurs les Marseillois ayant esleué l'estendart de la rebellion sur leurs murailles, le chasserent honteusement de leur ville, sans vouloir rien deferer ny aux loix de la iustice, ny à la violence des armes, se moquans des Legats du Pape qui vouloient s'entremettre de les reconcilier, & resistans aux armées qui les vouloient forcer.

Ils se seruirent d'vn plaisant stratageme, se voyans reduits à l'extremité ; ils exciterent la nuict vn bruit extraordinaire, comme s'ils eussent receu vn grand secours à la faueur des tenebres, & paroissans le lendemain auec leurs forces accoustumées, rangerent en bataille à la veuë du Comte qui les tenoit assiegez, quatre cens femmes de la plus belle taille qui fussent en leur ville, trauesties en habit d'hommes d'autre nation & bien armées. Le Comte croyant fermement que le secours fust entré dans la ville, perdit l'esperance de l'emporter, & fut bien aise de faire vn accord auantageux aux Marseillois. Les mesmes taillerent en pieces la garnison que Charles Duc d'Anjou successeur de Raimond leur auoit donnée ; mais ils porterent bien tost la peine de leur cruauté, & esprouuerent que les fils de France ont la main plus longue pour se faire obeyr, & les armes plus heureuses pour se faire craindre que tous les autres Princes. Ce seroit vne narration trop estenduë de rapporter icy combien de fois les Marseillois ont voulu changer de Maistre, & comme ils se sont donnez aux Comtes de Tholose & aux Ducs de Sauoye, non qu'ils iugeassent le joug de ces Seigneurs plus doux que celuy de leur Prince, mais dautant qu'ils le croyoiét plus facile à secouër, tant ces esprits sont amateurs du changement & de leur liberté.

ARAN.

ARAN, R. ARAN petite riuiere qui n'a pas quatre lieuës de cours depuis son origine iusqu'à son emboucheure, ne possede rien de remarquable que le pays de sa naissance qui est au pied de la montagne de *saincte Baume*, vne des plus hautes de la Prouence. L'Eglise est dans le rocher auec cinq Autels, & à costé du grand Autel on monstre le lict de saincte Magdeleine taillé dans

Sainte Baume.

le roc, auec vne fontaine qui ne tarist iamais pour auoir esté si souuent accreuë des larmes, dont cette saincte Penitente lauoit les taches des pechez qu'elle auoit commis en Iudée. Au sommet de la montagne est vne Chapelle qu'on nomme le sainct Pilon, ou Pilier, & prés de la cauerne est vn petit Conuent pratiqué dans le roc, auec vne seule porte de fer ; l'Eglise est deseruie par les Religieux de S. Maximin, qui est trois lieuës au dessous de la montagne. Ce sont ces rochers qui ont souuent resonné des souspirs & des gemissemens de cette innocente pecheresse : c'est cette cauerne qui a caché si long temps dans l'horreur de ses tenebres les rayons de ce diuin Soleil : c'est de ce Pilier que cette Intelligence mortelle a esté souuent esleuée iusques au Ciel par l'ardeur de ses amours, & par le ministere des Anges : c'est dans ce desert venerable que la Magdeleine a satisfait aux fautes commises dans les villes de la Iudée.

GAPEAV.

GAPEAV, R. GAPEAV petite riuiere qui prend sa source de deux endroits, de Mondriou & de Pignans, se va rendre en la mer à costé d'Hieres, port ancien à l'opposite des Stoechades, ou Isles d'Hieres, & renommé dans nos Histoires pour auoir receu S. Louis à son retour d'Affrique plus chargé des palmes qu'il auoit meritées en se surmontant luy-mesme, que couuert des lauriers qu'il auoit recueillis en terrassant les ennemis. Son arriuée au port d'Hieres n'eut pas à la verité cet esclat & cette pompe aux yeux des hommes, qui parut en son embarquement au port de Marseille, lors qu'auec la Reyne Marguerite sa chere espouse, accompagné d'vne tres-belle flotte, qui paroissoit sur mer comme vne grande forest, & auec vn vent fauorable cingla vers Cypre, & de là gaigna vers Damiette en Affrique suiuy de plus de huict cens vaisseaux, qui faisoient comme vne ville flotante. En-

THOLON tre l'Aran & le Gapeau est THOLON

ou TOVLON, vn tres-beau port, capable d'vn grand armement, le havre ordinaire des Galeres du Roy; vne ville bien fortifiée, auec garnison & Gouuerneur, & vne grosse tour à l'embouchure du port, & vne des plus anciennes Eueschez du pays, fondée par Gratian Disciple de S. Clet Pontife Romain, & dont plusieurs Euesques se trouuent auoir esté presens à diuers Conciles tenus en France.

ARGENS.

AV delà du Golphe de Grimaut la riuiere d'ARGENS se vient descharger dans la Mediterranée, laquelle le reçoit auec autant d'agréement des nautonniers & des poissons que la majesté de son nom & la beauté de ses eaux luy semblent donner d'admirateurs. Elle est si claire, qu'on la prendroit pluftost pour de l'argent fondu, que pour vn Element, ce qui conuie les nautonniers d'y aller faire aiguade, & les poissons d'y adoucir l'amertume du sel, qu'ils ont goustée dans les eaux de la mer. Elle se forme

ARGENS R.

de deux ruisseaux, dont l'vn vient de S. Martin, & l'autre de S. Maximin, qui s'estans ioints au dessus du pont de S. Chauuret, reçoiuent le *Chalilon*, coulent sur les ponts de Correns & de Carces, se grossissent de deux autres ruisseaux, de la *Charamie* qui leur vient de Brignole petite ville assez conniie pour ses bons fruicts, & particulierement pour ses prunes, & de la *Candemie*, & s'estans accreus des iets de plusieurs autres sources, comme de la riuiere qui vient de la ville de *Draguignan* sous Roquebrune, & de *Lendale* encore plus bas, se vont ietter dans la mer par deux canaux, dont l'vn passe assez pres de *Frejus*, ville fort ancienne, dite *Forum Iulij*, soit que ce grand Empereur l'eust fait bastir aussi bien qu'vne autre de mesme nom en Italie, qui s'appelle Frioul; ou seulement qu'il l'eust choisie pour vne estape, & pour vn de ses magasins de guerre. Ie m'oubliois de dire que Ciceron, meilleur Orateur que Capitaine, & qui faisoit plus d'execution par sa langue que par son espée, campa sur les bords d'Argens, comme il escrit luy mesme

Chalilon, r.

Charamie, r.

Candemie, r.

FREIVS.

en vne de ses lettres.

AGAT ET BENCON.

IE ne dis mot de la riuiere d'*Agat* ou *Agat, r.*
Rairan, qui se rend en la mer au port
Agat, pource qu'elle n'arrouse que
des rochers, & ne sert qu'à fournir les
vaisseaux d'eau douce. *Bencon* vient iet- *Bencon,*
ter dans la mer à costé de Lanapole *r.*
les eaux qu'il a puisé dans sa source
assez proche de Fayence, lieu renommé pour les vaisselles de terre qu'on y
fait, si propres & si commodes qu'on
s'en sert aux plus grandes tables pour
le seruice des fruicts : & ie ne sçay
pourquoy l'on prise tant les porcelai-
nes, qui n'ont autre auantage sur les
plats de Fayence, sinon qu'ils coustent
plus, & que c'est vne espece de maladie contagieuse dans les esprits, qui
se communique mesme aux plus sages,
de ne point priser les choses par leur
vtilité, mais par l'opinion commune
& par leur rareté. Et pource qu'on
nous veut faire croire que les vaisseaux
de porcelaine sont le trauail d'vn siecle, qui ne se font qu'auec de grandes

peines d'vne matiere qu'on enseuelit en terre, & qu'on en retire après cent ans, comme on dit que les peres plantent des arbres pour leurs neueux : de là vient que nous estimons autant & plus cette terre, qu'vn des plus precieux mixtes que le Soleil produise par la douceur de ses lumieres, & par la force de ses influences.

SIAGNE.

Siagne, r. SIAGNE tire son origine de Mons dans les montagnes de la Prouence, & de la ville de GRASSE, où l'Euesché d'Antibe fut transferée par le Pape Innocent IV. il y a quatre cens ans, qui est auiourd'huy possedée par M. Godeau, la plume & la voix de S. Pol, le paranymphe des chastes amours du S. Esprit, l'Interprete des enfans Prophetes de Babylone, le Chantre des merueilles de Dieu, & le Dauid du nouueau Testament: Dās ce Diocese est le celebre Monastere de S. Honorat de Lerins, qui est dans vne Isle voisine de celle de S. Marguerite deuant l'embouchure de la Siagne,

GRASSE.

Isles de sainte Marguerite.

Siagne, qu'on peut nommer auec raison l'Eschole de la Milice de Dieu, & le champ des victoires de France, puisque de là sont sortis les Hilaires, les Euchers, les Vincens, & tant d'autres Prelats & Docteurs, armez de l'esprit & de la parole du Seigneur des armées pour affronter les Heretiques, & combattre les puissances des tenebres; & qu'en ce mesme lieu les Espagnols retranchez dans leurs forts, que l'art & la nature auoient esleuez, non pas pour seruir de defenses aux iniustes vsurpateurs du bien d'autruy, mais de theatre à nostre gloire, furent forcez, pris & chassez par la sage conduite & par l'incroyable valeur du Comte de Harcour, qui n'a pas plus de peine à conseruer des Isles, qu'à reprendre des villes. Le coral qu'on y pesche est vn symbole de la charité de tāt de Saints, ses premiers Habitans, & vne marque du courage de nos soldats, ses derniers Conquerans.

BARGVE ET LE LOVP.

Bargue, r. CES deux ruisseaux se perdent dans la mer assez pres l'vn de l'autre, entre deux villes, *Antibes* & *Vance*; ils ne sont marquez sur nos cartes que comme deux petits filets d'eau, pour n'estre pas considerables mesmes à ceux qui habitent sur leurs bords, & qui puisent tous les iours de l'eau dans leur canal; si ce n'est que le *Loup, r. Loup* s'enfle en hyuer, & comme vn torrent outrageux, qui descend des montagnes renforcé par l'eau des pluyes & des neiges fonduës, rauage les terres & les maisons, & ainsi se fait conoistre par le mal & par la crainte.

ANTI-BES. ANTIBES estoit vne ville assez celebre parmy les anciés, puisque les meilleurs Historiens & les plus curieux Cosmographes en font vne honorable mention, sous le nom d'Antipolis, & que les Chrestiens des Gaules la iugerent digne d'estre le siege d'vn Euesque, qui a esté transporté à Grasse, comme i'ay dit, pource qu'Antibes estoit plus propre aux fonctions de la guerre, qu'aux exercices de la Religion, comme elle est encore aujourd'huy tres-bien fortifiée, seruant d'vn rempart asseuré contre les mauuais desseins d'Espagne, qui ne visent qu'à ioindre les Pyrenées auec les Alpes, & l'Ebre auec le Var, en occupant ce beau parterre que la Nature a parsemé de lys en cet entre-deux. VANCE est vne ville Episcopale, dont l'Eglise Cathedrale est dediée à l'Apostre S. Paul.

LE VAR.

Nous sommes enfin arriuez sur les Marches de France, & le Var qui separe la Prouence du Piedmont seruiroit de bornes à ma plume, aussi bien qu'il sert de limites à deux Estats, si le bonheur de nos armes, & la sage conduite de nos Ministres, qui a fait connoistre l'authorité de nostre Prince au delà des montagnes & des riuieres ne nous portoit par vne curiosité loüable iusques dans le Piedmont & sur les frontieres de Gennes pour receuoir les hommages que Nice rend à la France pour sa conseruation, & la Principauté de Monaco pour se voir en liberté. Mais il faut pluſtoſt parcourir le Var depuis son origine iusques à son emboucheure. Il vient du Col de Tarende pres de l'Argentiere, il descend au Pont de Villeneufue, & reçoit la *Tuebie* au deſſous ; de là il gaigne Glandefue ville Episcopale ayant pris la *Vaire* vn peu auant que d'approcher la ville. De Glandefue il gaigne le pont de Poget, & ayant long-temps couru par les rochers attrape la *Linée*, qui prend sa source dans la Comté de Bueil, & le *Blond* vn peu au deſſous, qui luy est enuoyé de la Comté de Nice. L'*Eſteron* se presente à l'autre riue, qui coule de Briançon : de sorte qu'estant accompagné de plusieurs riuieres il marche auec plus de grauité le long des frontieres de France & d'Italie, & se va rendre dans la mer auec beaucoup de bruit. Il est nommé *Varus* par les Latins à cause de la varieté de son cours, qui se porte auec beaucoup de changement tantoſt d'vn coſté, tantoſt de l'autre, suiuant la commodité des paſſages que les mon-

Tuebie, r.
Vaire, r.
Linée, r.
Blond, r.
Eſteron, r.

tagnes luy ouurent dans les vallées.

Auant que de quitter la France & entrer dans l'Italie, ie veux rapporter icy les bonnes qualitez de la Prouence, pour faire voir aux estrangers, que si les extremitez de ce grand Corps Politique sont si belles & si fertiles, il faut que l'abondance & la felicité, qui composent la douce vie des hommes, soient renfermées dans le milieu.

Les Elemens qui ne distribuent leurs productions aux autres peuples qu'auec retenuë, ont esté prodigues aux Prouençaux, puisque l'air y est temperé par vn petit vent de Midy, qui se leue dez les dix heures du matin pour moderer les chaleurs : que l'hyuer n'y dure pas plus d'vn mois, & qu'il n'y gele quasi iamais, de sorte qu'on y void les œillets & les roses au temps que les gelées despoüillent ailleurs la terre de sa verdure, & on y sent l'odeur des fleurs d'orenge & de citron quand les autres Prouinces sont noyées des eaux de la pluye, ou couuertes de neiges. Si nous viuions au temps des doctes Idolatres, nous dirions que les Dieux ont fait à l'enuy pour combler la Pro-

PROVEN-
CE.

p iij

uence de leurs faueurs: Ceres auroit elle-mesme semé les bleds dans la plaine de la Camargue, qui rapporte auec vsure ce que le laboureur luy a presté. Bacchus auroit planté de sa main les vignes sur les collines, le muscat autour de la Cieutat, de Riez & Tarascon, & la maluoisie à la Crau & à Cuers. Pallas auroit cultiué les oliuiers gros comme des chesnes qui s'eleuent en forests depuis Arles iusqu'à Nice, capables de donner de la ialousie aux vieux habitans d'Athenes. Pomone conserueroit ses pruniers à Apt & à Brignole, ses grenades, ses pesches & abricots le long des costes, & tous auroient raison d'exiger des sacrifices & des Autels d'vn peuple qu'ils auroient obligé de tant de biens auec profusion.

Les miracles de la Grace sont icy des effets de la simple Nature, & ce qui a cousté ailleurs les larmes & les prieres des plus grands Saints, se fait en Prouence sans y penser. On nous dit qu'en Hibernie les Serpens ne peuuent viure auec leur venin, & que les hommes manient les couleuures auec autant de franchise & d'innocence que les anguilles, depuis que S. Patrice eut parcouru cette Isle auec beaucoup de trauaux, qu'il eut souuent arrousé les terres de ses sueurs & de ses larmes, & qu'il eut esclairé les peuples des splendeurs de la Foy & des rayons de l'Euangile. Les Viperes de l'Isle de Malthe laisserent tout leur fiel dans le doigt de S. Paul, qui fut mordu, comme il faisoit du feu pour se seicher de son naufrage. Et vne des plus esclatantes merueilles qu'ait operé la descente du Fils de Dieu en terre, c'est que les enfans peuuent joüer sur la cauerne des aspics sans en receuoir aucun mal, encore est-ce vn Paradoxe & vn mystere qui ne s'explique que comme les enigmes. Vous voyez tous les Printemps de gros pelotons de serpens descendre des montagnes de Digne en Prouence, qui non seulement n'ont point de venin, mais ce qui est plus prodigieux, seruent de remede à plusieurs maladies, comme si l'air de ce climat auoit la mesme proprieté pour les insectes, que celuy de l'Europe pour les pesches, qui sont le poison

p iiij

de la Perse, & les delices de l'Italie.

Le luxe contribuë ailleurs des despenses excessiues aux inuentions de l'art pour faire des iardins, & dresser des parterres dans les maisons des Grands; on va chercher des fleurs au delà de nos mers pour contenter l'imagination & le nez d'vne femme; on employe des années pour conseruer la fueille d'vne plante, qui ne sert à autre chose qu'à entretenir les resueries de quelque curieux; on se sert de tous les Elemens d'Euclide pour faire vn compartiment de buys; on obserue les saisons, les vents, le soleil & la pluye auec plus d'exaction que ne fait vn Astrologue dás ses Ephemerides; on a plus de crainte de morfondre l'oignon d'vne tulipe que de faire mourir vn valet; & la pluspart de toutes ces herbes transplantées sont si capricieuses qu'il faut les traitter auec plus d'indulgence & de tendresse que l'heritier de la maison. Les Prouençaux ne sont point en ces peines, leurs fórests sont des oliuiers & des palmes allignées sans art & sans cordeau;

leurs buissons sont des grenadiers, des limones ou poncires, des orangiers & citroniers tousiours chargez de fruits: leurs landes sont couuertes de thym, de marjolaine, de rosmarin & de myrthe, sans qu'il soit besoin de leur bastir des maisons & de leur faire des couches auec tant d'artifice. Le sucre mesme que les Espagnols vont chercher aux Isles de Madere & au Bresil parmy les sauuages & chez les monstres, vient icy dans les roseaux transplantez. De sorte que les Romains, qui l'assuiettirent à leur Empire, eurent bonne raison de la nommer *Prouincia*, comme la Prouince par excellence entre toutes les autres Prouinces conquises par leurs armes; nom qu'elle a tousiours retenu, puis qu'elle a tousiours conserué les bonnes qualitez qui le luy auoient acquis.

Elle a esté diuerses fois vnie à la fortune d'Italie, mesme sous le regne des Ostrogoths & sous Lothaire fils aisné de Louis le Debonnaire Empereur & Roy de France, comme s'il y auoit quelque occulte sympathie entre ces peuples, qui engageast les Prouençaux aux interests des Romains leurs plus illustres Maistres, qui les ont traictez plustost en freres & amis, qu'en subjets & vassaux; & qui reciproquement attachast les Romains à la Prouence, comme à la seconde mammelle de leur florissant Empire. Charles le Chauue Empereur & Roy de France se persuadant qu'il alloit de sa grandeur de n'auoir que des Rois alliez de son sang erigea la Prouence en Royaume pour son beau-frere Boson; mais ayant esté en suite reünie à l'Italie, elle fut vne autre fois demembrée & possedée par des Seigneurs particuliers descendus des Rois de l'Italie en titre de Comté, iusques à ce que René Duc d'Anjou Roy de Naples & de Sicile, Prince du sang de France & Comte de Prouence se voyant sans enfans masles, la laissa par son son testament au Roy Louis XI. & à ses successeurs Rois de France, pour estre par eux possedée comme vn membre de leur Royaume, & comme vne fleur de leur Couronne. Aussi les Rois en ont-ils ioüy depuis successiuement, & nostre petit Monarque, qui promet de porter vn iour ſes armes bien loin au delà des victoires de ſes ayeulx, en eſt le trentedeuxieſme Comte.

Ie deurois m'arreſter ſur les bords du Var, où nos coſtes finiſſent, ſi le Prince de Monaco qui depuis quelque temps nous a donné ſon cœur, & a planté nos eſtendars ſur les murailles de ſa forthereſſe, ne nous obligeoit point de luy rendre vne viſite, qui luy eſt deuë par tous les Frãçois qui prennent part aux intereſts de l'honneur de leur pays, & qui taſchent de conſeruer par leurs ciuilitez les alliances que nos Princes ont gaignées par leur valeur. Et pource qu'il ſeroit de tresmauuaiſe grace de laiſſer en chemin vne des plus importantes places du Prince de Piedmont qui s'eſt ietté ſous noſtre protection, ſans luy rendre les meſmes deuoirs, nous paſſerons ſur la riuiere de Palion, qui arrouſe le pied des fortifications de Nice, & de là nous gaignerons le havre de Monaco, pour retourner ſur nos pas, & entrer dans le Languedoc & dans le Rouſſillon en compagnie du Prince de Mourgues, qui nous ſera les chemins plus aysez, & les passages plus asseurez.

PALION.

Palion, r.

VN peu au delà du Var on trouue la riuiere de *Palion*, qui n'a rien de remarquable en tout son cours que son passage à trauers la ville de Nice, estant presque aussi tost dans la mer, qu'elle est hors de sa source. NICE

Nice.

fait assez connoistre son nom, qui signifie Victoire, ou Victorieuse en langue Greque, que c'est vne colonie des anciens Grecs, qui s'estans rendus les maistres de cette coste, fonderent les villes de Marseille, d'Agde & de Nice, comme autant de trophées sur ces riuages pour seruir à la posterité de monumens & de preuues de leurs conquestes. La riuiere de Var la met en Italie ; mais les anciens titres, & les plus fideles Escriuains la mettent dans la Prouence, d'où elle dependoit autrefois, comme vn fief releuant de la Comté. Aussi le Roy François I. qui auoit les mesmes droicts que les Comtes de Prouence, depuis que René d'Anjou Roy de Sicile constitua Louis XI. son heritier, pretendoit de la retirer des mains du Duc de Sauoye qui la possedoit sans aucun titre : & bien que le Sauoyard alleguast certain engagement fait de cette place à ses predecesseurs par vn Comte de Prouence, & qu'il taschast de se defendre contre le bon droict du Roy par la prescription : Sa Majesté neantmoins destruisoit cette exception par les frequentes offres du remboursement, en luy faisant apparoir comment elle auoit esté engagée par les proprietaires. A ne point mentir entre les Princes le meilleur droict consiste en leurs armes, & le plus puissant regle ses volontez à son ambition, demande ce qu'il veut, iuge suiuant sa demande, & luy mesme execute son iugement.

Elle est assise au pied d'vne langue bien haute, qui s'auance depuis les Alpes iusques dans la mer Mediterranée, & fait comme vne double ville diuisée par le ruisseau de Palion qu'on passe sur vn pont, qui ioint les deux villes. Son Amphiteatre auec plusieurs autres pieces d'antiquité hors de la ville, le bourg nommé Acharaca entouré d'vn beau bois, & les Temples de Pluton, de Iunon & de Charon le nautonnier des Enfers, auec les superstitions des habitans du pays recitées par Strabon, tesmoignent combien cette ville estoit venerable parmy les anciens, & quel rang d'honneur elle occupoit auprés des Marseillois, leurs freres, ou plustost leurs peres d'Estat. Sa citadelle, qui semble inexpugnable à viue force, pour ne pouuoir estre batuë par aucune sorte d'artillerie à cause de sa hauteur, ny sapée ou minée, pour estre fondée sur le roc, est comme vn bouleuart de l'Italie. Cette grosse fontaine qui est sous le rocher ioignant le riuage, conuie les nautonniers d'y venir aborder leurs vaisseaux pour faire aiguade, & ensemble pour considerer l'assiette de la place, & tesmoigner aux estrangers de ses fortifications. Le port qui est à Ville-franche distante de deux lieuës, qu'on croid estre le port d'Hercules, & les trophées d'Auguste mentionnez par Ptolomée, auec ces deux chasteaux, dōt l'vn est au faiſte de la môtagne, l'autre au bord de la mer; & le Mole où le Duc de Sauoye tient ſes galeres, ſert de clef au Prince pour fermer l'entrée de ſes Eſtats à ſes ennemis, & les ouurir aux Alliez & aux marchands, qui luy payent tous les ans plus de trente-cinq mil eſcus de peage. Ie ne veux pas icy renouueller les cruautez & les inſolences qu'y commirent les Turcs ſous la conduitte d'Hariaden dit Barberouſſe, il vaut mieux effacer de noſtre memoire ces funeſtes alliances, que de ſoüiller la blancheur de nos liures par le recit d'vne conuention qui a peut-eſtre ſoüillé la conſcience & la parole des negotiateurs qui l'ont traittée. I'ayme mieux m'aduancer le long de la coſte, & donner iuſques dans Monaco, où le Prince nous donnera libre entrée, depuis qu'il s'eſt donné luy-meſme aux intereſts & à la gloire de noſtre Prince, & fera que ſes ſujets nous entendront parler, depuis qu'il leur a luy-meſme appris le langage de France.

Mais pour vous faire mieux comprendre les auantages reciproques de cette alliance, ou plustost de la protection de ce Prince, qui s'est mis à couuert des Lys de la France contre les ardeurs de l'Espagne, & qui a preferé le S. Esprit à la Toison, il faut que ie vous dresse le plan de la place, & que par sa description ie vous laisse à iuger plus parfaitement de son importance & de son vtilité. Ie n'en diray pas dauantage que ce qu'en a mis au iour vn de ses domestiques.

MONA-
CO.
MONACO, dit-il, se trouue situé à l'extremité des Alpes, à trois lieuës de Nice tirant du costé de Gennes, sur le bord de la mer : son assiette fait assez voir que la Nature n'auoit pas besoin de l'art pour la rendre vne des fortes places de l'Italie ; car elle est bastie sur le rocher qui la rend inaccessible & hors d'escalade, & qui pour les murailles de son enceinte n'a que des abismes affreux, tant du costé de la mer que de la terre ; le rocher est escarpé du costé du port : parce qu'il faut sçauoir que la forteresse estant comme vne peninsule, & n'ayant de terre que la sixiesme partie de sa grandeur, il faut aller presque tout à l'entour par eau pour l'aborder

der : ce n'est que de cet endroit qu'on y peut auoir accez, encore auec tant de peine, que ceux qui arriuent à la premiere porte, en ayant sept auant que d'entrer dans la ville, se trouuent hors d'haleine.

Les endroits que la Nature semble auoir negligez, & où le rocher peut fauoriser le secours, sont secondez de l'art par des pieces destachées qui les rendent imprenable, tellement que hors de famine & de trahison, les plus puissantes armées n'y peuuent rien pretendre. Son port est encore si beau & si considerable, que ie ne m'estonne pas si les Espagnols disent que c'est le plus grand outrage qu'ils pouuoient receuoir de la Fortune, & le plus dangereux coup dont ils peussent estre frappez que de s'en voir chassez. On y peut loger vne armée de quarante galeres à l'abry des vents & des pirates : en venant de Prouence on descouure l'Esperon qui aduance dans la mer. Le Palais du Prince est superbe pour la symmetrie & belle proportion de son architecture, pour les magnifiques appartemens qui le composent,

& pour les riches ameublemens dont il est paré. La place d'armes est vne des plus grandes & des mieux pratiquées qu'on pourroit voir; & outre trois corps de garde principaux, qui sont à la porte Major, au deuant du Palais, & au bastion Saraual, il y en a d'autres assez considerables, qui firent beaucoup de peine à ceux qui les vinrent enleuer, apres que les trois premiers furent emportez, comme ie diray bien tost.

Et bien que cette place soit à l'espreuue du canon & de la mine, & que le roc luy serue de rempart & de murailles, elle en a toutefois tout à l'entour auec ses bastions & demies-lunes toutes telles que la commodité du lieu les a peu receuoir sans garder l'ordre de la fortification. Le tour de la place est pres de deux mille d'Italie : il est vray qu'elle n'est pas par tout egalement habitée, & que du costé où elle s'est'd bien auant dans la mer il y a vne grande espace vuide, & des iardins possedez par des particuliers. Pour le pays, c'est le plus beau du monde, & les peuples ne le changeroient pas, à ce qu'ils disent, pour l'Arabie heureuse : car en descendant de là on va sur le bord de la mer iusques à Menton, petite ville appartenante à ce Prince, parmy les jasmins, les oranges & les citrons, qui embaument l'air d'vne odeur tres-agreable, & sont en aussi grande abondance que les chastaigniers sur les Ceuenes, & que les pommiers en Normandie.

Tellement que l'acquisition de cette place, qui se donna à nous, quand le Prince donna son cœur & sa foy au defunct Roy Louis XIII. nous apporte de tres-grands aduantages : Car d'vne part elle affoiblit d'autant plus le party de nos ennemis, qui n'auront plus de si belles commoditez pour ietter du monde en Italie, où leurs pretensions seront maintenant languissantes & inutiles. De l'autre, toute la coste est asseurée, Nice se voyant bridée des deux costez est obligée de suiure vne partie des mouuemens qu'on luy donne ; & Gennes qui prend quelquefois plaisir de nous ietter dans des soupçons, & nous donner de la jalousie, employera maintenant ses forces

& ses finesses à sa propre conservation. D'ailleurs toutes les fois que le Roy se voudra faire passage dans le Milanois pour aller reconquerir vn de ses anciens domaines, il pourra mettre vne armée considerable en ce port, & en tirer vn grand secours; outre qu'en receuant le Prince de Monaco sous sa protection il renouë vne alliance que le malheur du temps auoit empesché de continuer, & ramene les choses à leur principe.

Car celuy qui donna le commencement à l'auguste Famille des Princes de Monaco fut vn Grimaldo, fils de Pepin deuxiesme Duc de Brabant frere de Charles-Martel, & oncle de l'Empereur Charlemagne. Son fils Theodoalde, qui vainquit les Mores en Espagne, qui defit les Sarrasins en Prouence, & qui se rendit maistre d'Antibes, d'Aix, & de beaucoup d'autres bonnes villes, dôna le nom propre de son pere pour surnom à sa Famille, & laissa vn fils nómé Vgon, qui fut Vicaire de l'Empire pour Charlemagne, auec lequel il entreprit le voyage de Rome pour defendre Leon III. contré les persecutions de ses ennemis, tesmoignant en cela qu'il estoit du sang de France puis qu'il en auoit les mouuemens; qu'il auoit l'honneur d'estre parent de nos Rois, puis qu'il en faisoit les actions; & qu'il touchoit de bien pres le premier fils de l'Eglise, puis qu'il épousoit les interests du Pape. Grimaldo premier Seigneur d'Antibes & des forteresses de Bueil & de Monaco Vicaire de l'Empire, vint assieger Paris, non pas comme ennemy, mais comme allié de la Couronne, & retira par son courage de la prison Louis Roy de France, où sa mauuaise conduite auec la perfidie de quelques siens vassaux l'auoient iettés De sorte que le Prince Honorat, qui possede auiourd'huy la place de Monaco, a esté pluſtoſt allié de sang que d'intereſt à ce Royaume, & la Nature l'a pluſtoſt fait noſtre que la Fortune.

Pour vous faire comprendre de quelle façon il a appris l'air de la France apres vne si longue suitte d'années, qu'il auoit esté Italien de naissance, Espagnol d'engagement, & presque touſiours François de volonté : son

q iij

pere ayant esté malheureusement aſſaſſiné, ce Prince, bien qu'il euſt aſſez d'eſprit & de cœur, & que la vertu deuançaſt ſes années, n'eſtoit pas toutefois en eſtat d'entreprendre tout ſeul la conduite de ſes affaires, elle fut donnée au Prince de Valdetarre ſon oncle maternel, qui pour auoir ſa fortune attachée à celle des Eſpagnols, leur ouurit le paſſage aux nouueaux deſſeins qu'ils formerent contre la liberté de ce pupil, & leur fit naiſtre vne belle occaſion pour mettre en pratique les cruelles maximes qu'ils ont de profiter des pertes d'autruy, & de fonder leur bonheur ſur les ruines de leurs voiſins. Car auſſi toſt les Miniſtres d'Eſpagne procurerent d'introduire dans la place vne garniſon, afin de ſubjuguer entierement celuy qu'ils auoient témoigné de vouloir defendre, & eſtablir la tyrannie où ils ne deuoient faire agir que la protection. Comme en effet il vid bien toſt dans ſa maiſon autant de maiſtres que de ſoldats, & reconnut qu'il auoit perdu la qualité de Souuerain, pour prendre celle d'vn illuſtre eſclaue. Son mal vint iuſques à ce poinct, que pour s'affranchir des dangers où il se voyoit engagé par l'ambition des Grands d'Espagne, & par l'insolence des soldats de sa place, il estoit obligé de s'exposer à la mercy d'vne fortune capricieuse & inconstante, & de laisser sa maison, ses meubles & ses moyens pour sauuer sa vie à la fuite, plustost que de voir mettre en execution les orgueilleuses menaces qui luy auoient esté faites par la garnison; si le Ciel par vn bonheur inesperé ne luy eust donné moyen de secoüer le joug que son oncle luy auoit mis sur le col, & de se remettre dans l'estat auquel il estoit né.

Tandis que les Prouinces voisines ne reconnoissoiët que l'Empire François, & que les armes victorieuses de nostre defunt Monarque se faisoient obeir & craindre par tout, les Espagnols, qui veulent passer pour les plus grands Politiques de l'Vniuers, furent si Imprudens que de degarnir Monaco de munitions & de soldats, & d'en faire sortir la troisiesme partie pour les mander dans le Comté de Nice. Le Prince se seruant de cette occasion,

q iiij

comme tres-auantageuse, apres s'estre asseuré de la protection de la France, fit entrer dans sa maison quelques vns de ses subjets de Menton, les vns sous pretexte de venir demander iustice des differents qui naissent entre les meilleurs amis; les autres sous couleur d'estre employez aux bastimens de son palais; les autres sous ombre de peindre ou d'esquipper vn vaisseau pour le Marquis son fils: & auec vn gros de cent hommes, sans compter ses domestiques, attaqua les corps de garde des Espagnols, les força nonobstant leur resistance, & fit sortir hors de la place ceux qui resterent de la meslée. Tellement qu'en vne nuict, ce fut la dix-septiesme de Nouembre l'an mil six cens quarante-vn, ce Prince regaigna son bien auec sa liberté, & ses subjets commencerent de respirer vn air nouueau, lors que quelques iours apres les armes du Roy auec vn puissant secours parurent sur les remparts de la forteresse, comme estant le Defenseur de la liberté publique, le Protecteur des Princes oppressez, la Gloire de ses Alliez, les Delices de son peuple, l'Escueil où les flots de l'orgueil d'Espagne se sont brisez, l'Asile où l'Allemagne a eu son recours pour releuer sa liberté mourante, & le Port où l'Italie s'est sauuée du naufrage.

Ce genereux Captif sorty de sa prison, renuoya le colier de l'Ordre de la Toison, qu'il regardoit comme vn lien & comme vne marque de son ancienne seruitude, au Gouuerneur de Milan, pour le rendre au Roy d'Espagne: & ne croyant pas que sa ioye fust parfaite s'il ne voyoit le visage de son Liberateur, & s'il ne receuoit de ses mains la Couronne deuë à son merite, se resolut d'aller trouuer sa Majesté deuant Perpignan, où son bras s'efforçoit de se faire passage dans l'Espagne apres auoir conquis le Roussillon. Ie l'accompagneray iusques au camp, à condition de le quitter de veuë dez aussi-tost que le Roy luy aura mis au col le Colier de ses Ordres, & l'aura receu Cheualier; attendant qu'à Paris il le crée Duc de Valentinois en Dauphiné, Marquis de Baux & Seigneur de S. Remy en Prouence, & Comte de Carladois en Auuergne; & moy cependant ie visiteray les Costes du Roussillon à la faueur de nos victoires.

LES RIVIERES DES COSTES DV ROVSSILLON.

II.

LES Costes de Roussillon sont plus fertiles & plus heureuses pour auoir esté arrousées des sueurs de nos Princes, que pour estre baignées des eaux de la mer, & des riuieres qui decoulent des Pyrenées: & ie m'asseure qu'elles semblent beaucoup plus grandes par les victoires de nos armes, que par l'estenduë des terres; & que ces trois villes, Collioure, Perpignan, & Salces, auec les trois riuieres qui trauersent le pays, *Egli, Latet* & *Tech*, n'ont iamais esté plus glorieuses que lors

qu'elles ont veu les Fleurs-de-Lys s'é-
panoüir sur leurs riuages, & croistre
sur leurs murailles. Le *Tech* descend
de la coline d'Ares, passe au pont de
Ceret, & se rend dans la mer au dessous d'Elna, & au deçà de la ville de
Colioure, qui fut la premiere place importante du pays qui reconnut la force
de nos armes, ayant fait refus de reconnoistre la justice & le bon droict
de nos anciennes pretensions. Son assiette, ses fortifications, l'asseurance
d'vn prompt secours, & le nombre
des bons hommes qui la gardoient deuoient arrester nos armées, & oster les
aisles à nos victoires, si les François
n'eussent esté en possessió depuis quelques années de surmonter toutes les
inuentions de l'art, apres auoir vaincu
toutes les forces de la Nature sur les
eaux, sur la terre & dans l'air.

Tech, r.

Egli, r.   *Egli* petite riuiere se forme de plusieurs ruisseaux, qui se destachent comme autant de veines des Pyrenées, &
se ioignent assez pres de Stagel, pour
aller se rendre dans la Mediterranée
au dessous de S. Laurens, vn peu au
delà du grand marests de Salces & de

Leucate. *Leucate* assise sur les frontieres du Languedoc, & bastie par le Roy François I. pour seruir de rempart à la France contre les injustes inuasions des Espagnols, qui ne se contentans pas des limites que le Souuerain des Royaumes a mises pour borner les Estats, ne taschent qu'à estendre leur domination, & de toutes les Prouinces du monde n'en faire qu'vn Estat proportionné à la grandeur de leur ambition. *Salces* fut esleuée & fortifiée par l'Empereur Charles V. pour l'opposer à Leucate; & comme disoient les Espagnols en se mocquans, pour faire la saulse à l'Oye; puisque Salsé en langage du pays signifie Saulse, & Leucate vn Oye : mais nous auons conserué l'Oye de nostre Capitole, nonobstant les brauades & les efforts de nos ennemis; & de plus nous auons fait bonne chere à leurs despens, mangeans leur Saulse. Ie veux dire que nous auons regaigné Salces, & que ces hautes tours, auec ses murailles & ses bastions pratiquez si regulieremēt, n'ont seruy que pour mieux faire paroistre nostre courage dans la resistance, & grauer plus fortement les marques de nostre gloire sur les marbres de ses bastimens.

Latet, r. Latet est la plus grande riuiere du pays, aussi est-elle la plus consideree, non tant pour la lõgueur de son cours, qu'elle commence bien auant dans les montagnes de l'Arragon, que pource qu'elle arrouse les murailles de Perpignan. Ie veux plustost faire voir icy la grandeur de cette ville dans sa source & dans son cours, que celle de la riuiere, pour donner plus de lustre à la Majesté Françoise, qui ne prend les plus miraculeuses conquestes que pour des ouurages ordinaires à son Prince. Ie monstreray donc comme de tout temps cette ville a passé pour inexpugnable, afin de faire plus estimer ceux qui l'ont prise, & monteray vn peu dans l'Antiquité, pour descendre à nostre temps auecque plus de lumiere. Apres l'ordre du siege & les auantages que nous en pouuons tirer, témoigneront à tout le monde que comme nous ne pouuons manquer de prendre vne place si regulierement attaquée, nous pouuons desormais tous prendre en la possedant. Les Tours de Castille n'ont plus de forteresse : le Lyon n'a plus ny forces ny ongles ; & les Chaisnes de Nauarre se vont briser pour se reünir sous leur Maistre legitime. On peut faire des profeties naturelles où tout est aisé à faire.

Ie ne chercheray point icy auec quelques vns, si c'est Lucius Perpenna Proconsul d'Espagne qui a donné le nom à Perpignan par vne corruption arriuée dans le langage, quoy que cette etymologie puisse seruir à mon dessein, veu que suiuant cette obseruation nous pouuons nous vanter d'auoir triomfé d'vne place qui auoit seruy de sujet de triomfe à ceux qui s'appelloient les Conquerans de tout l'Vniuers. Aussi est-il vray que le Royaume de France a esté le plus illustre débris de l'Empire des Romains, ou plustost la plus forte cause de la dissolution de ce grand Corps qui s'estendoit par toute la terre. Ie ne veux non plus m'amuser à l'obseruation de ceux qui tiennent pour fondateur de Perpignan vn Prince Goth nommé Perping, qui pour se defendre des incursiōs des François sous Theodeberg fit commencer ceste forteresse qui a depuis receu son acheuement, des Rois d'Aragon & de Castille. Bref ie ne m'informeray point icy auec l'Autheur de nos Annales, si Perpignan s'appelloit autrefois Ruscino, car bien que les noms soient des images des choses, il est certain que les choses nous doiuent estre bien plus considerables que les noms. Il suffit de sçauoir que Perpignan a passé de tout temps pour la clef de l'Espagne du costé de la Gaule Narbonnoise, & que nos voisins n'ont pas crû estre assez auantageusement defendus contre les François par les murailles naturelles des Pyrenées s'ils ne l'estoient encor par vne si puissante forteresse. Elle est assise pres la riuiere de Latet dans vne pleine fort estenduë & fort feconde, n'estant commādée d'aucun endroit, & commandant tout par l'eminence d'vn rocher sur lequel la Citadelle est bastie. La ville est assez bien fortifiée, quoy qu'il y ait plusieurs flancs irreguliers ; mais elle n'a pas

besoin

besoin d'vne plus grande defence en ces endroits-là, la Citadelle regnant dessus, & ne permettant point aux ennemis de se saisir de ses murailles que pour y estre foudroyez plus aduantageusemēt de l'artillerie. Au reste l'eau n'y manque point ny dās ses fossez, ny dās la ville, tant à cause de quantité de puits qui s'y voyēt, que par l'abondance d'vne fontaine qui y est artificiellement conduite. Pour les habitans outre qu'ils l'ont de tout temps munie de tout ce qui pouuoit seruir à leur conseruation, ils ont tousiours eu la reputation d'estre fort genereux, & les Espagnols parlant dans leurs Histoires de ceux de leur nation qui soustiennent des sieges, appellent les autres simplement Constans, & ceux de Perpignan ont tousiours le titre de Constans Desesperez. Cela veut dire qu'ils sçauent perir pluftost que rendre vne place, & qu'ils ayment mieux voir la mort qu'vn ennemy dans leur maison.

La Citadelle est composée d'vn ancien chasteau qui luy tient lieu de Donjon, & de six grands bastions

Royaux, qui sont d'autant plus forts, qu'outre qu'ils se defendent les vns les autres, ils ne peuuent estre attaquez. De telle sorte qu'on peut dire qu'il n'y a point de place au monde où il y ait vne artillerie si nombreuse, ny si inutile que dans Perpignan. En effet le desespoir de prendre par force la Citadelle, esloignant l'ennemy le preserue de ses coups, & ses bouches de feu ne parlant qu'à des gens qui ne s'en approchent qu'autant qu'ils se peuuent garantir du peril, font beaucoup de bruict & peu d'effect. Les bastions estant fondez sur vn roc extremément dur sont hors de mine, estant extraordinairement hauts ils ne sçauroient estre battus d'vne plaine, enfin estant escarpez de tous costez, & la pente du roc estant encor secondee de la profondeur d'vn grand & large fossé, il semble que c'est vouloir escalader le Ciel que de songer à y attacher vne escalade. Au milieu de la forteresse on voit encor vne belle place d'armes, où vne armée peut se ranger en bataille, & écarter vn ennemy qui seroit deja entré. Pour les canons il y en a d'autant plus que l'Espagnol mettant là toute sa force n'auoit garde de la munir foiblement, & que les autres villes d'Espagne semblant plustost des villages ouuerts que des villes murées, il auoit renfermé dans vne place ce que dans les autres Estats où il y a beaucoup de chasteaux ou de villes fortes, on enferme dans plusieurs. Ajoustez à cela, que comme le Conseil d'Estat d'Espagne reconnoissoit bien que c'estoit le meilleur Gouuernement de toutes ses terres, il n'y mettoit que de grands Chefs pour commander, & n'y enuoyoit que de ces soldats qui ne sçauent non plus ceder à la necessité qu'à tous les efforts de la guerre & de la fortune. Ceux qui auoient fait leur apprentissage dans le chasteau de Milan & dans la Citadelle d'Anuers, venoient s'acheuer dans Perpignan. En fin on ne sçauroit mieux iuger de la bonté de la place dont ie parle qu'en considerant que nonobstant tous les mal-heurs qui sont iamais arriuez aux Roys d'Arragon & de Castille, elle a esté rarement prise, & tousiours par l'effort de la necessité plustost que par le sort des armes. Veritablement puis que LOVYS LE IVSTE, à qui il semble que c'est tout vn de desseigner vn siege, & de l'acheuer auecque succez, a iugé qu'vne armée qui auoit pris par force Arras & Aire, ne deuoit prendre Perpignan que par famine, il faut qu'vne place soit bien puissante pour arrester l'effort des armes d'vn Roy qui estant la plus parfaite image de Dieu sur la terre semble tenir de sa Toute-puissance. Vn iugement si auguste a esté suiuy de l'effect. Perpignan n'est plus Espagnol, ses canons ne tirent que pour la France. En fin le plaisir de sa prise contrepese les déplaisirs que la maladie du Roy & celle de Monsieur le Cardinal nous auoient causez durant le siege.

Ne croyons pas neantmoins qu'vne place si importante ne nous fut venuë que par force. La iustice du Roy la luy auoit donnée deuant que sa vaillance en fist faire le blocus. C'est qu'il a succedé aux droits de ses predecesseurs aussi bien qu'à leur Couronne. Quoy que les Princes meurent en

France leurs pretentions ne meurent point. Pour entendre cette verité il faut sçauoir que l'an mil quatre cens soixante deux, ceux de Barcelone s'estant reuoltés auecque tous les Catelans contre Iean Roy d'Arragon, qui loin de maintenir leurs Priuileges les violoit impunément, ce Roy demanda à Louis XI. Roy de France, le mesme secours qu'ils nous demandent auiourd'huy contre Dom Phillippe IV. de Castille. En quoy nous voyons que les Roys d'Espagne qui se vantent d'estre si grands, ne sont que des successeurs de ces Roitelets qui sans vne ayde estrangere ne pouuoient assoupir vne sedition domestique. La France qui possede à present la Catalogne la leur auoit conseruée en ce temps là, pource qu'elle n'estoit pas si opprimée qu'elle a esté de nostre temps. Louis XI. suiuant la belle inclination qu'ont tous nos Monarques d'ayder les Rois foibles aussi bien que les peuples maltraittez, enuoya vne armée au secours de Iean sous la conduite du Seigneur Iacques d'Armaignac Duc de Nemours, qui donna d'abord de la ialoufie à vn Prince à qui il venoit donner du secours suiuant sa demande. En effect ayant pris Elne, Colioure & la ville de Perpignan qui auoient suiuy le party de Barcelone, Iean d'Arragon apprehenda que ses Liberateurs ne le despouillassent de ses Estats sous pretexte de l'y remettre, Il fit sonner haut ce soupçon dans la Cour de France, & tesmoigna à Louis qu'il aymoit mieux estre secouru d'argent que d'hommes. Ses mescontentemens furent appaisez dans l'entreueuë que ces Rois eurent à Bayonne, où il fut arresté que celuy de France retireroit son armée, & donneroit à l'Arragonois trois cent mille escus d'or pour les frais de la guerre; d'où l'on void que c'est de nostre argent que les Espagnols ont pris le moyen de conquester l'or des Indes. D'autre part le Roy d'Arragon promit à celuy de France de luy donner en engagement pour ladite somme les Comtez de Roussillon & de Cerdania auec toutes les villes & terres qui en dependent: & ce traité ayant esté d'abord obserué de bonne foy, fut apres rompu par la persidie de Iean. Aussi est-il vray que les Mores qui ont long temps regné en Espagne y ont laissé vn peu de leur fidelité.

Le Seigneur de Lau auoit esté fait Gouuerneur de Perpignan sous Tanegny du Chastel, homme de grand conseil & de grand courage, & qui par ses illustres actions a merité que feu Monsieur le Cardinal l'ait mis au rang de ses Heros dans sa superbe Galerie. Vn iour que ce Seigneur ne pensoit à rien moins qu'à la reuolte des habitans qu'il traittoit auec vne douceur extraordinaire, mais qui par vne haine naturelle n'aymoient point la domination des François, il se vid d'abord enuironé d'vne infinité d'ennemis domestiques, & eust sans doute perdu la vie s'il ne se fust sauué promptement dans le chasteau. Les accidens qu'on preuoit le moins surprennent le plus. Louis XI. ayant appris les nouuelles de ce changement, & aymant mieux vser des voyes amiables que d'vne force ouuerte, fit entendre à l'Arragonois qu'il s'estonnoit bien qu'ayant demandé du secours contre les rebelles il les favorisast luy-mesme : que des Bourgeois n'auroient pas entrepris contre leur Gouuerneur s'ils n'eussent esté sourdemēt appuyez d'vn Prince : Qu'il eust à rendre promptement la ville de Perpignan, ou l'argent qu'il auoit receu : Qu'enfin si les voyes douces ne reüssissoient pas, la force luy feroit raison de sa perfidie, & de la rebellion des habitans.

L'Arragonois respondit à ces instances, qu'il ne pouuoit aliener vne place de son domaine, ny rendre l'argent dans les necessitez où il se trouuoit ; & pour monstrer qu'il n'auoit garde de chastier ces rebelles, il les fut loüer luy-mesme dans Perpignan où il entra auec son fils l'an 1473. Les habitans se doutans bien que Louis XI. seroit trop genereux pour laisser impuny l'affront qu'ils auoient fait à son Lieutenant, comme il n'appartient qu'aux Grands de se vanger hautemēt, salerent les corps des François qu'ils auoient tuez pour les manger en cas qu'ils se vissent assiegez de leur Roy. Ceux qui se sentent coupables songent mesme dans l'impunité à euiter leur punition. Louis piqué du refus de l'Arragonois autant que de la reuolte de Perpignan, enuoya vne armée sous Philippe Comte de Bresse, qui eut d'abord du desauantage, comme les meilleures causes ne sont pas tousiours les plus heureuses. Là dessus on conuoqua le ban & arriereban de la Noblesse d'Auuergne, Forests & Beaujolois pour aller à cette expedition sous le nouueau Comte de Cominge, & Louis s'opiniastra d'autant plus à la reprise de Perpignan qu'il pouuoit prendre le Roy d'Arragon en prenant la ville. Elle fut donc assiegée depuis le mois d'Auril iusques au mois de Iuin; mais l'armée du Roy estant tombée en necessité de viures aussi bien que les habitans, il fallut faire vne trefue, qui n'empescha pas, mais differa seulement la prise de Perpignan. L'Arragonois pourtant trouua moyen de se sauuer, les vns disent que ce fut en habit de Moine, d'autres à force ouuerte. Quoy qu'il en soit il est certain qu'vn perfide porte tousiours sa peine auecque soy-mesme. Le Cardinal d'Amboise, homme de grande conduite & de grand credit, & qui nous a fait voir sous Louis XI. l'ombre de ce grand Genie que Louis XIII. a estimé auecque tant de raison; ce grand Personnage, dis-je, estant venu au camp de la part de son Maistre, fit recommencer le siege auec tant de precaution & de constance, que les habitans ne pouuant receuoir de viures de la campagne, & n'en ayant plus dans la ville, apres auoir mangé les rats & les cuirs, outre les trois cens François qu'ils auoient mis en reserue, ils mangerent encore leurs propres enfans. Aussi ne faut-il pas que des rebelles laissent de posterité apres eux. Ils se destruisent dans eux-mesmes & dans leurs images. Durant le siege on auoit pris quelques Gentilshommes de Perpignan, qui pour éuiter la mort auoient promis de moyenner la réddition de la ville, mais leur dessein ne reüssit pas, soit qu'il fust mal concerté, soit pource qu'il ne faloit pas qu'vne ville qui auoit trahy Louis fust prise par trahison. La perfidie agit dans l'Espagne, & la generosité dans la France. Enfin l'Arragonois voyant qu'il ne sçauroit secourir la place fit semblant d'auoir tousiours voulu la rendre. Le Cardinal d'Amboise y fit son entrée pour le Roy l'an 1474. ayant fait voir en cette occasion, comme en beaucoup d'autres, que le Royaume tres-Chrestien ne sçauroit mieux estre gouuerné que par les conseils d'vn grand Prince de l'Eglise. Vn Estat estably de Dieu mesme doit estre conserué par vn de ses Ministres.

Par le Traicté qui fut fait en suitte de cette prise, toute la Comté de Roussillon demeura paisiblement entre les mains des François iusques aux guerres d'Italie, que Charles VIII. entreprit apres la mort de son pere. Ce fut lors que Perpignan fut rendu à l'Arragonois, ou par vn scrupule mal fondé, ou par le dessein d'vne Prudence Politique qui donne peu pour auoir beaucoup. Quelques vns disent qu'vn Moine, nommé Frere Oliuier Maillard, grand Predicateur de ce temps-là, persuada à Charles qu'il faloit rendre par deuotion ce qu'il auoit pris pour recompense de son argent, & repris par force. Mais quelle apparence y a-t'il qu'vn Religieux gouuernast si fort le Roy, pres du Cardinal d'Amboise, & que toute vne Cour postposast l'interest de la Couronne à vne bigotterie dangereuse? La pieté ne nous apprend pas à augméter la puissance d'vn perfide. Pour moy i'estime auec plus de vray-semblance, que le Cardinal d'Amboise voulant disposer son Maistre aux augustes conquestes qu'il fit depuis en Italie, luy fit quitter Perpignan pour prendre Naples auec plus de seureté. En effet l'Arragonois pouuant le troubler dans l'Italie il le faloit arrester, ou par la force, ou par l'interest dans l'Espagne. Dans cette vision Charles ceda les droicts que son argent luy donnoit sur la Côté de Roussillon, à la charge que le Roy d'Arragon & ses successeurs seroiét tousiours fideles à la Couronne de France, & qu'il n'en seroit point troublé dans le Royaume de Naples. Il n'y a point de doute que si l'Arragonois eust tenu cette parole, il eust pû tenir Perpignan en seureté: mais son infidelité enuers la France, aussi bien que celle de ses successeurs, a merité de perdre non seulement le Roussillon, mais encore toute ses autres Prouinces. Ne sont-ce pas eux qui au lieu de garder leur promesse à Charles, furent les premiers à le trauerser, & qui du temps de ce grand Capitaine voulurent partager auec nous vn Royaume qui nous appartenoit tout entier ? Ne sont-ce pas eux qui ne se contenterent pas de nous troubler dans l'Italie, mais qui nous en firent sortir ? Ne sont-ce pas eux qui depuis ont attaqué cet Estat par le dedans & par le dehors, & qui ces années passées ayant osé entamer la France, nous ont obligé d'aller reprendre legitimement sur eux, ce qu'ils n'auoient pris que dans l'injustice. LOVIS XIII. n'est pas le premier, qui veut rentrer dans ses droicts pour le Roussillon; François premier du nom fit tous ses efforts pour s'en rendre maistre, lors qu'il assiegea Perpignan auec quarāte mille hommes ; En effect l'an mil cinq cens quarante-deux voulant tirer raison du tort que luy auoit fait l'Empereur Charles V. il se resolut de prendre la Comté de Roussillon, & y ennoya le Daufin auec vne puiſſanre armée, cependant que le Duc de Guiſe en cõduiſoit vne autre vers le Luxembourg. Le Daufin bloqua Perpignan qu'il croyoit ſurprendre, mais il s'y trouua ſurpris. Car l'Eſpagnol ayant laiſſé dedans tout le canon qui auoit eſté mené de la conqueſte d'Alger, & ayant ietté dans la ville huict mille hommes de renfort, la garniſon fit vne ſortie ſi furieuſe, qu'apres auoir encloüé noſtre canon, elle emmena pluſieurs de nos pieces dans Perpignan. Cette diſgrace iointe aux incommoditez de la ſaiſon fit leuer le ſiege : & bien que le deſſein de François ne reüſſit pas, la fortune ne ſembla luy refuſer la gloire de ce triomfe qu'afin de la donner à LOVIS LE IVSTE. C'eſt luy qui n'ayant pas moins de vaillance que François, a plus de felicité que l'autre n'eut de malheur. C'eſt luy qui peut aller maintenant prendre à Madrid ce que les Eſpagnols prirent à Pauie. Auſſi eſt-il conſeillé par vn homme qui ſemble faire les euenemens comme il les veut, & qui par ſa prudence gagne tous les auantages que l'imprudence des autres Ministres auoit laissé prendre au Conseil d'Espagne.

Mais apres auoir parlé de l'Antiquité, descendons à nostre siecle, puis qu'il surpasse la gloire de tous les autres. Il est vray qu'on ne doit pas discourir long-temps de ce que tout le monde a veu, & les triomphes du feu Roy nous permettant bien de les admirer ne nous permettent pas de les décrire. L'Eloquence est temeraire toutes les fois qu'elle pense s'employer dignement sur vn si digne sujet. Apres l'Ocean dompté, apres les Alpes abbatuës, qui pourroit representer icy les Pyrenées humiliez par la prise d'vne place, qui nous les assuiettit d'vne mer à l'autre? Puis donc que ie parle d'vne matiere ineffable, ie me contenteray de dire vn mot de l'ordre du siege & de l'importance de son succez. Quant au premier on ne peut assez estimer la Prudence des Ministres qui luy ont fait attendre long-temps à faire attaquer vne place qu'on croyoit deuoir apparemment estre attaquée la premiere apres la reduction des Catalans sous l'obeyssance du Roy. C'est qu'on vouloit endormir les Castillans, & les asseurer de la conseruation d'vne ville qu'on leur alloit faire rendre. Enfin ce Conseil qui s'appelle Eternel, quoy que de nostre temps il ait fait tant de fautes en la personne du Comte Duc, ne pourra iamais se lauer de la honte qu'il a d'auoir si mal muny vne place d'où dépendoit la conseruation de toute l'Espagne, & d'auoir laissé prendre en cinq mois vne forteresse capable de resister plus de cinq années. Quel opprobre pour la Castille de songer à passer le temps à Madrid cependant que de pauures Espagnols perissent dans Perpignan faute de pain ? Quelle foiblesse de ne point tenter vn secours pour vne forteresse dont la prise est vn presage de celle de toute l'Espagne, & de laisser faire vne prompte capitulation à ces fameux soldats qui disent que les Castillans n'en signent iamais que dans le Ciel ? Il est vray que si quelque chose peut excuser le défaut de preuoyance du Comte Duc, c'est la vigilance de nos Chefs qui a fait passer la Politique

tique de l'Espagne, & de l'Italie dans la France. Ce fut ce grand homme qui pour épargner nos soldats, a insensiblement affamé Perpignan durant deux ans qu'il feignoit de l'espargner. Ce fut luy qui fit attaquer Collioure durant l'Hyuer pour prendre durant l'Esté tout le Roussillō, & qui a bouché la mer à l'ennemy apres luy auoir fermé toutes les aduenuës de la terre. Ce fut luy encor qui porta le Roy son maistre a souffrir les iniures d'vne saison incōmode pour agir plus efficacement en ce siege, & encourager son armée par son exemple à mesme temps qu'il épouuantoit ses ennemis. Ce fut luy qui conseilla à sa Majesté d'employer en cette occasion des Generaux qui semblēt conter leurs victoires par iournées; vn Mareschal de Brezé qui à la bataille d'Auein fit voir ce que l'Espagne deuoit attendre à Barcelonne; vn Mareschal de Schombert qui dans le secours de Leucate sembla donner vn prognostique de la prise de Perpignan; vn Mareschal de la Melleraye qui a continué dans l'Espagne les victoires qu'il auoit commencées dans la Flandre; vn Mareschal de la Mothe Hourdancourt, qui ayant souuent batu l'Espagnol auant que d'auoir le Baston, ne peut manquer de le vaincre maintenant qu'il faut que sa vaillance respondre à la grandeur de sa charge.

Mais l'importance de la prise de Perpignan n'est pas moins considerable que son succez. Car qu'est-ce que Perpignan ne donne point à cette Couronne, & qu'est-ce qu'il ne luy promet point ? Premierement il asseure le Languedoc, & fait que Narbonne & Leucate qu'on estimoit tant autrefois ne passent plus que pour des forteresses inutiles à vn Estat, qui a de plus fortes Colonies chez l'ennemy. Il rend le Roy Maistre d'vne Comté limitrofe de la France, grande en son estenduë, fertile en toutes ses parties, & qui a esté nommée des Historiens la moëlle & le bras de l'Espagne. Et si Salces à tenu quelques iours ce n'estoit que pource qu'il apprehendoit d'estre razé apres auoir esté pris comme vn fort surnumeraire, & il ne faut pas s'estonner de voir durer vn peu ce qui ne doit plus durer. Au reste la Catalogne, que nous regardions auparauant comme vne conqueste difficile à conseruer, touche maintenant nos autres Prouinces. Nous auons le passage libre pour la secourir, il n'y a plus de canons qui ne s'entendent auec les nostres, & les Pyrenées que Perpignan nous rendoit formidables nous seruent maintenant d'vn bon rempart. Mais nous n'auons pas seulement le moyen de conseruer ce qui est à nous, mais encor de despoüiller entierement le Castillan. Seuille & Sarragosse ne sont pas asseurées apres la prise de Perpignan; la foiblesse ne sçauroit estre forte, où la force est foible. Nous pouuons maintenant voir la verité du Prouerbe qui dit, qu'il n'y a point de Chasteaux en Espagne, & par consequent il n'y a rien qui nous puisse resister. L'Arragon & l'Andalousie songent à changer de maistre pour nous appaiser, la Castille ne sçait si elle meritera d'estre prise à discretion par les François; Pampelune appelle son Roy de l'autre costé des Pyrenées; au reste ie voy Milan & Naples qui pour éuiter la famine de Perpignan nous prient de les pouruoir. Le Cœur de l'Espagne estant malade, ses extremitez ne sont pas saines. Le chef estant abbatu tout le corps tombe. Ie repasse dans le Languedoc.

LES RIVIERES DES COSTES DV LANGVEDOC.

III.

NOS Princes n'ont iamais paru plus glorieux que dans les plaines du Languedoc, couuerts du sang des ennemis de la Religion; & iamais les vaisseaux du Leuant n'ont abordé à nos costes plus riches & plus illustres que sous la conduite de ces religieux Conquerans, qui chargez des despouilles de l'Infidelité, sont venus replanter leurs lauriers & leurs palmes sur ces riuages, où il semble que la Nature ait fait tous ses efforts de communiquer ses liberalitez auec profusion à vn peuple aussi noble pour son antiquité, que celebre pour ses belles actions. Aussi ne dois-je point me fascher, si le cours des riuieres me remene pour vne deuxiesme fois dans vne Prouince, qui se peut mieux vanter que l'illustre Corinthe des Grecs, d'estre entourée de deux mers, & d'auoir ses costez flanquez de deux remparts liquides : & si ie suis obligé de visiter vne terre où tous les voyageurs voudroient estre habitans, tant elle est riche & diuertissante. Voicy par ordre ses riuieres qui se iettent dans la Mediterranée.

L'AVDE.

L'Avde, R. LE Rhosne qui coule au milieu des Costes de Prouence & de Languedoc, regarde toutes les autres riuieres qui se vont rendre dans la mer à ses costez, comme vn Prince ses Suiuans. La plus considerable de celles qui viennent du Languedoc est l'Aude, Atax chez les Latins. Elle descend des montagnes du Sault pres de la Catalogne, passe à Angles, Puech-Valadon, Querigut, Mijanés & Sou au pays de Donnefan, à Axat, Balbianas, Quilhan, Couifa, Alet, Limous, Coffolens, Carcaffonne, Tribez, Marfeillete, Pechairic, & trauerfe Narbonne par vn canal que ceux du pays nomment Robine, fait à la main depuis Salleles iufques à la mer. Le vray Aude paffe à Courfan, & fe iette dans l'eftāg de Vaudres au pas du Loup, le canal de Narbonne va dans l'eftang de Bages, ou de Periac à la Nouuelle. Son cours forme comme vn angle droict, tirant depuis fa fource iufques au deffous de Carcaffonne du Midy vers le Nort, & de là iufques à fon embboucheure du Couchant au Leuant. Il reçoit la *Bolſone* qui paſſe à Caudies & à S. Paul de Fenoulledes dans le Diocefe d'Alet. L'*Hicie* chargée du *Frefqueil*, qui vient de S. Papoul, paffe à Ville-pinte, à Alfonne, & pres de Carcaffonne fe perd dans l'Aude. *Argentdouble* arrouffe Caunes, Rieux & Liran. *Ceffe* motïille Cabefac & Bifan. *Orbieu* coule le long de Graffe, & fe ioint au *Taur* pres de Luzignan, & tous fe viennent rendre dans l'Aude,

Bolfone, r.
Hicie, r.
Frefqueil r.
Argentdouble, r.
Ceffe, r.
Orbieu, r
Taur, r.

f iiij

qui les porte à la mer. L'estang de Vandres prend son nom de la ville de Vandres, que les anciens appelloient *Portus Veneris*, à cause d'vn ancien Temple consacré à la Deesse Venus sur le bord de l'estang.

ALET. ALET, *Electum*, est vne ville renfermée dans la Comté de Razés ornée d'vn Euesché, qui estoit autrefois à Limoux, ces changemés de Sieges s'estans faits ailleurs assez souuent pour la commodité des peuples, & à cause que les anciennes villes estant ruinées par la fureur des guerres, ou exposées aux courses des Barbares, il faloit pouruoir à la seureté des Eglises & à l'honneur des Autels.

LIMOVX. Pour LIMOVX, qui est vne autre ville agreable sur les riuages de l'Aude, si elle a esté priuée de la presence de son Euesque, elle a esté considerée des Princes comme vn des principaux Sieges Royaux de la contrée, & auantagée des faueurs de la Nature, qui luy a fait sourdre de belles sources d'eau au pied de la montagne, & luy a preparé des bains salutaires pour la santé des malades, comme on en void de semblables à Montferrand, à Rennes, à Donnesan, & en quelques autres lieux de la frontiere. Car les mines d'alum, de vitriol, de soufre, & mesme des metaux estans assez frequentes dans les Pyrenées, tesmoin ce qu'en rapporte Diodore de Sicile, que le feu s'estant pris dans les forests qui sont sur ces montagnes par l'imprudence des pasteurs, consuma iusques aux racines des arbres, & s'attacha mesme aux pierres auec tant d'opiniastreté qu'il fit fondre l'argent dans les mines, qu'on voyoit couler le long des rochers comme des ruisseaux de fontaines, en telle abondance, que les Phœniciens qui vinrent recueillir les restes d'vn si pretieux incendie, en ayant chargé leurs vaisseaux, osterent le plomb de leurs ancres & y mirent des lingots d'argent: & d'ailleurs les sources d'eau qui tombent de tous costez de ces mesmes montagnes, comme vne cheuelure blanche de la teste du monde, passans par ces mines, en tirent vne vertu secrette qui est profitable aux malades.

CARCASSONNE est vne ville fort *Carcassonne.*

ancienne des Tectosages, diuisee en deux parties, Ville & Cité, qui sont separées par des murailles, par la police de chaque Communauté qui a ses loix differentes, son ressort & ses coustumes, & par la riuiere d'Aude auec vn beau pont de pierre & des fauxbourgs aux deux costez. La Ville est en bas le long de la riuiere, bien bastie, les ruës fort droites, auec vne place quarrée, du milieu de laquelle on void les quatre portes de la ville reuestuës de bastions, & entourée de fortes murailles, comme estant vne place d'importance à cause de la frontiere. La Cité qui est esleuée sur la colline, domine la ville, & se tient asseurée contre les entreprises de ses voisins, estant entourée d'vne double muraille, auec fossez à fonds de cuue, & soustenuë d'vn fort chasteau, qui a son Gouuerneur pour le Roy & vne garnison, auec des Archiues publics pour la garde des titres non seulement de la ville & de la Seneschaussée, mais encore de plusieurs endroits du Royaume, où l'on void des Actes tres-anciens, & d'vne escriture bien differente de la nostre sur des escorces d'arbres, sur du linge & sur d'autres matieres ; comme aussi toutes sortes de vieilles armes, harnois & machines de guerre, qui tesmoignent combien cette place estoit importante à nos Princes, qui l'auoiēt choisie pour le rempart de leurs frontieres, & pour le thresor des biens & de la gloire de leur Noblesse. L'Euesque y fait sa residence, auec la iustice du Seneschal & le Siege Presidial ; vn Preuost, vn Connestable & vn Viguier.

NARBONNE, nommée par les Romains *Narbo Martius*, paroist sur les extremitez du Languedoc & de la Catalogne, où la riuiere d'Aude se iette dans la mer du Leuant, comme vn Astre dans vn beau Ciel; placée dans vn pays riche & abondant en toutes sortes de commoditez, bastie dans vn vallon par vn ancien Roy des Gaules Narbon, ou Harbon, comme pense le vulgaire, qui luy ayant donné des murailles & des citoyens voulut aussi luy donner son nom : ou comme veulent les autres fondée par les Aracins, qui habitoient le long de la riuiere Narbo,

NARBONNE.

c'est auiourd'huy l'Aude, qui diuise toute la contrée de l'Espagne & des Monts Pyrenées. Cette Prouince ayāt esté reduite sous l'Empire Romain, apres auoir donné des preuues signalees de son courage, obligea les vainqueurs d'honorer ses vertus & d'auancer sa fortune, qui firent de Narbonne la premiere Colonie de leurs soldats, le boulcuart de leur Empire, & le soustien de leurs conquestes contre les forces des Barbares. Et dautant que Martius fut le conducteur de ces genereux Auanturiers, qui sortirent de l'Italie pour venir peupler cette ville, on luy donna le surnom de Martius, qu'elle meritoit bien par d'autres titres, ayant esté le theatre de Mars, où la Gaule parut aussi courageuse en ses propres deffaites, que Rome fut heureuse en ses victoires.

Iules Cesar & Lucius Crassus la repeuplerent encore en plus grand nombre, & la rendirent semblable aux premieres villes de l'Italie en ses droits & priuileges : & les Proconsuls qui depuis y firent leur résidence pour le gouuernement de cet Estat, l'embellirent de plusieurs ornemens, comme d'vn Capitole, d'vn Amphiteatre, d'Escholes municipales, de bains, d'acqueducs, & d'autres semblables marques de la majesté Romaine. Car on peut dire auec verité que l'Empire ne pouuant plus contenir la magnificence de sa gloire, ny la grandeur de ses tresors dans l'enceinte de sept collines; Rome departit aux Prouinces subiuguées sa pompe & son esclat, auec ses loix & ses coustumes, afin que comme elle n'estoit qu'vne despoüille de l'Vniuers, aussi l'Vniuers ne fut qu'vne estenduë & communication de la ville de Rome. Ce qui se fit tant par le seiour des Empereurs, que par le departement des Proconsuls, qui firent rouler l'opulence Romaine auec les jeux & les spectacles dans les Prouinces, & particulierement en la Narbonoise. Aussi les Citoyens de Narbone voulant signaler leur affection, & tesmoigner leur reconnoissance enuers l'Empire, consacrerent vn Autel à la majesté d'Auguste, apres que la superstition des peuples & la flatterie des Courtisans l'eut esleué où sa vertu n'auoit pû le porter, & grauerent leur vœu sur vne table de marbre, qui se peut encore voir pres de l'Archeuesché.

Il y en a qui pensent que Paulus Sergius le Proconsul ayant esté conuerty par S. Paul, & enuoyé de Chypre aux Gaules, sous l'Empire de Clodius, en fut le premier Euesque, & que comme la grace par vne admirable condescendance s'accommode aux humeurs & aux mouuemens de la Nature pour la perfection des vertus, ainsi Narbone qui estoit la Capitale de toute cette contrée pour l'Estat temporel de Cesar fut erigée en Metropolitaine de l'Estat spirituel de Dieu. Ils adioustent que ce grand Apostre des Nations pour imiter les Empereurs qui empruntoient leurs plus glorieux titres des Prouinces conquises, changea le nom de Saul en celuy de Paul, apres qu'il eut gaigné l'esprit de ce Romain par les armes de la parole, & qu'il l'eut assujetty sous le ioug de la foy.

On peut dire que si elle a esté le sujet des affections Romaines, elle a aussi esté le theatre des changemens de la Fortune, qui luy a fait receuoir autant de disgraces, que l'Empire luy auoit fait ressentir de faueurs. Elle fut presque reduite en cendres par vn estrange embrasement sous l'Empire d'Antonin Pie, au mesme temps que Rome pensa aussi estre bruslée; comme s'il y eust eu la mesme sympathie entre ces deux villes, que celle qui se remarque quelquefois entre deux freres jumeaux, dont l'vn n'est iamais attaqué d'aucun symptome, que l'autre n'y participe par vne secrette transfusion inconnuë aux Philosophes & aux Medecins. Les Goths l'assiegerent, la prirent & la saccagerent du regne de Theodoric: les Huns suruenans là dessus comme des foudres embrasées apres les vents & les orages la bruslerent, & enseuelirent dans ses ruines vne bonne partie des ornemens, où les Goths, bien qu'ennemis de la gloire & du nom des Romains, n'auoient osé toucher par veneration. Les Sarrasins s'en estans emparez, Charles-Martel passa le Rhosne auec son armee pour les chasser : & bien qu'il fust tres soigneux de faire obseruer la discipline à ses soldats, il ne pût neantmoins empescher qu'ils ne laissassent par tout des marques de leur insolence & de leur rage. Et l'an mil deux cens dix-huict Raymond Comte de Tholose fit abbatre les murailles de cette belle ville & combler les fossez, en haine de ce que Simon Comte de Montfort en auoit esté pourueu par l'authorité du Concile de Latran pour recompense des illustres seruices qu'il auoit rendus à l'Eglise & à la Religion de ses peres contre les heretiques Albigeois, qui s'estoient esleuez dans cette Prouince, & qui commençoient à s'espandre auec trop de succez.

Neantmoins nonobstant tant de ruines, elle a tousiours maintenu son esclat; & comme on connoist les grands corps par leurs ombres, on peut iuger de ce qu'elle a esté par ce qu'elle est, & mesurer tout le corps du Colosse par vne de ses parties. Comme elle seruoit de rempart & de defense à l'Empire des Romains, elle est encore à present vn bouleuart asseuré du Royaume de France contre les attaques de l'Espagnol,

pagnol, qui a esté bien fortifiée depuis ces dernieres guerres, qu'elle est plus capable de donner de la crainte à ses voisins, que d'en prendre. Ses remparts sont assez hauts, ses fossez profonds, la chemise des remparts bien bastie & contreminée; les remparts garnis de cinq bastions & de cinq bonnes tours, auec cinq demies-lunes, & deux cornes auec leurs demybastions. Ce qu'elle a de plus beau en ses bastimens, sont l'Eglise de S. Iust, autant forte qu'elle est superbe, auec son clocher de quatre cens degrez; ses orgues d'vn excellent artifice appuyez sur deux murailles, lesquels n'ont besoin que d'vn soufflet: la peinture du Lazare resuscité par nostre Seigneur, comme on y peut voir, comme vn chef-d'œuure, de mesme que les representations du dernier jugement & du Purgatoire.

Le tombeau de Philippes surnommé le Hardy, fils de S. Louis, qui mourut à Perpignan, dont les entrailles furent portées dans le chœur de cette Eglise, nous prouue l'inconstance de la Fortune, qui se plaist à changer des theatres de gloire en des sepulchres de mort, & planter d'vne main des Cyprez au mesme lieu où elle auoit vn peu auparauant planté de l'autre des palmes pour vn Conquerant. On auoit veu dans Narbonne Philippes accompagné de sa Noblesse, & suiuy d'vne armée de vingt mille hommes d'armes, & de quatre vingts mille hommes de pied, sans compter six-vingts galeres, & plusieurs gros vaisseaux, qui tenoient la mer, capables de subjuguer toute l'Europe ; & peu de jours apres le mesme Roy fut porté mort à Narbone, vne fiévre continuë ayant bruslé tous les lauriers qu'il auoit moissonnez à pleines mains dans l'Arragon, & de cette grande multitude de guerriers, les incommoditez des chemins, la rigueur des saisons, les courses des montagnars, & la violence des maladies, n'en laisserent qu'vn petit nombre pour accompagner le conuoy de ce Prince, & deplorer le malheur de son sort.

Le Palais ancien qui fut habité par les Rois Visigots, & donné aux Archeuesques par les Rois de France, fut abbatu il y a deux cens ans, ou enuiron, & celuy que les Prelats occupent auiourd'huy, basty depuis quelques années, est magnifique, son seul degré vaut plus qu'vn des plus beaux ouurages décrits & loüez par Vitruue. Cette prodigieuse anchre de fer supenduë à vne voûte sert d'vn titre à l'Archeuesque, qui pretend estre l'Intendant de la coste, & l'Admiral des mers, qui bornent la France de ce costé-là. Mais nonobstant vne piece si considerable, ses pretensions sont assez mal fondées, & si tous les Seigneurs particuliers qui contestent les mesmes droicts, & qui prennent la qualité d'Admiraux sur leurs costes, aussi bien que luy, estoient mis en possession de leurs demandes, on pourroit bien dire alors que la France seroit partagée; la terre au Roy, & la mer aux subjets. Ie ne veux pas neantmois nier, & ie ferois vne injustice de plaider pour le contraire, que l'Admirauté de quelques costes particulieres ne soit du patrimoine ancien de plusieurs Gentils-hommes, qui ayans fidelement seruy l'Estat sur la terre &

sur l'eau, ont merité d'en conseruer les marques pour leur posterité sur les deux Elemens. L'Illustre Maison de la Tremoille est en possession de ce droict depuis plusieurs années ; que leurs Officiers connoissent des affaires de la Marine ; que les vents & les tempestes leur font recueillir les restes des naufrages ; que les vaisseaux leur sont tributaires ; que les phares esleuez sur leurs ports pour la cõduite des nautonniers font connoistre aux estrãgers la grandeur de leur nom à la faueur de ces lumieres ; & que l'Ocean mesme leur fait present de ses poissons & de son sel.

Outre ces bastimens dont i'ay parlé, Narbone a eu de plus vn Amphitheatre & vn Capitole, dont on void encore les vestiges pres la porte du Roy, que ceux du pays appellent Capdueil : elle a eu aussi ses bains & ses aqueducs. Vn canal, qu'on nomme Robine en langage de ces cartiers, tiré de la riuiere d'Aude, diuise la ville en deux, le Bourg & la Cité, qui se ioignent par vn pont dressé dessus, & couuert de maisons de part & d'autre.

La Cité est du costé de Beziers, l'on y entre par la porte du Roy; & dans le Bourg par la porte du Connestable, qui sont les deux seules portes qu'il y ait à Narbone. L'air n'en est pas beaucoup sain, à cause qu'elle est en assiette fort basse, & auoisinée de plusieurs estangs qui iettent des vapeurs grossieres & chargeantes, dont les habitans sont incommodez par vne corruption d'humeurs, & par vne espece d'abscez qu'elles engendrēt assez souuent, semblables à ces charbons contagieux. Tesmoin le bras du defunt Cardinal de Richelieu, qui fut attaqué de ce mal apres qu'il eut lancé les foudres de son Prince sur la teste des ennemis de cet Estat, & planté les Fleurs-de-Lys sur toutes les terres de l'Europe; & pour terminer glorieusement sa vie, comme vn fidele Ministre, au lieu où il sembloit que la Nature eust posé les premieres bornes de la France, apres qu'il eut veu arborer les estendarts de son Maistre sur les murailles de Perpignan, la Capitale de la Comté de Roussillon, qui n'est qu'a trois lieuës de Narbone, & où nous irons maintenant en seureté visiter les trauaux, & compter les victoires d'vn Monarque, qui seul a pû conquerir en joüant vne Prouince que ses predecesseurs n'auoient iamais pû gaigner en combatant.

Il y auoit autrefois vn pont pres de Narbonne d'vne lieuë de longueur pour passer les estangs qui se trouuent sur le chemin de Beziers, lequel aboutissoit aux bords de l'estang de Capestang : on nomme encore les vestiges qui restent, le Pontforme. C'estoit vn ouurage des Romains, de mesme qu'vn autre grād pont, composé de plusieurs arcs de pierre, qui trauersoit le mesme estang, & a esté couuert & enseuely par les sablons : en quoy certainement ces illustres Politiques estoient fort loüables d'obliger ainsi les Prouinces conquises par leurs ouurages, & d'attacher à leur seruice les peuples par leur magnificence, tousiours profitable ou agreable, qui sont les deux plus fortes chaisnes pour lier les cœurs des hommes, le profit & le plaisir, l'vn pour les commoditez de la vie ; & l'autre pour l'vsage des sens.

DE FRANCE. 295

Ie ne dis rien du grand eſtang de Bages, qui eſt au delà de Narbone, où ſe va rendre la *Berre*, petit ruiſſeau qui coule des montagnes, & paſſe à Sijan; ny du grand eſtang de Leucate, qui eſt touſiours peſtilentieux en Eſté, auec Leucate place & chaſteau de garde entre la mer & l'eſtang ſur la frontiere, Fitou autre place ſur la frontiere, Bages ſur l'eſtang qui porte ſon nom, Luſignan petite ville ſur le Taur; car il faut s'auancer & prendre l'Orb. *Berre, r.*

ORB.

L'ORB eſt vne petite riuiere qui coule des Ceuenes, paſſe pres de Bedarricus petite ville renfermée de deux riuieres, à ſçauoir de l'*Orb* & du *Vicouſſan*, qui va ſe ioindre à l'autre. De là elle ſe pouſſe vers la Volte, où elle prend la *Iau*, qui luy vient de S. Pons, & plus bas la *Verneſobre*, qui coule de Chignan. Elle gaigne Beziers, paſſe ſous le pont de pierre, où le *Liron* ſe vient donner à elle, pour aller en ſa compagnie ſe rendre dans la mer à la Tour de Vatras. BEZIERS eſt vne *Orb, r.* *Vicouſ-ſan, r.* *Iau, r.* *Verneſo-bre, r.* *Liron, v.* BEZIERS;

ville ancienne, la Colonie des soldats Romains de la septiesme Legion, qui luy donnerent son nom, & l'embellirent de plusieurs bastimens, dont on void les ruines, qui font paroistre que c'estoit vn Amphitheatre pour le combat des Gladiateurs & des bestes, le passe-temps ordinaire de ce peuple Martial, qui s'instruisoit dans les Arenes au mestier de la guerre, & s'accoustumoit à respãdre le sang des ennemis en regardant celuy de ses citoyens. L'Eglise de S. Nazaire la Cathedrale est tres-belle, & proportionnée en perfection à l'edifice de l'Euesché, qui a vne veuë tres-agreable sur les campagnes voisines, chargées de fruits, & si fertiles en bleds & en bons vins, que le seiour de la ville d'ailleurs tres-bien bastie, est vn des plus delicieux & des plus charmans de toute la France. Le Diocese confronte à ceux d'Agde, de Lodeue & de Narbone, & touche la mer & le pays de Rouergue. La citadelle a esté demolie depuis quelques années. Les Peres Iesuites y ont vn College magnifique, où ils monstrent dans vne sale vn essay du mestier, qui sont des peintures de perspectiue si bien deguisées qu'elles trompent les plus fins. La representation de deux murailles frappées de la foudre vous font trembler de la crainte d'estre enueloppez en leur ruine si vous en approchez. Vne escritoire, vne teste de mort, vn chandelier, vne croix auec les cloux, sont si bien contretirez, que si la main ne corrigeoit les defauts de la veuë, on iureroit que ce ne sont point des peintures, mais des veritez.

L'ERAVD.

Marchant tousiours le long de la coste, & gaignant vers l'Orient, assez proche de la bouche d'Orb, vous trouuez L'ERAVD, nommé des Latins *Araurasis*, qui prend sa source du Mont-Aigual dans les Ceuenes, passe pres de S. Guithem le Desert, d'Agnane, de Gignac, de Montagnac, de Pesenas; d'où il descend à Castelnau de Guers, passe pres de S. Thubery, à Florensac, & à Agde, & de là se rend en la mer Mediterranée, receuant sur son chemin *Arre*, qui

ERAVD, R.

Arre, ri.

Vis, r.
Buege, r.
Lergue, r
Boine, r.
Peyne, r.
Tongue, r
Soulon-dre, r.
Gourgas, r.
Laurous, r.
Salagou, r.
Marguerite, r.

coule de Vignan, *Vis* du Larsac, *Buege* de S. Iean, *Lergue* de Lodeue, *Boine* de Lezignan, *Peyne* de Pesenas, & *Tongue* de Valeros. La riuiere de *Soulondre*, qui naist à deux bonnes lieuës de Lodeue se ioint auec Lergue au dessous de la ville & chasteau de Monbrun: Les riuieres de *Gourgas*, de *Laurous*, de *Salagou*, & de la *Marguerite* naissent dans le mesme Diocese de Lodeue, & entrent dans Lergue, qui les reçoit toutes, pour les descharger dans l'Eraud. Il ne faut pas douter si vne terre arrousée de tant de viues sources est fertile en toutes sortes de fruits, aussi peux-je bien dire, que c'est la fleur du Languedoc & le plus beau parterre du jardin de la France, vne Arabie heureuse, & vn lieu de delices.

LODEVE.   LODEVE assise sur Lergue, est vne ville sujette aux loix & à l'authorité de son Euesque, qui en est le seul Seigneur; où il a haute Iustice, vne Cour & vne prison rigoureuse, où les creanciers serrent les debiteurs en vertu de ses lettres. Tout le Diocese n'a que quarante-huict parroisses en son enceinte, & le Pasteur a cet aduantage, qu'il peut ayſément veiller à la garde de ſes oüailles ſans les perdre de veuë. La figure & le plan de ſes murailles, conduites en forme de violon, nous repreſente l'harmonie de la Police & de la Religion, de l'vnion de l'authorité temporelle & de la ſpirituelle, qui font vn concert admirable en la perſonne de l'Eueſque, l'image de Dieu, de qui toutes les puiſſances releuent au Ciel & en la terre. Ses maiſons ſemblent pluſtoſt des chaſteaux dans la campagne baſtis pour les diuertiſſemens des Gentils-hommes, que des membres d'vn corps de ville ramaſſez pour l'vſage des bourgeois, puiſque chacune a ſa tour auec ſon pigeonnier, auſſi bien que la Cité de Cariath jonim ſur les montagnes de Paleſtine. Son premier nom, qui fut Luteue, en Latin *Luteua*, fait voir qu'elle participe aux incommoditez de la Capitale de ce Royaume, appellée *Luteria*, à cauſe de la boüe des ruës : mais le nom de Lodeue, qu'elle a receu depuis, eſt vne marque de ſon courage & de ſa pieté, & vn monument de l'amour & des bontez de ſon Prince. Car nous aprenons par l'histoire que le Roy Louis huictiesme ayant deffait les Albigeois, par le secours de sa Noblesse & des Prelats, qui en cette occasion prirent l'espée en main & le casque en teste au lieu de la Mitre & de la Crosse, qui n'auoit pas assez de force pour ramener des ames perduës dans l'Eglise des esleus, voulant reconnoistre les bons seruices que luy auoit rendus l'Euesque & le peuple de Luteue, fit present à l'Euesque du chasteau de Monbrun qu'il auoit pris sur le Comte de Tholose, Chef des Heretiques, & donna son nom à la ville de Luteue, voulant qu'elle fust appellée Lodeue, comme qui diroit la ville de Louis. Et certes les sentimens & la pratique de la foy Chrestienne doiuent estre hereditaires à ce peuple, puis qu'il en a receu les instructions de la bouche de S. Flour Disciple de S. Pierre, qui fut le premier Euesque du pays, comme il en auoit esté le premier Apostre, & qui non content d'auoir gaigné cette Prouince à Dieu, au mesme temps que S. Martial preschoit en Guyenne, S. Vrsicin en Berry, S. Mansuet en Lortaine, s'en alla sur les montagnes d'Auuergne arborer l'estendart de la croix. Aussi est-ce vne remarque assez curieuse, que la ville de S. Flour ayant esté faite Euesché par le Pape Iean XXII. eut pour son premier Euesque vn Abbé de Lodeue, comme elle auoit eu autrefois vn Euesque de Lodeue pour son premier Apostre & pour Patron.

CLERMONT est la maistresse ville assise sur Lergue : les autres lieux sont S. Guilhem dit le Desert, belle & ancienne Abbaye sur l'Eraud; Canet maison plaisante bastie à l'Italienne par le Cardinal de Clermont; Cexias vne autre maison fort accomplie & fort logeable sur la riuiere de Lergue accompagnée de belles fontaines, qui appartient aux heritiers du Mareschal de Themines. Les montagnes qui bornent le Lodesue ont deux fascheux passages, sçauoir le *Pertus*, où l'on void encore auiourd'huy vn ancien Fort basty par les Anglois, & le Pas de l'Escalete, par le moyen desquels la Rouergue communique auec le Languedoc.

AGDE a receu des Latins vn nom, qui exprime heureusement les auantages de son assiette, & les beautez de son terroir. *Agatha*, c'est vne pierre fort pretieuse parmy les Lapidaires, & Agde est vne ville fort ancienne parmy les François, puis qu'elle se vante d'estre vne colonie de ces vieux Marseillois, qui arresterent les armes des Romains par leur courage, & gaignerent leurs esprits par leurs sciences. Elle n'est pas moins renommée dans l'histoire de l'Eglise que de l'Estat, ayant esté le siege d'vn Concile, qui est assez connu sous le nom d'Agathense, par ceux qui font profession de sçauoir le progrez de l'Empire de la Foy. L'Euesque en est Seigneur, & porte le nom de Comte, aussi bien que celuy de Lodeue, liant ainsi la terre auec le Ciel, pour monstrer que toutes les puissances créés procedent d'vn mesme principe, & abboutissent au mesme terme, & que toutes les grandeurs temporelles ne sont qu'vn cercle, qui se ioignét à la grandeur de Dieu. Elle est bastie sur l'Eraud, & son abord est fort aysé par l'embouchure de la riuiere. On y a mesme trouué vn lieu fort propre, où par l'ordre du defunct Roy & du Cardinal de Richelieu Grand Maiſtre & Surintendant de la nauigation & commerce de France, l'on a entrepris de baſtir vn port pres du Cap-d'Agde & de l'Iſle de Breſcou, qui ſera tres-commode, & capable d'vn grand nombre de vaiſſeaux, ſi la muraille qu'on y a commencée peut reſiſter aux flots violents de la mer, pouſſez par les vents Orientaux & Marins, & s'il ſe peut garantir des ſables que les meſmes vents y ietteront: car on le croid aſſeuré des vents Meridionaux par les rochers de Breſcou, & des Occidentaux par les Monts Pyrenées, quoy qu'eſloignez, des Septentrionaux par leur foibleſſe pres du port, & par les collines qui les en couurent.

Les autres lieux du Dioceſe ſont *Pezenas*, ville fort agreable auec ſon chaſteau ſur la ionction des deux riuieres, *Peyne & l'Eraud*. *Marſeillan* petite ville contre l'eſtang du Taur, à l'Eueſque d'Agde: *Meze* petite ville auſſi contre l'eſtang, laquelle appartient au meſme Eueſque: *Florenſac & Vias* deux Baronnies au Duc d'Vzez, qui en a ſeance aux Eſtats de la Prouince, l'vne

PEZENAS.

sur l'Eraud, & l'autre sur le ruisseau de Tongue. *Brescou* petite Isle pres du riuage de la mer auec vn Fort, & Cap de Lete, dont le fort a esté ruiné entre la mer & l'estang, où le Conseil du Roy Henry IV. auoit fait dessein de construire vn port pour la commodité de la mer du Leuant. C'est là qu'on void trois montagnes ou eminences, qui se nomment la Montagne du Loup, le Iardin de Dieu, pource qu'il est tres-abondant en herbes & en fruicts, & le Cap de Sete, qui veut dire Promontoire de la Baleine, dont il represente naifuement la teste, le dos & la queuë. Il y a vn puits sur le Iardin de Dieu, d'où le peuple ne vous laisse pas aysément approcher, de crainte que vous n'excitiez quelques orages, qui s'esleuent auec des foudres & des tonnerres espouuentables dés aussi tost que vous iettez quelques pierres dedans. Il y aussi des Fontaines trompeuses, dont l'eau se conuertit en vne espece de pierres blanches & transparentes, qui peuuent passer aux yeux & à la main pour du sucre candy. On void encore sur cette coste, en vn bourg nom-

nommé *Peru*, vne fontaine miraculeuse qui rend la santé aux malades, cause la maladie aux hommes sains, & la mort aux bestes qui en boiuent. Touchant ce que i'ay dit du Cap de Cete, & de sa figure, c'est vne obseruation des Modernes, qui en cela se sont departis de l'authorité des Anciens, & de leur escriture. Car Ptoleméé á nommé ce Promontoire *Setion*, qui n'a point de rapport auec le nom d'vne Baleine; Strabon l'appelle *Segion*, & Mela en fait mention sous le mot de *Mons-Sigæus*; d'où a pris son nom le lieu qui est au pied, nommé Bousiges ; & de l'estang qui est ioignant, appellé l'estang de Tau, c'est à dire l'estang de Beuf.

Auant que de quitter l'Eraud, pour suiure les autres riuieres du Languedoc qui vont se ietter dans l'estang de Perots, il sera bon de visiter l'Eglise de Nostre Dame, dite du Crau, qui est fort frequentée par la deuotion de tous les lieux voisins, bastie dans l'eau à l'emboucheure de l'Eraud, & desseruie par vn Conuent de Capucins.

PALHAS.

PALAS, R.

PALHAS n'a pas grand cours ; il passe pres de Loupian, & se iette dans l'estang de Perots à costé de la ville de Frontignan, où se cueillent les bons vins muscats. L'*Amausson*, qui naist au dessus de Grabels au Diocese de Montpellier, & passe au pont de l'Amausson, se perd dans le mesme estang.

Amausson, r.

LE LEZ.

LEZ, R.

LE LEZ, que les Latins nomment *Ledum*, a sa source en la Val de Montferrand, passe à Bades sous Mõtferrier, à Castelnau, & pres de Montpellier sous le pont Iuneuau, & entre en l'estang à Lates, apres auoir receu l'*Arrieyre* ou *Merdanson*, petit ruisseau qui passe contre Montpellier. Cette ville assise sur le sommet d'vne montagne, penchant sur le Couchant, & ioignant la riuiere de Lez, qu'on passe au pont de Iuneuau, comme ie viens de dire, donne beaucoup d'exercice aux

Arrieyre r.
MONTPELLIER.

hommes doctes en la recherche de sa fondation, les vns la prenans pour *Agatha*, dont Pline fait vne honorable mention, & qui a esté depuis nommée *Agathopolis*, comme qui diroit la ville des gens de bien, ou la ville abondante en biens & en commoditez: les autres estimans qu'elle est beaucoup plus moderne, & qu'elle a tiré son nom de Montpellier du lieu de son assiette, que les Latins appelloient *Montem Pelium*, ou plustost des filles qui s'y font remarquer par leur gentillesse & bonne grace, d'où vient qu'elle est nommée *Mons Puellarum*. En effet elle n'est point ville ancienne, & quoy qu'ayent esté les villes de Maguelonne & de Sustantion, où les Euesques de ce Diocese auoient autrefois leur Siege, & leurs tombeaux qu'on void encore auiourd'huy dans l'Eglise posée entre la mer & l'estang de Lates, qui rend ce cartier asseuré contre les pirates, dans vne Isle, qui auoit vn port nommé Sarrazin, ils n'y furent iamais si bien ny si honorablement qu'à Montpellier, où ils sont depuis long temps. Elle est tres-agreable & bien situee, distante de la mer d'vne lieuë ou enuiron, d'vne iuste grandeur, superbement bastie, & enceinte de fortes murailles : & d'autant qu'elle est fort diuertissante, que le Ciel y est serain & temperé, la terre fertile en toute sorte de fruicts ; & que d'ailleurs les Simples y viennent plus heureusement qu'en tout autre lieu du Royaume, les Medecins l'ont choisie pour la premiere Eschole de leur Faculté. L'Vniuersité est dés l'an 1220. fondée par le Pape Alexandre IV. Charles le Bel y establit la Faculté des loix : le Pape Vrbain V. natif de Mande en Languedoc y adiousta vn College particulier dependant de l'Vniuersité, laquelle receut vn merueilleux accroissement des Sarrasins, qui estans presque tous Arabes & disciples d'Auicenne, d'Auerroes, & de ces autres fameux Medecins de l'Afrique, luy communiquerẽt beaucoup de secrets, qu'ils auoient receu de leurs maistres, dont la reputation attira les estrangers, qui s'y plaisent encore pour les grands auantages qu'ils en retirent à la perfection de leurs estudes. Les Professeurs sont des personnes consommées en le-

lecture des liures & en la prattique des maladies. Les Escholiers y ont leurs exercices & leurs disputes ordinaires dãs l'Auditoire & sur le Theatre Anatomique. Les Degrez de Medecine distinguez en Bacheliers, Licentiez & Docteurs, y sont donnez auec solennité au merite des Pretendans. Le Iardin Royal est hors de la ville contre les murailles, où l'on peut voir au naturel, ce qu'on ne void ailleurs qu'en peinture, sçauoir plus de douze mille sortes de Simples, chacune en son petit quarré auec son escriteau pour l'instruction des ignorans; les plantes qui ne viennent qu'à l'ombre dans les forests, dans les marests, ou sur le bord des eaux; les autres qui demandent l'air & le Soleil, & qui ne se trouuent que sur les montagnes & parmy les rochers: d'autres qu'on cueille dans les buissons, qu'on foule aux pieds sur les chemins, & qu'on cultiue dans les vergers, les venimeuses, les odorantes, les purgatiues, les restringentes, de toutes les façons & qualitez qui peuuent seruir à cette partie de la Medecine qu'on nomme Botanique.

Le Palais où s'assemblent la Cour des Comptes, & la Cour Presidiale, estant vne fois acheué, sera vn des beaux ornemens de la ville. La citadelle bastie depuis les dernieres guerres est fort reguliere, & si elle estoit moins vaste, ses quatre bastions, deux au dedans & deux au dehors de la ville, la mettroient en defense contre vne puissante armée. Les Tresoriers Generaux ont leur Bureau dans vne belle maison, qu'on dit auoir esté bastie par Iacques Cœur, Argentier de Charles VII. vn des plus riches Marchands de l'Europe, qui descouurit les Terres-neuues, ouurit le commerce auec les Turcs, entretint des correspondances auec les estrangers, & estant deuenu prodigieusement riche achepta de belles terres, fit bastir de superbes maisons, & embellit son pays de plusieurs bastimens. Il est vray que cette grãde fortune auoit trop d'esclat pour ne point frapper la veuë des enuieux, qui ne le pouuans ruiner qu'en le rendant coupable, l'accuserent d'auoir des intelligences auec les Infideles au preiudice des Chrestiens, & de leur fournir des armes au mespris des Ordonnances Ecclesiastiques; d'auoir communiqué les conseils de son Maistre aux ennemis de l'Estat; d'auoir mal mesnagé les deniers de sa Majesté, & d'auoir exercé de grandes concussions dans tout le pays du Languedoc. Pour lesquels crimes veritables ou supposez il fut mis en prison par le commandement du Roy, condamné à de grosses amendes, & enfin banny de France à perpetuité.

Les autres curiositez de la ville consistent au blanchissage de la cire, & au trauail du verd de gris, aux poudres de Chypre & de senteur, aux eaux d'Ange, qui se transportent par toute l'Europe dans des vases fort delicats; & en vne voûte du Iardin Royal, où il y a vn echo dans la pointe de deux angles, qui renuoye les paroles de l'vn à l'autre sans estre entenduës au milieu.

Le Diocese de Montpellier confine auec ceux d'Agde, de Lodesue & de Nismes. Les lieux plus proches sont Maguelonne, l'Eglise Cathedrale, & la sepulture des anciens Euesques de

Montpellier: Lates contre l'estang qui en porte le nom, à l'embboucheure du Lez: Castres contre la source du ruisseau de *Berauge*, qui va passer à Fontmagne, & à S. Brets, & se rend en l'estang de Perots. Boisseson pres de la riuiere de *Veriobie*, qui coule sous le pont de Lunel, & se perd aussi dans l'estang. Villeneuue proche de Maguelonne, lieu plus celebre pour auoir donné la naissance & le nom à Arnaud de Villeneuue, grand Philosophe & Medecin, que pour d'autres aduantages. Balaruc renommé pour ses bains, pres de la riuiere de *Vene*, qui se va descharger dans l'estang. Le chasteau de *Salason* arrousé de la riuiere de mesme nom, qui ayant moüillé les murailles de Crez se va perdre auec les autres riuieres dans ces grands estangs, qui seruent de remparts aux costes contre les courses des pyrates.

Berauge, r.
Veriobie, r.
Vene, r.
Salason, r.

LA VIDOVRLE.

Vidovrle, r.
LA VIDOVRLE prend sa source dans les Ceuenes au dessous du chasteau de S. Roman, passe à S. Hip-

polité, à Sauue, ville & Baronnie, à Queſſac, à Maſſilargues, & à Sommieres, & de là ſe iette dans l'eſtang, apres auoir receu la *viſtre*, qui laue les murailles de Niſmes, & arrouſe Bernis; la *Iante*, qui paſſe à Mayrueis, & l'*Arre*, qui moüille le Vigan. *Viſtre, r.*
Iante, r.
Arre, r.

NISMES, la ſeconde Rome des Gaules, a eſté baſtie par vn fils d'Hercule, comme on l'apprend d'vn ancien Geographe, & des deux demy-Bœufs depeints à l'entrée de ſon Amphitheatre, qui furent les Armes de ce dompteur des Tyrans & des Monſtres, peuplée des plus vaillans ſoldats d'Auguſte, lequel ayant conquis l'Egypte, enuoya la fleur de ſon armée en cette belle ville, comme nous en font foy les Medailles de ce valeureux & ſage Prince, qui repreſentent vn Crocodille attaché à vne Palme, auec cette inſcription *Col. Nem. Colonia Nemauſus*, bien que quelques autres y donnent vne explication bien differente, *Colligauit nemo*, qu'il n'y auoit qu'Auguſte, qui euſt pû attacher cet animal aux palmes de la victoire, & aſſuiettir l'Egypte à l'Empire Romain. NISMES,

Cette Colonie fut enrichie & cultiuée par les autres Empereurs, qui en firent à bon droict vne seconde Rome, puis qu'elle a ses sept collines aussi bien que la premiere, comme nous en rendent tesmoignage tant de rares antiquitez & tant de superbes bastimens, tant de ponts, amphitheatres, fontaines, aqueducs, sepulcres, voûtes, canaux, & pauez à la Mosaïque, que la fureur des Goths, quoy qu'ennemis de la gloire Romaine, qui la prirent, & la possederent assez long-temps, ny la rage des Sarrasins qui la saccagerent, ny les flammes d'Attila qui la brusla, ny la iuste colere de Charles-Martel qui la ruina, ny l'impieté des Protestans, qui ont eu plus de veneration pour les ouurages des Empereurs, que pour les Autels de Dieu, ny toutes les injures du temps, de l'air & de la guerre, n'ont pû entierement destruire.

Son Eglise Cathedrale estoit vne des riches pieces du Languedoc auant que les heresies modernes s'en fussent prises aux Temples materiels auec vne fureur egale qu'aux Temples viuans de Dieu, & son paué est encore excellent. Le College est tenu par les Peres Iesuites, & par des Professeurs de la Religion pretenduë, qui forment vne estrange diuersité de membres dans vn mesme corps, & vn prodigieux meslange du mensonge & de la verité. Il me semble encore voir l'Arche de Dieu d'vn costé, & l'idole de Dagon de l'autre dans le mesme Temple; ou la Chapelle de l'Empereur Seuere, qui auoit consacré vn mesme Autel à IESVS-CHRIST le Sauueur des hommes, & à l'enchâteur Apollonius de Thyanée, & rendoit les mesmes honneurs à Orphée qu'à Abraham.

La plus illustre & la plus entiere marque de l'antiquité qu'on y remarque est l'Amphitheatre, qu'on nomme vulgairement les Arenes. Il est de figure ouale contenant quatre cens soixante-dix pas de circuit, & soixante-trois arcades. On y void plusieurs choses curieuses, à sçauoir la Louue qui nourrit Romus & Romulus, les Vautours qui leur apparurent comme les Arbitres de leur fortune, & les Iuges de leurs differents touchant l'Empire. Les pierres dont il est basty sont d'vne grosseur & longueur incroyable, & se souftiennent d'elles-mesmes, sans ciment & sans mortier. Les grottes ont esté comblées de terre, la place des ioustes & des combats resemble à vn bourg remply de maisons, & le champ de Mars qui estoit à l'entrée, a esté conuerty en d'autres vsages.

La Maison quarrée estoit vn Capitole, que ceux du pays nomment Capdueil, qui est effectiuement de forme quarrée, quoy qu'elle soit vn peu plus longue que large, embellie de six colomnes au frontispice, & de dix à chaque costé, couuerte de grandes pierres de taille, où l'on peut se promener en seureté. Les Doctes estiment que c'estoit vne Basilique, ou vn Pretoire pour rendre la Iustice au peuple que l'Empereur Trajan fit faire en faueur de sa femme Plotine. On apperçoit encore l'entrée d'vne voute, qui va de là iusques à Arles, & tout aupres vn Pegase, auec cette inscription, *Procul este prophani*, loin d'icy esprits prophanes, qui n'estes pas susceptibles des belles lettres ny des secrets des Muses : lesquelles y estoient en grande veneration au mesme temps qu'elles florissoient à Marseille. On y void aussi des vieilles statuës, vne entre autres sans teste, qui a deux corps, representant vn Hermaphrodite, vne autre d'vn Baladin vestu à l'antique, vn Geryon à vne teste & à deux corps, le symbole d'vne parfaite amitié, qui ioint les volontez dans vn mesme interest, & regle les mouuemens de plusieurs membres par vn mesme sentiment.

Hors de la ville pres de la Fontaine sont les ruines d'vn vieux Temple de Vesta ou de Diane, auec les niches des Idoles, les cheminées pour faire euaporer la fumée des sacrifices, & la place où les Prestres esgorgeoient les victimes. La Tour-magne, ainsi nommée pour estre beaucoup plus grande que les autres, faite & compassee en forme de niches, basties de petites pierres quarrées, si bien liées qu'il n'est point ouurier qui en puisse abbatre le quart d'vne toise en vn iour, & qui auoit esté esleuée sur la colline pour seruir d'eschauguette. Au bas de cette tour est vne fontaine large comme vn estang, & si profonde, que si quelque animal ou autre chose tombe dedans, c'est vn abysme d'où iamais elle ne reuient. Il s'en forme vn ruisseau qui entre dans la ville par vn trou pratiqué au pied de la muraille, & fermé auec des barreaux de fer, qui seruit de porte aux Protestans pour s'introduire dans la ville & s'en rendre les maistres l'an 1569.

J'arresterois icy le cours de ma plume, & me contenterois d'auoir descrit les riuieres qui vont se perdre dans nos Mers : Mais puis que les fruicts qui naissent en nostre fonds nous appartiennent suiuant la decision des plus celebres Iurisconsultes, auant que de passer sur la terre, nous dirons vn mot de quelques riuieres qui prennét leurs sources dans les Prouinces de France, & vont se descharger dans les mers de Flandre. Aussi bien nos dernieres conquestes nous en ont ouuert le chemin, & puis que nos armées ont planté les Lys de nos Rois, auec les Lauriers de nos Capitaines sur leurs riuages, nous deuons cette digression à la memoire de nos Peres, qui ne se croyoient point François s'ils ne beuuoient de l'eau de l'Escaud, du Scarpe, du Lis, de la Meuse, de la Moselle, du Rhin, & des autres riuieres dont ie pretends parler.

LES RIVIERES
DES COSTES
DE
FLANDRES.
IV.

LA baſſe Allemagne, ou le Pays-bas, ainſi nommé pource que les mœurs, les loix & le langage du pays ont beaucoup de rapport auec les Allemans, & que la contrée eſtant plus proche de la mer Oceane que la haute Allemagne, eſt en vne ſcituation plus baſſe, ſe partage en dix-ſept Prouinces, qui ont eu autrefois chacune leurs Princes, comme chaque Planette a ſon Intelligence particuliere, qui conduit & regle ſes mouuemens. Le Brabant, Limbourg, Luxembourg & Gueldres

auoient

auoient leurs Ducs: la Flandre, l'Artois, le Hainaut, la Holande, la Zelande, Namur, & la Zutphanie estoiét gouuernées par des Comtes: Anuers, qui estoit le Marquisat de l'Empire, obeissoit à vn Marquis: la Frise, Vtrecht, Transisulanie, Malines, & Groëninge n'auoient que des Seigneurs. Tous ces Estats furent enfin reduits sous la domination d'vn seul par le moyen des mariages, qui vnissans les corps d'vn lien d'affection, vnissent aussi les maisons & les terres d'vn lien d'interest & d'accommodement.

Charles dernier Duc de Bourgogne, qui mourut deuant Nancy, n'ayāt laissé qu'vne fille vnique, luy laissa vne des riches successions du monde, la Bourgogne & le Pays-bas. L'Austriche, qui se propose tousiours pour la deliberation de ses Conseils, & pour le traicté de ses guerres, la Monarchie vniuerselle de la terre & de la mer, qu'elle pretend former pour vn de ses Enfans, recherchant cette heritiere, attrapa cet heritage, & sans s'exposer aux dangers des Argonautes, rempor-

la Toison d'or. Ainsi Philippes I. Roy d'Espagne, fils de cette riche heritiere, l'Empereur Charles V. fils de Philippes, & Philippes II. adiousterent à leurs autres qualitez les titres & la possession de la basse Allemagne. Auiourd'huy les vnes reconnoissent encore la Couronne d'Espagne, les autres ont secoüé le joug de Madrid pour faire vne Republique libre, sous le nom des Estats, ou des Prouinces Vnies; & les autres ont esté cõquises depuis peu par les armes tousiours iustes & tousiours victorieuses du feu Roy Tres-Chrestien Louis XIII.

Les Corps Politiques ont leurs maladies aussi bien que les corps naturels, & celles-là sont d'autant plus dangereuses que celles-cy, qu'il faut guerir les esprits, dont la nature est aussi peu connuë, que le mal est violent, pour appliquer des remedes profitables; & que de plus, presque toutes les maladies d'vn Estat sont contagieuses, qui se renforcent par la frequentation des malades, & s'enflamment à la presence des Medecins. Philippes II. qui auoit tousiours des

pretextes de conscience fort specieux,
& qui sçauoit prudemment couurir les
vlceres de son ame d'vn crespe d'or,
apres auoir foulé ses subjets des Pays-
bas de tailles & d'imposts intolera-
bles à des peuples qui se croyent maistres de plus de la moitié de leur liberté, & qui n'ont iamais autrement obey
à leurs Princes, que comme des femmes honnestes obeissent à leurs maris,
non pas en qualité de chambrieres,
mais comme compagnes, se resolut
d'introduire l'Inquisition d'Espagne
dans ses Prouinces de Flandres pour
leur seruir d'vn preseruatif contre le
venin de Luther, qui commençoit à se
respandre bien auant dans les Royaumes, & auoit desia gaigné le cœur &
les parties nobles de l'Europe.

Le mot d'Inquisition, dont les Iuges
ont fait brusler plus d'innocens que de
coupables, resuscita les esprits, qui
estoient abbatus sous la tyrannie des
Ministres d'Espagne, & fit reprendre
le courage & les armes à ceux qui
auoient perdu la voix & la parole pour
se plaindre, & l'vsage mesme des larmes pour pleurer ouuertement dans

leur oppression. Ils presentent là dessus leurs Requestes ; on les reiette : ils commettent des Deputez, on les traitte de Gueux : ils font interuenir les Rois & les Princes voisins pour estre les Arbitres de leurs differents, ou les Mediateurs de leur paix ; mais on n'escoute point de tels Aduocats en vne cause où le Iuge souuerain se croid interessé. Les Prouinces resoluës de maintenir leur liberté, de conseruer leurs priuileges, & de viure à la Flamande, font vne ligue, prennent les armes, choisissent le Prince de Nassau pour Chef & Conducteur de leurs armées, implorent le secours de leurs Alliez, se iettent sous la protection du Roy de France, & enfin apres plusieurs sanglantes batailles, plusieurs prises & reprises de villes, dressent vne Republique, qui est auiourd'huy vne des plus florissantes, des plus riches & des mieux policées de l'Vniuers. Tous ceux qui ont enuie d'estre estimés vont chercher les occasions en ce pays-là : c'est vn Temple d'honneur pour les Gentilshommes, & vn champ de palmes pour les soldats.

Les Prouinces Vnies de la Flandre sont sept, sçauoir le Duché de Gueldres presque entier, les Comtez de Holande & de Zelande, les Seigneuries de Frize, d'Vtrecht, d'Oueryssel, de Groeninge, & la Comté de Zutphen comprise sous la Prouince de Gueldres. Les Estats qui se sont maintenus dans l'obeissance de l'Espagnol sont les Duchez de Brabant, de Gueldres, de Luxembourg, les Comtez de Flandres, de Hainaut, d'Artois & de Namur, la Seigneurie de Malines, & le Marquisat de l'Empire. L'air n'y est pas par tout egalement temperé, ny la terre egalement fertile ; aussi tous les Originaires de ces cartiers n'ont pas le mesme temperament, & la loy des esprits ne suit pas en tout celle des corps. Les Brabançons seroient d'vne conuersation fort agreable, si leurs paroles auoient vn peu moins de sel : les Flamans ayment leur ventre, & ce qui est dessous, comme l'yurognerie & l'impureté sont deux compagnes inseparables : les Hollãdois passoient pour des niais au temps de nos Peres, qui auoient tiré l'injure de *Badaut* du mot

Latin *Batauus*, qui signifie vn Hollandois, maintenant ils sont des plus ciuilisez, hauts à la main & courageux; les Zelandois sont fins & deliez, comme si la Nature auoit voulu recompenser la pauureté du pays par l'industrie des habitans, & leur donner de l'esprit pour de la terre. On peut auec raison nommer ce pays le Royaume des eaux à cause des mers qui l'enuironnent, des riuieres qui l'arrousent, des canaux qui le trauersent, des estangs & des marests qui le baignent de toutes parts. Voicy ses riuieres plus celebres.

L'ESCAVD.

L'ESCAVD, nommé *Scaldis* par les Latins, & Scheld par les Flamans, porte ses eaux dans l'Ocean auec autant de magnificence que toutes ces autres grandes riuieres, qui arrousent les Pays-bas, & lauent les murailles de ces florissantes villes pleines d'habitans & de richesses, capables de donner ou de l'amour ou de l'enuie aux Royaumes voisins. Ce fameux fleuue prend sa naissance en Picardie au pays de Vermandois, entre le Catelet & Beaureuoir, pres de l'Abbaye de S. Martin, où la Somme & la Sambre ont aussi leur source ; les plus grosses riuieres ayans cela de propre, que iamais elles ne naissent seules, & sortent tousiours des veines de la terre, comme les plus claires estoilles paroissent dans le Ciel accompagnées de plusieurs autres.

A peine l'Escaud est-il né qu'il se rend à Cambray & trauerse cette ville, Capitale du Cambresis, prise par quelques vns pour la Samarobrine de Iules Cesar, & reputée de tout temps pour vne des plus importantes places de la frontiere. Clodion voulant fonder la Monarchie des Gaules, s'en empara, la croyant, comme elle estoit, tres auantageuse à l'execution de ses desseins, & au progrez de ses armes : mais elle luy cousta bien cher, puis qu'il y perdit quantité de bons hommes, & les Autheurs qui ont escrit l'histoire de ce temps-là, en comptent iusques à cinquante & trois mille tuez de part d'autre dans l'attaque & dans la defen-

x iiij

se. Elle fut saccagée & ruinée par les Danois long temps apres, puis mise sous l'Empire par les Empereurs, & en ces derniers siecles elle a esté le theatre des armes Françoises & Espagnoles, dont elle a ressenty diuersement les cruautez.

Sans m'arrester à vne recherche egalement facheuse & inutile, si ce fut Cambro Roy des Cimbres qui la fonda deuant la venuë de Cesar dans les Gaules, ou bien mesme si elle n'a point esté bastie du temps de Seruilius Hostilius Roy des Romains vn peu apres Marseille, Ie dis seulement que la ville est assez bonne, auec de belles ruës, & des bastimens assez superbes: mais la citadelle est vne des plus fortes & des plus regulieres de l'Europe, pratiquée sur vne eminēce à vn des bouts de la ville, vne grande place au deuant, de grāds fossez à fonds de cuue pleins d'eau autour, & des bastions & remparts esleuez en egale distance par l'Empereur Charles V. quand il s'en rendit le maistre l'an 1543. Ce Prince plus heureux que vaillant, & plus ruzé que courageux, auoit conduit toutes les forces de l'Empire deuant Landrecies que les François tenoient, sçauoir dix-huict mille Allemans, dix mille Espagnols des vieilles bandes, six mille Vualons, dix mille Anglois, treize mille cheuaux des Ordonnances de ses Pays-bas, Cleuois & hauts Allemans. Le camp logé, & l'artillerie placée, l'Empereur auoit dressé trois bateries de quarante-cinq pieces de canon contre le bouleuart d'Orleans, contre le chasteau, & contre le bouleuart de Vandosme : mais les François qui soustenoient le siege se mocquans de cette grande multitude de soldats estrangers, qui estoient venus chercher leur sepulture dans les fossez d'vne ville, & ayans mis des bornes à l'ambition desreglée, & au *plus outre* de ce Monarque, l'obligerent à desloger & se retirer dans Cambray, où il gaigna beaucoup plus sous la peau du Renard, qu'il n'auoit fait sous celle du Lyon.

Car par les inductions de leur Euesque, qui estoit de la maison de Croy, ayant fortement persuadé aux citoyés que le Roy de France auoit dessein de surprendre leur ville, de les despoüiller de cet ancien droict de liberté, de les vnir à sa Couronne, & de vanger l'outrage qu'ils auoient fait à sa garnison, qu'ils chasserent sous Louis XI. & sous l'Empereur Maximilian I. il les fit condescendre à la construction d'vne citadelle, par laquelle de libres qu'ils estoient auparauant, ils furent mis en seruitude. Cette citadelle est si curieusement gardée, & les Espagnols qui sont dedans en sont bien si ialoux, qu'ils ne permettent pas aux estrangers d'y entrer, ny mesme de considerer ses murailles & ses bastions au dehors, comme si les places se prenoient par les yeux, & que les regards d'vn homme fussent capables de renuerser des fortifications que le tonnerre des canons ne sçauroit abbatre. Telle est la preuoyance Espagnole, qui craint tout faisant semblant de ne rien craindre, & voulant nous faire passer les misteres de son iniquité pour des misteres du Temple de Dieu, qu'il n'y a qu'eux & le grand Prestre qui ose les regarder. Ils font les mesmes mines à Milan & à Siene, où si quelqu'vn estoit fi hardy que de se promener le long des fossez sans la permission du Gouuerneur, on l'arresteroit à coups de mousquets.

Le sieur de Balagny trouua depuis moyen de se saisir de la ville & de la citadelle, & la garda durant les mouuemens de la Ligue, se faisant appeller Prince de Cambresis, & ne reconnoissant presque autre Souuerain que sa fantaisie & l'humeur hautaine de sa femme. L'an mil cinq cens quatre-vingt-vn les Espagnols assiegerent Cambray, & le presserent de si pres, qu'on ne mangeoit plus d'autre chair dans la ville que des cheuaux, des chiés & des rats; vne vache s'y est venduë deux cens florins, vne brebis cinquante, le beurre, le fromage, les œufs, & le sel y estoient hors de prix. Le Duc d'Anjou estant accouru au secours des assiegez auec vne florissante armée, fit leuer le siege, & fut receu dans la ville auec toute sorte d'honneurs, comme le Pere de la patrie, & le Liberateur des oppressez. Ainsi elle demeura long-temps sous l'obeissance des François iusques à l'an mil cinq cens nonante-cinq, que le Comte de Fuente y ayant posé le siege, prit la ville par la trahison & desloyauté des habitans qui esperoient vn meilleur traittement & plus de liberté sous le Gouuernement d'Espagne, que sous la Protection de France, & sous la domination de leur Archeuesque, que sous la violence du sieur de Balagny, qui fut contraint apres la prise de la ville de rendre la citadelle depourueuë de grains & de viures par la faute de sa femme, qui pour n'estre pas moins imprudente qu'auare, auoit fait vendre au desceu de son mary tout ce qu'il y auoit de prouisions.

Le siege fut memorable sous vn Chef enflé de tant de bons succez & chargé de tant de victoires, & à cause des difficultez qui s'y rencontrerent. Ce grand Capitaine considerant que l'enclos de la ville estoit trop grand, & qu'il n'auoit pas assez de gens pour y suppleer, il se resolut d'enfermer de bonnes redoutes & de forts tout cet endroit, qui par deçà la riuiere de l'Escaud, partageant la ville en deux, regarde la France. A cet effet il fit venir des Prouinces voisines quatre mille pionniers, soixante-douze pieces d'artillerie de diuers calibres, & vne prodigieuse quantité de munitions, d'outils & de machines de guerre: & fortifié d'esperance & plein de courage il bloqua la ville de toutes parts, & particulierement du costé où les François pouuoient ietter du secours. Mais il n'est pas à croire combien d'obstacles se rencontrerent dans ce trauail, à cause qu'au lieu le plus bas où passe & se déborde ordinairement la riuiere de l'Escaud on y trouuoit l'eau si proche qu'il n'y auoit pas moyen de creuser plus auant que d'enuiron vn pied, & que le lieu le plus haut estoit si raboteux & plein de pierres, qu'à moins que d'y employer beaucoup de temps & de peine on n'auançoit presque rien. Ce qui n'empeschoit pas pourtant que les soldats endurcis à la fatigue, encouragez par les victoires passées, & aspirans au sac d'vne si riche ville, ne trauaillassent auec vne patience incroyable.

La necessité d'argent estoit si grande dans les coffres de Balagny nonobstant le sordide trafic de sa femme, qu'il fut cõtraint de faire battre de la monnoye de cuiure, & publier à son de trompe, que ceux de la ville ne fissent point de difficulté de la receuoir, à condition qu'elle leur seroit changée apres que les ennemis se seroient retirez. Les soldats outre qu'ils estoient si mal payez, ne receuans que des morceaux de cuiure pour des pieces d'argent, estoient encore plus mal nourris, la ville estant depourueuë des munitions necessaires au siege d'vne ville. Nonobstant toutes ces difficultez du dedans, & ces grandes presses au dehors, cette ville, l'vnique triomphe d'vn fils & frere des Rois de France, seroit encore auiourd'huy Françoise, si le Roy Henry le Grand eust voulu escouter la requeste des citoyens, qui luy promirent, qu'en cas qu'il luy pleust oster le domaine de leur ville à Balagny, dont ils ne pouuoient supporter la tyrannie, ny les extorsions de sa femme, & l'annexer à la Couronne de de France, ils luy offroient d'entretenir à leurs despens la garnison, & de defendre la place contre les attaques des Espagnols, sans qu'il en coustast rien au Roy, ny sans luy estre à charge en façon quelconque. Mais leur requeste estāt rejettée, l'esprit des Bourgeois fut si fort aigry, mesmement apres les violences dont on se seruit pour leur faire receuoir cette nouuelle monnoye de cuiure, que s'estans sousleuez, & s'estans emparez de la grande place & d'vne des portes, ils se donnerent à l'Espagnol, à condition que la ville seroit exempte du sac, & auroit vne abolition generale de tout le passé; que les Bourgeois seroient conseruez dans leurs anciens priuileges; & mesme qu'ils demeureroient à l'accoustumée sous l'obeissance de leur Archeuesque. Il y a cette difference entre les peuples libres & les esclaues; que ceux-cy ne profitent à leur Maistre qu'estans foulez comme le saffran, & ceux-là comme des oliuiers, deuiennent steriles quand on les presse trop. Telles sont les auātures de Cambray, qui est vne ville Imperiale, dont l'Espagnol a les clefs & les portes, & l'Archeuesque les titres & les noms de Comte de Cambresis, Duc de Cambray, & Prince du Saint Empire. C'est ainsi que l'Espagnol, qui se porte toujours pour Curateur de ceux qui sont en majorité, & qui n'ont pas besoin de sa Tutele, prend le titre de Protecteur du pays, & vsurpe effectiuement l'authorité du Maistre.

L'Eglise Cathedrale de cette grande Cité est dediée à Dieu sous le nom de la Vierge. Ce n'estoit autrefois qu'vn Euesché suffragant de l'Archeuesché de Rheims, mais comme si les terres de Iesus-Christ auoient les mesmes bornes que celles de Cesar, apres que la ville eut secoüé le joug François, le Pape à l'instance de Philippes second Roy d'Espagne, l'erigea en Archeuesché independante de son ancienne Mere. L'on y void vne horologe qui marque les heures auec vn globe representant le cours de la Lune, & quand la cloche vient à sonner, voila incontinent que certains petits personnages de brōze se produisent, comme des Acteurs qui sortent de la Scene sur le theatre, pour representer vne partie de la Passion de Nostre Seigneur, qui par le moyen de certains

ressorts

ressorts, marchent l'vn apres l'autre, & passans deuant la cloche, chacun d'eux frappe de son petit marteau autant de coups qu'il doit sonner d'heures. Vous y auez aussi le Palais de l'Archeuesque, qui peut passer pour vn excellent ouurage parmy les Architectes. Pour marque que cette ville est Imperiale, & que l'Archeuesque est Prince de l'Empire, on a graué à l'entrée les Armes de six Electeurs, qui sont les Archeuesques de Mayence, de Cologne & de Treves pour les Ecclesiastiques; le Duc de Saxe, le Marquis de Brandebourg, & le Comte Palatin pour les seculiers, auec l'Effigie de Charles-Quint qui paroist au milieu, comme le Soleil entre les six autres Planetes.

On peut dire que les habitans ressemblent à la statuë de ce superbe Monarque des Assyriens, ils ont la teste d'or & la poictrine d'argent à cause de leurs richesses, qui leur prouiennent des toiles qu'ils font plus blanches & plus nettes que de la neige, plus fines & deliées que le trauail des araignes, & plus precieuses & plus cheres que la

y

soye, dont il se fait bien vn tel trafic, que ceux qui sont commis pour visiter les marchandises qui se transportent, en comptent pour chaque année plus de soixante mille pieces, dont il n'est aucune qui ne vaille trois & quatre cens florins. On peut adjouster qu'ils ont les bras & les cuisses de fer & d'airain, pour estre bons soldats, nez aux armes, comme presque tous les Vualons : mais ils ont les pieds de terre, pour estre sous la domination d'autant de maistres, qu'ils ont de soldats dans la garnison, qui les gourmandent.

L'Escaud est assez considerable dez Cambray, pour meriter des ponts, qui joignent les deux villes, comme aussi en a-il d'autres à Esnat & à Thun-l'Euesque, sous lesquels il roulle desia ses flots auec beaucoup de majesté, & s'en va droict iusques à Bouchain, qui semble auoir pris son nom du lieu de son assiette, pour estre bastie à la bouche du Senset entrant dans l'Escaud, & sur le confluant de ces deux rivieres.

Senset, r. Le Senset ou la Sense, vient de l'Abbaye de Viuier en Artois, passe à l'Ecluse, où il forme vne espece de lac, qu'on passe sur vne longue chauslee, de là il se porte à Paluez, où l'on a tiré vn canal iusques auprès de Doüay pour ioindre le Scarpe auec le Sansset, & entretenir le commerce auec ces grandes Prouinces, qui estans arrousées de l'Escaud peuuent aller par l'Ocean dans les pays estrangers, & suppleer par l'eau au defaut de leurs terres; & en suitte il se iette dans l'Escaud à *Bouchain*, place tres-ancienne, puis qu'elle a esté bastie par vn de nos premiers Rois en memoire de l'illustre victoire qu'il remporta sur Theodoric Roy des Goths.

Bouchain.

LA SELLE.

CE gros fleuue, le nourricier des Flamans, ne fait pas vn long chemin tirant tousiours vers le Nort, apres qu'il s'est grossi des eaux du Senset, qu'il reçoit encore la Selle au delà de Neufuille, qui vient de la Tirasse, remplit les fossez de *Chasteau en Cambresis*, place d'importance, où la paix fut concluë entre les Rois de France & d'Espagne l'an 1559. & que la valeur

LA SEL-LE.

CHAS-TEAV EN CAM-BRESIS.

de nos Capitaines gaigna dans ces dernieres guerres, portans nos frontieres bien loing dans le pays ennemy, mais que la prudence des Ministres de nostre Estat a fait ruiner apres l'auoir gardée quelque temps, iugeans fort sagement que la conseruation de cette place pouuoit plus retarder qu'auancer nos victoires. En suite de la Selle, la riuiere s'enfle d'vn autre gros ruisseau composé de trois sources, lequel passe à Monceau & à Thian, auant que de se ietter dans l'Escaud, qui estant fortifié de toutes ces recreuës, s'en va se presenter aux portes de Valentiennes, où il est receu dans la ville & accueilly de la *Ronelle*, petite riuiere qui vient d'aupres de Quesnoy s'offrir à luy, & se ietter entre ses bras.

Ronelle, r.

VALEN-TIENNES.
VALENTIENNES la seconde ville du pays de Haynaut, est assise en vn valon delicieux sur le cõfluant de l'Escaud & de la Ronelle. Aussi dit-on que l'Empereur Valentinien (on ne distingue point lequel) se plaisant sur ces riuages, à cause de la beauté du pays & de la temperature de l'air, s'y arresta quelque temps, & y fit bastir vne ville

qu'il nomma Valentienne, comme qui diroit Valentiniennes, ou la ville de Valentinien : les Empereurs, presque tous, ayans eu cette curiosité de bastir des places qui portassent leur nom, comme s'ils eussent preueu ce qui est arriué dans la suitte des siecles, qu'elles suruiuroient à leur posterité, & que leurs ouurages seroient d'vne plus longue durée que la vie de leurs enfans, & mesme que la memoire des fondateurs se conserueroit plus glorieusement sur les murailles d'vne ville & dans l'vsage des habitans, que sur des inscriptions de cuiure, ou dans les lettres d'vn liure.

Quoy qu'il en soit de l'origine de cette ville, la place est bien fortifiée de bons bouleuars, de murailles fort espaisses, & de larges fossez, & ne peut estre assiegée que par deux armées, encore fort difficilement à cause de l'Escaud qui la separe en deux & de la Ronelle qui remplit ses fossez d'eau, & tous deux s'escoulans dans la ville par diuers canaux, forment vne grande quantité d'isles où l'on peut dresser des forts & faire des retranchemens de

y iij

defense, capables d'arrester les ennemis au plus beau lieu de leur victoire, quand mesme ils auroient gaigné les portes & les murailles. Auec cela elle a vn Arsenal & vn armement bien garny pour la guerre.

Ce qui rend la ville plus diuertissante sont les bastimens, entre lesquels on void paroistre l'Eglise principale dediée à la Vierge, d'vne structure fort ancienne, dont les colomnes sont de marbre & de porphire, qui soustiennent de grandes arcades, auec des galeries superbes qui regnent tout autour, n'y ayant point de lumiere dans tout cet edifice que par vne ouuerture qu'on nomme la lanterne, qui fait que vous estes saisis d'vne saincte horreur à la presence d'vne diuinité cachée dans ce demy iour, tel qu'on le void dans ces espaisses forests dont les arbres sont assez hauts, pour arrester les rayōs du Soleil, mais non pas assez forts pour empescher la penetration de ses lumieres. Ie m'oubliois de dire que l'Escaud est couuert de ponts tous chargez de maisons, comme des ruës, où logent les Tresoriers & les autres prin-

cipaux Officiers de la Prouince, qui
sont exempts par leurs charges de tailles & d'imposts. Car cette ville a ses
Magistrats & ses Iuges ordinaires diuisez en trois Chambres, dont la premiere a vn President auec douze Assesseurs des principaux de la ville. La
deuxiesme, qu'on nomme le Magistrat particulier, est composee de vingt
cinq personnages de bonne vie &
d'honneste naissance, qui ont principalement l'œil sur les affaires de la
ville & sur le gouuernement Politique.
La troisiesme est vne conuocation generale de tout le peuple, qui s'assemble
au son de la cloche, pour dire libre-
ment son aduis sur les points qui leur
sont proposez par le Syndic, sans
qu'aucun en soit exclus, les petits ayās
autant d'interest que les Grands en la
conseruation de leur Estat.

Au sortir de Valentiennes, l'Escaud
se diuise en deux branches, qui se rallient à quelque lieuë de là pour gaigner la ville de Condé, dont le Prince
qui en porte le nom, & qui en a les
droits, prendra bien tost possession par
les mains de son fils : lequel preferant

y iiij

en sa premiere campagne la gloire de l'Estat aux interests de sa Maison, a mieux aymé rebrousser sur ses pas pour donner Thionuille à la France, que de continuer ses marches pour remettre Condé & Enguien dans sa famille, ayāt plustost choisi d'annoblir ses premieres Armes par la gloire de son nom, que par l'accroissement de ses reuenus. La Principauté de Condé est assise à l'embouchure de la riuiere d'*Haine*, qui donne le nom à la Prouince de Hainaut, pource que cette riuiere la trauerse presque par le milieu.

LA HAINE.

Haine,
f.

LA HAINE naist pres du village de Haënuire, & a trois sources, dont vne branche passe le long des murailles de Bins ou de Binche, & s'estans toutes trois iettées dans vn mesme canal se vont ioindre à la *Troulle*,

Troulle,
v.

qui passe à Mons, & de là se poussans à S. Guilhen, s'approchent de Condé, où elles se deschargent dans l'Escaud des fontaines & des ruisseaux qu'elles ont receus le long de ces chemins pratiquez dans les forests, & entre autres du *Housneau*, qui tire son origine assez prés de Bauais de Valonne, que quelques-vns prennent mal à propos pour l'ancienne *Belgium*.

Housseneau, r.

Mons la Capitale du Hainaut, nommée par les Flamans Berghen, est bastie d'vn costé sur vne haute montagne, qui luy donne auec le nom la veuë des campagnes & des forests, & luy fait vn lieu de diuertissement & de promenade pour les Bourgeois: & de l'autre elle est arrousée de la Troulle, ou Trulle, qui entre dans la Haine. Si cette ville n'estoit point si vaste, & par consequent difficile à garder, elle passeroit pour vne des fortes places du pays, tant à cause qu'elle peut estre enuironnée d'eau de tous costez, qu'à raison de son assiette naturelle, de ses murailles, de trois larges & profonds fossez. Mais comme elle est d'vne grande estenduë, elle n'a point, ou fort peu de resistance. Aussi le Comte Ludouic, la Nouë, Saucourt & Ienlis, à qui le Roy Charles IX. auoit donné les principales commissions de la guerre de Flandre, la prirent ayfément par

Mons.

la ruse de quelques soldats qui entrerent dans la ville déguisez en marchās, & se saisirent des portes, le Comte de Nassau taschant apres de gaigner par belles promesses les cœurs & les esprits d'vn peuple dont ses hommes auoient desia gaigné les murailles & les maisons par surprise. Il se persuadoit que tout le pays suiuroit la fortune de cette bonne ville, & que les membres secoüeroient facilement le joug de la domination d'Austriche, le Chef s'estant mis en liberté, quand le Duc d'Albe la reprit la mesme année 1572. surprit Ienlis au dépourueu, défit ses troupes, l'arresta prisonnier, & luy tua les plus braues hommes de son armée.

Ce qui la rend fort renommée c'est son Abbaye de Chanoinesses, fondée par Geltrude Princesse de Lorraine, toutes filles de haute naissance, qui employent le matin à faire le Seruice & chanter au chœur, reuestuës d'vn habit blanc; mais dez aussi tost que l'Office est finy, elles quittent leur habit, & comme si c'estoient des personnages empruntez sur vn theatre, elles despoüillent l'esprit auec la robbe, & de l'Eglise elles s'en vont au bal, aux festins, aux compagnies, & partagent ainsi le iour, en donnans vne partie à Dieu, & l'autre au monde, leurs premieres années à la Religion sous l'authorité d'vne Abbesse, & le plus beau de leur aage à vn homme, quand elles peuuent se marier, comme elles en ont toutes la permission, excepté l'Abbesse, beaucoup la volonté, & fort peu le moyen. Cette ville n'estoit au commencement qu'vn Temple fondé à l'honneur du Dieu Pan, que les Pasteurs de l'aueugle antiquité auoient en reuerence; Mais Iules Cesar bastit vn Fort où estoit le Temple, lequel s'estant accrû auec le temps fut erigé en Comté par Charlemagne, & honoré du titre de Chef de la Prouince, qui se dit pays tenu de Dieu & du Soleil.

LE SCARPE.

Deux lieües au delà de Condé le Scarpe vient se ietter dans l'Escaud à Mortaing. Cette riuiere a ses sources au pays d'Artois, dont la prin-

Scarpe, r.

cipale est au mont S. Eloy, pres des villages de Vaulincourt & de Belle, & l'autre assez prez de là, puis toutes deux iointes ensemble vont battre les murailles d'Arras, la ville capitale du païs, demeure des anciens Atrebates, qui se signalerent dans les guerres que soustinrent les Gaules pour la defense de leur liberté contre Cesar.

ARRAS. ARRAS, nommée *Origiacum* chez Ptolomée, a trompé la vaine presomption des Espagnols, & le Prouerbe des habitans qui la tenoient imprenable. Aussi semble-il à voir l'assiette de cette place, diuisée en deux parties par vne forte muraille, dont l'vne appartenante à l'Euesque se nomme la Cité, & l'autre qui est du domaine du Prince a le nom de Ville; ses redoutables bouleuars, ses hautes tours, ses espaisses murailles, ses fossez larges & profonds, & mesme le dedans de ses maisons fondées & soustenües sur de grandes arcades pour resister à la violence d'vn siege & aux efforts du canon, il sembloit, dis-je, que la Nature & l'Art eussent assemblé leurs forces pour la defense de cette place. Mais la vertu des François ne trouue rien d'impossible, & vient ayfément à bout de la Nature & de l'Art par les armes de la Iustice.

Ie ne veux icy rapporter comme Louis XI. apres la mort du Duc de Bourgogne ayant gaigné la Cité par argent emporta la ville par le canon, dont il enuoya la pluspart des habitans en France en haine de leur obstination, & repeupla la ville de François naturels, luy changeant à cette occasion le nom d'Arras en celuy de Françoise. Ie ne m'amuseray point non plus à deduire de quel artifice l'Empereur Maximilien la reprit par la trahison d'vn chetif serrurier, qui seul y estoit resté des anciens habitans ; & par l'intemperance du Gouuerneur Paul Craqueleuent Breton qui se laissa surprendre au vin, & au sommeil, n'ayant iamais pû estre gaigné ny par la force, ny par la ruse des ennemis. Le siege memorable & la prise miraculeuse de cette place qui se rendit le dixiéme Aoust de l'an 1640. aux armes du feu Roy Louis le Iuste, est capable d'effacer la memoire de toutes ses anciennes aduantures, puis qu'elle a donné de l'estonnement à tous les Princes du monde qui en ont voulu voir le plan, & faire leur principale estude de la science de prendre des villes sur le project de ce siege, & sur la disposition de nostre camp.

Le Scarpe glorieux d'auoir veu renaistre sur ses bords les Lys de France, coule à Doüay pour y receuoir de la bouche & de la plume des hômes sçauans les loüanges qui sont deuës à nos victorieux, & que les ennemis mesmes de nostre prosperité n'oseroient refuser à la vertu de nostre Nation. Aussi cette ville est-elle beaucoup plus propre aux fonctiôs des Muses, qu'aux excercices de Mars, & ses habitans sçauent mieux descrire vne bataille que la donner; puisque c'est le siege d'vne florissante Vniuersité fondée par Philippes II. Roy d'Espagne, le pays natal de Robert Gaguin Historien de France, & General de l'Ordre de la Redemption des Captifs.

La riuiere s'auançant tousiours vers l'Escaud, passe à Marchiennes & à S. Amand, le plus beau village du pays,

ayant des portes & des fossez comme
vne ville, & se perd enfin à Mortaing
ou Mortaigne, si toutefois c'est se
perdre que de posseder le mesme canal
& de reposer dans le mesme lict, que
cet illustre fleuue, qui estant gros &
chargé de tant de presens que luy ont
fait les Nymphes des eaux, aborde
les portes de Tournay, nommée par
les Flamans Doornix, & de là gaigne
Oudenarde, deux bonnes villes, au
milieu desquelles il reçoit le ruisseau
de la *Ronne*, & enfin se rend à Gand *Ronne,r*
pour receuoir le Lys, la Lieue & la
Moere, qui ne veulent plus couler qu'à
la faueur de ses flots, ny parcourir le
reste de ces riches Prouinces qu'en sa
compagnie.

Gand, l'ouurage de Cesar, digne
d'vn tel Capitaine, & le berceau de
l'Empereur Charles le Quint, est assis
dans vn lieu tres-aduantageux sur la
jonction de quatre grosses riuieres,
l'*Eschel* qui vient du Cambresis, le *Lys*
d'Artois, la *Lieue* du port de l'Escluse,
& la *Moere* des quatre Offices, qu'ils
appellent Ambactes, sans conter vn
canal long de quatre lieues fait par ar-

tifice, qui se rendant dans la mer à Het-Sas, luy rapporte toutes les commoditez des Prouinces estrangeres, & l'enrichit des despouilles des nouueaux mondes. La riuiere de Lieue, qui fait tous les iours tant de biens à cette ville, fut autrefois la cause de sa perte par vn tel accident. Les Gantois croyans que la Lieue, qui trauerse leur ville, estoit à eux seuls en proprieté, irritez contre les habitans de Bruges à l'occasion d'vn canal qu'ils en auoient tiré pour la commodité du pays, & mutinez contre le Prince qui les fauorisoit en leur dessein, font vne ligue, choisissent vn artisan pour leur Chef, prennent vn chaperon blanc pour liurée de leurs troupes, empeschent la continuation de l'ouurage, & tuent le Gouuerneur de la ville, qui voulut s'entremettre de leur representer leur deuoir. Vn peuple esmeu est vn monstre à plusieurs testes, sans oreilles & sans cerueau. Ils passerent bien plus auant, car ils pillerent le Palais, y mirent le feu, & pour vn surcroist de rage, ils demolirent iusques aux fondemés. Philippe Duc de Bourgogne y accourut fut pour arrester le cours d'vne si haute insolence.

Dans le monde naturel le Soleil Leuant excite des brouillars & des vapeurs outrageuses à la beauté de l'air, mais dans le monde ciuil c'est le Soleil leuant qui dissipe les reuoltes & les seditions dangereuses à la paix de l'Estat. Ce ieune Duc appointa les querelles au contentement de toutes les parties: mais l'accord ne fut pas de longue durée par la cruauté du Comte, qui obligea ses subjets de prendre vne autre fois les armes contre son authorité sous la conduite de Philippe d'Arteuelle. Toute la Flandre estoit perduë, si le Roy de Frâce Charles VI. n'y eust accouru, sur les fauorables interpretations qu'on luy donna d'vn cerf volant qu'il auoit veu en songe qui le portoit doucement en l'air, & vn Heron sous luy, qui ayant abbatu plusieurs oyseaux, se vint reposer sur son poing, iusqu'à ce que le Cerf l'eust rapporté au lieu où il l'auoit pris. En effet le Roy vola, & la Victoire à ses costez; il gaigna les passages de Flandres, prit les villes obstinées, & tua

z

plus de soixante mille Gantois auec leur Capitaine. L'Affrique engendre tous les iours des monstres en la Nature, & Gand ville autant grosse d'humeur, chagrine & querelleuse, qu'elle l'est de peuples & de richesses, en produit d'autres dans le Gouuernement, qui seroient bien plus à redouter qu'ils ne sont pas, si Charles Quint ne leur eust fait construire vne citadelle flanquée de cinq gros bastions pour les contenir dans le deuoir, laquelle on nomme pour ce sujet, la Bride de Gand. Le circuit des murailles de la ville est de trois lieuës qui renferment

Ponts de Gand. 98. vingt-six Isles, quatre-vingts dix huit grands ponts, sous lesquels passent de grosses barques chargées de diuerses marchandises, sans compter les petits qui sont presque infinis, cent moulins à vent, six à eau, & vn grand nombre à bras, cinquante-cinq Eglises, cinq Abbayes fort riches, cinquante-deux mestiers, trente-cinq mille maisons & treze marchez, dont le plus grand est celuy qu'ils nomment le marché du Vendredy.

BRVGES. Pour *Bruges* c'est vn miracle, qu'vne

ville si belle & si marchande ne soit arrousée d'aucune riuiere, & qu'elle n'aie ny fontaine ny puits que le canal de la *Reye*, qui se partageant en plusieurs *Reye, r.* branches, communique ses eaux aux principales ruës auec autant de commodité que de plaisir, & qui par le moyen d'vne grande roüe garnie de seaux, qu'vn seul cheual fait tourner, remplit d'eau toutes les cisternes de la ville. Ce canal n'estant pas assez large ny assez profond pour porter les vaisseaux, les habitans de Bruges en ont creusé vn autre qu'ils ont destaché de mer par de fortes digues, sans qu'il croisse iamais par le reflux des eaux. Ainsi cette ville, qu'on pourroit prendre pour vn palais de plaisance, a communication auec toutes les riuieres qui vont se ioindre à Gand, & mesme auec l'*Hiperle*, qui venant deuers Nieu- *Hiperle ;* port, & chargée du torrent d'*Ypre* qui r. passe par le milieu de la ville d'Ypre, coule dans les fossez d'Ostende, où elle fait vn large & vaste marests du costé de la terre, entrecoupé de plusieurs canaux, qui semblent autant de petites riuieres, & la rendent inaccessible.

a ij

Le canal de la Reye chargé de diuers ponts de pierre, pour passer d'vne ruë à l'autre en la ville de Bruges, se va rendre à l'Ecluse dedans la mer. Les bords de ce canal depuis Bruges iusques à Gand sont garnis de huict forts pour s'opposer aux courses des ennemis, & pour empescher les brigandages. L[es] soldats qui les gardent, ont comma[n]dement d'arrester tous ceux qui vo[nt] & viennent sans passeport, & de se [sai]sir de leurs personnes, comme in[fra]cteurs des loix, & s'ils ne peuuent a[u]trement, de les tüer. En ce cas porta[nt] vne des oreilles du mort au Magist[rat] de Bruges ou de Gand, ils ont c[in]quante liures pour leur peine. On p[eut] dire des maisons de la ville de Bru[ges] ce qu'on disoit à Rome du Palais [de] Lucullus, que tout y estant incomp[a]rable en ornemens & en beauté, il [n'y] auoit neantmoins rien qui fust egal [au] maistre du logis. Le naturel du Bour geois est franc, noble & courtois, [&] a beaucoup de rapport aux citoyens de l'ancienne Athenes. Les femmes y possedent plus glorieusement qu'ail leurs les qualitez & le nom du beau sexe du monde. Si elles estoient moins vertueuses, on les prendroit pour des Helenes; elles en ont toutes les perfections sans participer à aucun de ses defauts. Ieanne de Nauarre femme de Philippes le Bel les voyant si belles & si bien parées au iour de son entrée, s'escria d'vne voix pleine d'indignation, qu'elle auoit crû iusques alors qu'il n'y eust qu'vne Reyne en France, mais qu'elle voyoit autant de Reynes à Bruges qu'il y auoit de Bourgeoises : comme si celles qui ont le Sceptre en main deuoient posseder l'Empire des cœurs auec celuy des villes, & que l'authorité de Souueraines leur fust adiugée par les suffrages de la beauté.

Pour Ostende assise sur le fleuue d'Hyuele, & proche de la mer, ce n'estoit qu'vn meschant hameau seruant de retraite aux pescheurs deuant le voyage du Duc d'Alençon en Flandres sous le Roy Henry III. mais elle fut close de murailles l'an mil cinq cens soixante & douze, & il semble que l'Art & la Nature se soient accordées pour en faire vne place d'armes, vn theatre de guerre, & vn miracle aux yeux de l'Eu-

Ostende.

z iij

rope. Car outre les bastions & bouleuars dont elle est fortifiée, le fleuue Hiperle, qui pousse ses flots iusques au pied des murailles, fait vn large & vaste marests du costé de la terre entrecoupé de diuers canaux, qui semblent autant de petites riuieres, & la rendent inaccessible. D'où vient qu'elle a est[é] comme vne Eschole de milice, & comme vne nouuelle Troye, qui a sous[te]nu vn des fameux sieges du monde d[u]rant trois ans & trois mois, que le C[iel] & la terre employerent leurs for[ces] pour prendre vne place qui estoit pl[u]stost vn cimetiere qu'vne Cité, p[uis] qu'elle auoit plus de mors que de [vi]uans parmy ses Citoyẽs, & que ses ma[i]sons reduites en cendres par le feu d[es] canons estoient plustost des sepulc[res] de trespassez que des habitations d'h[om]mes viuans. Elle estoit bloquée au [de]hors par seize forts, & assiegée par v[ne] armée de cinquante mille hommes elle estoit rauagée au dedans par vne cruelle peste, & battuë d'vne si horrible gresle de fer, qu'on compta cinquante mille coups de canon deschargez contre la ville le premier mois du siege: elle n'auoit ny maisons ny murailles, & dans ce renuersement de toutes choses, le courage des soldats qui la gardoient estoit inesbranlable. Elle se rendit enfin plustost par bienseance que par necessité, & les Espagnols prenans Ostende perdirent plus qu'ils ne gaignerent. Ils gaignerent vn cimetiere pour enseuelir soixante dixhuict mille cent vingt-quatre de leurs soldats de compte fait qui moururent au siege, & l'acheterent bien cher, veu que le pays de Flandres contribuoit auant le siege neuf mille florins par mois pour le payement des garnisons, & durant le siege on fait estat de vingt deux mille florins par chaque mois. Le siege fut posé l'an mil six cens vn, & la ville fut renduë par composition le vingtiéme de Septembre mil six cés quatre. Les Espagnols font encore gloire auiourd'huy de monstrer aux estrangers les lieux où estoient les cartiers, les forts, les lignes, les batteries, les logemens, auec toutes les particularitez d'vn siege si memorable, & font comme ces vieux Troyens, quand ils se creurent deliurez de l'armée des

Grecs, ils repaffent fur les veftiges de leurs retranchemens, & y marchent auec religion, comme fur les fepulcres où repofent les os de leurs freres.

On dit communément de la ville d'Ypre, qui eft baignée du torrent d'Ypre paffant par le milieu, qu'elle a fes fondemens de plomb à caufe du grand nombre des canaux de plomb qui feruent à conduire l'eau de la riuiere, & d'autres qui font prefqu'en toutes les maifons & places de cette belle ville, qui fait le troifiéme membre de Flandre, & porte titre de Vicomté. Le torrent, ou la riuiere d'Ypre, dont vne partie fe ioint auec l'Hiperle d'Oftende, & l'autre fe defcharge dans la mer à Nieuport, reçoit l'Yfere venant de Poperinghe, & l'Yfere mefme chargée de la *Peene*, fe diuife en deux branches, dont l'vne fe iette en l'Hiperle, & l'autre dans la mer entre Donkerque & Nieuport, ce pays eft arroufé de plus de ruiffeaux, que le corps humain ne l'eft de veines.

Yfere, r.
Peene, r.

LE LYS.

La riuiere du LYS naist en la Comté de S. Pol pres de Lisbourg, & pres qu'aussi tost qu'elle est née s'en va passer sur les ruines de *Therouenne*, l'ancienne Cité des Moriniés, dont il ne nous reste auiourd'huy que le nom pour la plus illustre marque de sa memoire. L'an 1553. l'Empereur Charles V. voulant vanger vne partie de ses pertes, enuoya le Seigneur de Buecourt auec vne puissante armée assieger Therouenne. Le Seigneur d'Essé & François de Montmorancy la defendoient. La place est furieusement canonnée; les assiegez soustiennent vn tres-puissant assaut à trois reprises: plusieurs y meurent de part & d'autre, parmy les François les plus signalez furent le Seigneur d'Essé, de Vienne, de Beaudisné, de la Rochepozay, auec plusieurs Gentils-hommes & soldats. On sappe, on mine, & par les ruines de la muraille on remplit le fossé. Les assiegez demandent composition: mais comme ils s'amu-

Lys, r.

THE-
ROVEN-
NE.

sent à parlementer les Allemans & Bourguignons entrent à la foule dedans la ville, & massacrent tout ce qu'ils rencontrent. Les Espagnols aymans mieux l'argent que le sang, sauuent la vie à plusieurs qu'ils mettent à rançon. L'Empereur fit raser la ville pour espargner les armes qu'il eust fallu exposer, & pour assaillir & pour defendre la place. L'Euesché fut transferé à Boulogne sur mer.

De Therouenne le Lys se rend à
AIRE.   Aire, & la separe en deux. Ville belle & bien munie, pour estre assise sur la jonction du Lys, & d'vn ruisseau qui
Litre, r.   vient de *Litre*, auec vn canal prenant depuis S. Omer iusques à Aire, par lequel les Flamans deschargent toutes leurs marchandises qui viennent à Donkerque, & les distribuent au Pays-bas par la riuiere. Ce canal est nommé le Nouueau fossé, bien qu'il soit assez vieux : car on void que c'est vn ouurage du Comte Baudouin, pour empescher les courses des ennemis, & pour borner les frontieres de Flandres & d'Artois. Quelques vns pensent que c'est vn bras de mer qu'on y a renfer-

DE FRANCE. 363

mé, fondez sur ce qu'on en tire assez souuent des pieces d'anchres & des ferremens de nauires, qui sont des marques que l'Ocean alloit autrefois iusques là : Aussi Virgile semble nous donner à connoistre que Theroüenne estoit de son temps sur le riuage de la mer, quand il nomme les Moriniens *les derniers des hommes.* Quoy que c'en soit, Aire fut pris par les François l'an 1641. apres vn des plus rudes sieges qu'on ait veu dans ces dernieres guerres, tant à raison de la ville fortifiée de six bons bastions, rauelins, contrescarpes, demies-lunes, & dehors, ayant deux marests qui l'enferment d'vn costé, qu'à cause aussi de la valeur du Gouuerneur & de la garnison Espagnole, Italienne & Vualonne en nombre de trois mille hommes, qui estans beaucoup diminuez par leurs frequentes & vigoureuses sorties, se resolurent enfin à receuoir vne honneste composition des Assiegeans. Iamais siege ne fut plus opiniastré, n'y ayant pied de terre au dehors qui n'eust esté disputé à main armee, & d'ailleurs ayāt fallu faire dix-huict demy-lunes les vnes apres les autres auant que de venir à l'attaque d'vn baſtion, pource que la place eſtoit telle, qu'il ne luy manquoit rien de ce que la Nature & l'Art peuuent contribuer à vne fortification. Neantmoins nous ne gardâmes pas long temps vne ville ſi importante au progrez de nos affaires, & qui nous auoit couſté bien cher; les Eſpagnols la reprirent incontinent apres à la faueur de nos diuiſions, & ſe ſeruirent de nos propres retranchemens, à la façon de ces petits poiſſons de mer, qui ne ſe ſentans pas aſſez puiſſans pour reſiſter aux plus forts, s'emparent de la coquille des chancres, & ainſi tiennent bon dans la maiſon d'autruy.

Au deſſous d'Aire nous trouuons *Meruille* ſur la meſme riuiere du Lys, entre deux ruiſſeaux, qui s'y viennent rendre, l'vn de Lilers & l'autre de Bethune. Apres Meruille ſuit *Armenti*, ſur la meſme riuiere, & puis *Dulſemon*, Denle, r. où la *Denle* vient ſe ietter apres auoir moüillé Lens & la Baſſee, & arrouſé les murailles de l'*Iſle*, vne des plus riches & des plus fameuſes villes de Flandres, qui a eſté nommée du lieu de son assiette, pour estre enceinte d'estangs & de marests. Suiuant vostre chemin vous passez à Menin & à Cortray sur le Lys, & de là ayant receu le *Mandre* venant de Rousselar, enfin vous arriuez à Gand, qui est comme le rendez-vous des eaux, dont les vnes se vont perdre en la mer par des canaux, & l'Escaud se va rendre à Anuers par deux chemins, & forme vne espece d'Isle en cet entre-deux. Mais auant que d'arriuer aux portes d'vne si florissante ville, le Marquisat du S. Empire, il se grossit merueilleusement par la ionction du *Dender* ou *Denre*, du *Demer*, de la *Senne*, de *Rupel*, de *Dicle*, de *Nethe*, & de quelques autres ruisseaux qui se iettent dans l'Escaud, comme s'ils ambitionnoient de contribuer leurs eaux à la formation d'vn des plus beaux ports du monde.

Mandre, r.

La *Denre* ou *Tenre* n'est pas d'vne longue estenduë, elle prend son origine en Hainaut pres de la Principauté de Condé, passe par Ath, Lessen, Granmont, Ninoue & Alost Capitale de la Flandre Imperiale, ainsi nommée pour auoir esté long-temps sous l'Empire,

Denre, r.

coule sous les ponts qu'on a dressez pour la commodité du passage, & enfin se va rendre à Dendermonde dans le lict de l'Escaud.

Demer, r. La *Demere* ou *Demer* naist au pays du Liege de deux sources, dont la premiere est proche du village de Hoefselet, à vne lieuë de Tongres, l'autre pres de Suerendal. Elle passe par Bilsen, Hasselt, Hál en Brabant, Diest, Sichenem, & Arschot, & puis se descharge dans la Dele à Rotselar.

Dele, r. La *Dele* où *Dilie* a sa source dans le Brabant pres du village de Thile, passe à Louuain où elle se grossit du torrent de la *Vorte*, puis ayant receu le Damere court à Malines grossie de la Seine qu'elle a prise vn peu auant que d'aborder cette ville, & trouuant apres la Nethe à vne lieüe de là, perd son nom auec elle : si bien que l'amas de ces

Rupel, r. deux eaux s'appelle desormais *Rupel*, qui coule seulement l'espace de deux lieües iusques à Rupelmonde, où le Rupel se iette dans l'Escaud, grossi de

Eyche, r. l'*Eyche* qu'il prend à Beccaf.

Nethe, r. La *Nethe*, diuiseé en grande & petite Nethe, naissent aussi dans le Brabant, l'vne passe à Gheels, & l'autre à Herenstals, & les deux autres s'estans iointes à Lire s'en vont passer à Duffele, à Valem & à Rumst, & s'estans vnies auec la Dele pres de Rupelmonde.

La *Sine* ou *Seine* naist pres de Soigny en Hainaut, passe par Hale, Bruxelles & Viluorden, puis laissant Malines à main droite s'vnit à la Dele. Seine, r.

Reprenons donc le cours de l'Escaud à Gand où nous l'auons laissé: nous le suiurons par plusieurs destours iusques à Dondermonde où il prend le Dender, & de là à Rupelmonde, où il s'allie auec le Rupel, au mesme lieu que Gerard Mercator ce fameux Cosmographe a pris naissance; & cependant nous raporterons les plus importantes places qui sont sur les bords de toutes ces riuieres.

HAL, qui se nomme aussi Nostre Dame d'Haux, à cause de ses grandes & spatieuses halles, & à cause de l'Eglise de Nostre Dame, a merité d'auoir pour Escriuain de son histoire, & pour Orateur de ses loüanges, Iuste Lipse le Roy des Sçauans, lequel apres HAL.

auoir passé sa vie sur les liures, & s'ê-
stre fait connoistre à tous les peuples
de l'Vniuers par ses doctes escrits, fit
vne protestation publique, qu'il estoit
redeuable de l'honneur de ses estudes
& de la gloire de son esprit au secours
de la Vierge, dont il tenoit la vie & la
science; & pour rendre cet acte plus
authentique, il luy consacra sa plume
d'argent, qu'on void encore auiour-
d'huy suspendüe deuant l'Image de
Nostre Dame à vne chaisne de mesme
estoffe. Cette Image de la Vierge n'est
faite que de simple bois, mais elle est
plus pretieuse que l'or à cause des grands
miracles que le doigt de Dieu y opere
tous les iours en faueur de sa Mere, &
plus incorruptible que les arbres de
Sethim, puisque le fer & le feu n'ont
iamais peu l'endommager; & que les
boulets de canon que les heretiques
ont tiré contre l'Autel, & qu'on fait
voir à tous ceux qui sont poussez de
cette saincte curiosité, comme des
marques de la foiblesse humaine, &
comme des tesmoignages de la puissance diuine, n'ont peu forcer la resistance du bras de l'Ange, qui luy sert
de

de rempart. La ville est assise sur les confins du Hainaut, dans vn terroir assez bon, arrousé de la riuiere de *Senne*, qui s'estant accreuë de plusieurs ruisseaux, s'en va passer à Bruxelle, où elle commence à porter des nauires. Le chasteau estoit autrefois la demeure ordinaire des Princes; mais ce fut le dernier logis de Philippes le Hardy Duc de Bourgogne frere de Charles V. Roy de France, où il mourut comme il alloit visiter ses villes de Flãdres, pour contre-quarrer le Duc de Gueldres, vn des principaux appuis du Duc d'Orleans. Ses entrailles furent mises dans l'Eglise de Nostre Dame, son cœur fut porté à S. Denys en France, & son corps à Dijon la Capitale du Duché de Bourgogne.

Soit que BRVXELLE ait pris son nom de ce fameux Brennus, qui rauagea les Gaules, qu'on en veut faire le Fõdateur, ou plustost qu'elle soit nommée Bruxel par corruption de terme, au lieu de Ruissel, à cause des ruisseaux & fontaines qui l'arrousent de tous costez: Ie crois qu'il est impossible de trouuer vn lieu plus agreable ny plus

BRVXEL-
LE.

commode pour la Cour d'vn Prince, la terre estant partie esleuée en collines couuertes d'arbres, & partie estenduë en campagnes fertiles, & en prez tousiours verds, qui rend le pays diuertissant & abondant en toutes sortes de commoditez. De sorte que iamais les viures n'y ont manqué, bien qu'on y ait veu tout à la fois sept Testes couronnées auec leur Cour, à sçauoir Charles-Quint l'Empereur, Philippes II. son fils Roy d'Espagne, Maximilien Roy de Boheme, la Reyne sa femme : Eleonor Reyne de France, Doüairiere de Portugal, Marguerite Reyne de Hongrie, & vn Roy de Belesie en Affrique, qui faisoient plus de huict mille cheuaux. La riuiere de *Senne*, qui passe par le milieu de la ville, & qui se ioint par vn canal artificiel long de cinq lieuës au fleuue de *Rupel*, y conduit tous les iours les nauires chargez de bleds & de vins. Ce n'est donc pas sans mystere que la ville de Bruxelle, qui a deux lieuës de tour, represente la figure d'vn cœur humain, puisque comme toutes les parties du corps trauaillent pour la conseruation du cœur, où est le siege de la vie & le thresor des esprits : aussi toutes les villes voisines contribuent leurs soins & leurs trauaux pour l'auitaillement de Bruxelle, où est le siege du Prince & l'ame de l'Estat. Les Mathematiciens qui deferent tant au nombre de sept, à cause des sept Planettes, qui ont vn empire certain sur les corps sublunaires, qu'elles exercent par la force de leurs influences, comme par le ministere de leurs Anges, ont icy de quoy repaistre leur curiosité. Car Bruxelle a toutes choses en pareil nombre, aussi bien qu'Auignon en Prouence, à sçauoir sept fontaines publiques, sept grãdes ruës qui vont aboutir à la grande place, sept grandes maisons qui sont aux extremitez de ces ruës que le Senat loue aux Bourgeois, sept grands marchez, sept parroisses, dont la premiere est celle de S. Gudule, sept nobles familles anciennes, auec leurs palais en diuers cartiers de la ville, sept Escheuins qui ont l'intendance de la Police, sept sages femmes, qui apres auoir fait experience de leur mestier, s'obligent par serment deuant le Senat

aa ij

de contribuer charitablement & indifferemment leurs soins pour le soulagement des pauures & des riches, & sept portes chacune auec ses promenades.

LOV-VAIN.
LOVVAIN est le Temple de la Science, comme Bruxelle est le Palais de la Noblesse; & les Muses ne pouuoient choisir vn seiour plus auantageux pour les amateurs des bonnes Lettres que ce climat, qui estant doux & temperé, rend la terre aussi fertile en bons fruicts, que leurs esprits sont feconds en belles pensees : & le pays aussi agreablement diuersifié que les Sciences sont differentes en leurs objects. Ces collines qui sont alentour couuertes d'arbres ou de vignes, & ces vallées riches en pasturages, semblent estre vn dessein formé d'vne seconde Rome ; & ces hommes qui partagent leurs veilles & leurs estudes aux Sciences hautes & basses, auec vn merueilleux succez, semblent estre animez de l'esprit des vieux Romains, sçauans & vaillans personnages. Et s'il est vray ce qu'on dit ordinairement, que les Philosophes cherchent l'horreur des

solitudes, les Orateurs l'echo des cauernes, & les Poëtes le murmure des eaux, tout ce qu'on nous a chanté de l'ancienne Grece, n'est point à preferer aux forests, aux montagnes, & aux fontaines de Louuain. Ceux qui se sont estudiez à l'origine des noms nous asseurent que cette ville a pris son nom du lieu de son assiette, qui est vne plaine au pied d'vne colline, & arrousée des eaux de la riuiere *Delia*, qui passe par la ville, & du torrent de la *Vorte*, *Verte, r.* qui se desborde assez souuent : Car *Ven* en langage Flamand signifie vne campagne humide, & *Lo* vne colline ou eminence : de sorte que le mot Latin *Louanium*, qu'on emprunte des Fraçois n'exprime pas si bien la situation de cette ville que le mot Allemand *Venlo*. La riuiere *Delie*, qui trauerse la ville, & la partage comme en deux arcs ou deux demy-lunes, s'arreste & s'escoule comme on veut, en abbaissant ou esleuant des pales qu'on a fait faire à dessein dans les chaussees; mais il faut bien prendre garde de les leuer promptement quand les neiges se fondent ou quand les eaux se desbordent, de peur que les pales estans baissées, comme il est arriué quelquefois, l'eau entrant dans la ville, n'emporte les hommes & les maisons.

ARSCHOT.

La Dyche d'Arschot assise sur le Demer, n'est pas beaucoup esloignée de Louuain. Le chasteau est vn lieu de plaisance où la Nature s'est efforcée de contribuer tout ce qu'elle a de rare pour la perfection de cette place, & l'Art a employé toutes ses ruses pour surpasser la Nature en ses naifuetez. Vous ne sçauez qu'admirer où tout est admirable, ny que choisir où tout est hors de prix, les ruisseaux arrousent les prez, & sont comme des lignes d'argent tirées sur vne riche tapisserie de verdures & de paysages. Les collines sont chargées de beaux arbres fruitiers plantez en Eschiquier. Les forests & les estangs vous conuient egalement à la pesche & à la chasse. Les iardins sont des merueilles aux yeux, icy des tonnelles, là des labirinthes; icy des grottes, des fontaines & des tuyaux, & par tout de quoy vous satisfaire. Et si vous voulez voir le dedans du logis, vous aduouërez en sortant, que tous les appartemens sont si bien cõpassez, tous les offices si magnifiques, toutes les chambres si riantes, que ce qu'ont supposé les fables des chasteaux enchantez, est vne histoire en la maison des Ducs d'Arschot.

Quant à la ville de MALINES, elle n'est pas ancienne, & comme les autres belles choses, elle s'est esleuée d'vn fort petit commencemẽt à cette grandeur, qui la rend vne des plus considerables des Pays-bas, pour estre le siege du Parlement, & du Primat de Flandres. Ce n'est pas sans raison qu'on la nomme le moyeu du Brabant, puis qu'elle est au milieu de trois grandes villes, Anuers, Bruxelle & Louuain, qui composent vn triangle, dont elle est le centre, egalement distante des trois. Son assiette est dans vne plaine, & son terroir assez bon, pourueu qu'on le cultiue. La riuiere *Demer*, qui a le reflux de la mer, aussi bien que l'Escaud, la trauerse par le milieu, & se partageant en ruisseaux, comme vn arbre en plusieurs branches, forme des isles & des viuiers dans les places publiques, & dans des maisons particulie-

MALI-
NES.

res, auec des ponts pour passer d'vne rüe à l'autre. Ce qui fait que la ville est forte, pource qu'on peut couurir d'eau toute la campagne voisine, noyer dans leurs retranchemens les ennemis qui l'assiegeroient, & faire paroistre en peu de temps vne grande mer en terre ferme. L'Arsenac estoit vne rare piece pleine de canons, de boulets, de chariots, de nauires, de poutons, & de tout l'equipage necessaire à vne armée de terre & de mer; mais la guerre & les diuisions qui ont trauaillé cette Prouince, l'ont priuée de la meilleure partie de ses plus beaux ornemens.

ANVERS. De Maline l'on entre auec le Demer dans le Rupel, & auec le Rupel dans l'Escaud, qui vous porte à ANVERS, où vous ne sçauez lequel plus admirer le port, la ville, la citadelle, & les mœurs des habitans. Quoy que la mer en soit esloignée de quinze grandes lieües, elle ne laisse pas neantmoins d'auoir le reflux de ses eaux, & de receuoir sur son port les plus grands vaisseaux de l'Ocean chargez de marchandises, qui se vont delasser sur vn beau quay, & exposer en vente les bleds, les

DE FRANCE. 377

vins, & les autres denrées qu'ils ont esté chercher aux pays estrangers. Les plus experimentez en la marine, & qui ont frequenté les plus celebres havres des deux mers, auoüent qu'ils n'ont iamais rien veu de pareil à cette ingenieuse machine, auec laquelle on approche les nauires si pres du port, qu'on les touche auec les mains, & qu'on y monte & descend sans incommodité. On a veu tout à la fois deux mille cinq cens nauires au port; attendre vn mois à l'ancre sans pouuoir descharger, & souuent on en a compté iusques à quatre cens prendre la mesme marée, & suiure la mesme route. De la largeur & profondeur de cette riuiere, qui a plus de deux mille quatre cens pieds d'vn bord à l'autre, & plus de soixante de hauteur, mesme quand la mer est basse, on peut iuger le trauail & les frais qu'il fallut faire au Duc de Parme, pour l'estacade ou pont qu'il fit dresser sur l'Escaud l'an mil cinq cens quatre vingts-quatre, quand il posa le siege deuant Anuers.

Pour le regard de la ville, sans m'arrester aux fables, ny aux foibles interpretations du nom & du lieu de son assiette, le plus probable est ce que les Doctes en ont escrit, que la riuiere de l'Escaud, n'ayant point de lict asseuré, & changeant tous les iours de place ; les habitans du pays qui receuoient vn notable dommage de ses desbordemens, creuserent vn canal pour l'arrester ; & sur la descharge des terres qui en furent tirées, ils bastirent la ville d'Anuers, qui signifie colline ou eminence. Car ie ne sçaurois croire ce qu'on raconte d'vn Geant nommé Druon, qui tenoit cette place deuant la venuë de César dans les Gaules, qu'il coupoit la main droite aux marchands, s'ils ne luy payoient la moitié du prix de leurs marchandises. On adjouste encor pour mieux authoriser cette fable que les Armoiries de la ville d'Anuers sont deux mains, & mesme qu'on garde dans la maison de Ville les os prodigieux de ce Geant, & qu'enfin le mot d'*Anuers* signifie autant que main iettée, pource que ce voleur iettoit dans la riuiere les mains qu'il coupoit. Il y a huict principaux canaux tirez de la riuiere, par lesquels les nauires, fregates & grosses barques viennent chargées iusques dedans la ville, & plus de soixante & quatorze ponts pour la communication des places & pour la commodité des citoyens, deux cens ruës, vingt-deux places, dont la plus grande est celle des Seigneurs, & la plus belle celle des marchands, qu'on nomme la nouuelle Bourse, où l'on entre par quatre portes.

Vous voyez dans cette ville vn abregé de l'Vniuers auec toutes les richesses de la Nature, & toutes les inuentions de l'Art, où l'on peut entendre parler toutes les langues de l'Europe, & assister à vne conference de François, d'Espagnols, d'Italiens, d'Anglois, d'Allemans & d'Esclauons, qui tous y traittent de leurs affaires auec les mesmes libertez & en mesme langage qu'à Paris, Madrid, Florence, Londres, Dantzic & Ragouse. Et pour dire le vray, c'est vne mine d'or inespuisable que cette ville, & les coffres de ses Bourgeois, qui sont tousiours ouuers pour les affaires du Prince & de l'Estat ne sont pas si dangereux à creuser que les montagnes du Perou, ny si casuels que les flottes du nouueau monde, qui n'arriuent pas tousiours au port par la disgrace des vents & des corsaires, & sont neantmoins autant vtiles pour la paix & pour la guerre. Ie n'en veux point d'autre tesmoin que Charles V. qui tira pour vn iour trois cens tonnes d'or des coffres de cette ville sans fouler les Marchans, ny affoiblir leur commerce. On dit de luy que comme François I. luy vantoit les richesses qui estoient sur les ponts de Paris, il respondit plaisamment, qu'il auoit vne ville & vn Bourgeois qui pourroient chacun iour luy en donner autant. La ville est Anuers, & le Bourgeois estoit Fuger. Scribanius rapporte qu'vn seul marchand a tiré de ses coffres en moins de vingt iours sept cens mille escus pour les frais de la guerre, & que le mesme a compté pour vn mois vn million d'or, & deux autres millions, auec sept cens mille escus en moins de trois mois pour les mesmes subuentions. C'est bien plus ce qu'il adjouste, que les guerres ciuiles ont consumé deux cens millions d'or dans la ville d'Anuers, comme si les bourses des Bourgeois, & les armes des soldats estoient deux gouffres, l'vn inespuisable, & l'autre insatiable.

Pour les manufactures, ie peux dire qu'il y a fort peu de villes au monde comparables à celle-cy. Car si vous voyiez la Verrerie, vous croiriez estre en l'Isle Murane pres de Venise; le feu ne s'y esteint iamais, les fournaises sont tousiours pleines de ces charbons liquides & coulās, qui ressemblent plustost à des fōtaines de feu qu'à des boutiques de verre, où chaque ouurier a sa tasche, l'vn gaigne sa vie en souflant, l'autre en tournant, les vns donnent la teinture au verre, les autres y appliquent l'or & l'argent. La matiere qui est susceptible de toutes les formes se loüe de l'esprit des artisans, prenant plus de figures que leur imagination n'en peut representer, & le feu qui ne semble estre bon qu'à destruire fait des productions admirables, changeant du sable, de la cendre, des cailloux & du plomb en vn beau verre, ou en quelque autre vaisseau de parade propre pour estre mis sur le bufet d'vn Prince.

La maison destinée pour les Tapissiers est vn ouurage excellent, qui a plus de six vingts chambres pleines de tapisseries de toutes les façons, les vnes de laine, les autres de soye, quelques vnes recamées d'or & d'argent auec tant d'artifice, qu'on est en peine de prononcer qui est le plus naif, ou le pinceau des Peintres, ou l'esguille de ces ouuriers; toute la gloire d'vn tableau estant attachée à la main qui manie le pinceau; mais la valeur & le prix d'vne piece de tapisserie se prenant & de l'ouurier & de la matiere, qui est maniée auec tant de delicatesse, & arrangée auec tant de proportion, que la sagesse & la beauté y disputent la preference, & contestent pour l'honneur de l'ouurage. A ce propos qui voudroit faire comparaison du trauail des anciens auec celuy des modernes, trouueroit que les vns ont fait leur apprentissage aux champs & dans les bois, & que les autres sont passez maistres dans les villes, & ont fait leur chef-d'œuure dans la sale des Princes.

Ie ne dis mot de l'Imprimerie d'Antiers, qui est assez connuë à tous les Doctes, qui se plaisent à la lecture des bons liures. L'Imprimerie de Plantin a passé pour le huictiesme miracle du monde, y ayant plus de cent sortes de caracteres Syriaques, Hebreux, Grecs, Latins, & des autres langues: toutes les Notes de la Musique, du plein chant, des instrumens : des planches de cuiure & de bois : des images, des histoires & des fables : des plans, des desseins, des chartes, & generalement tout ce qui est necessaire pour l'assortiment de cét art admirable, qui rend la parole aux muets, & donne aux viuans l'entrée dans la conuersation des morts. Douze Presses trauaillent tous les iours pour cultiuer les esprits des hommes, & les remplir de la science qui les rend plus semblables à Dieu. Il est vray que plusieurs ont acquis de la reputation parmy les gens de lettres par le moyen de l'Imprimerie, comme les Manuces en Italie, les Frobeins en Allemagne, les Iuntes à Venise, les Estiennes en France ; mais Plantin les a tous surmontez. Tout ce qu'il a entrepris a reüssi tres-heureusement:

Neantmoins il est hors de doute, qu'il n'a iamais rien fait approchant de la Bible Royale, qui ayant esté conceuë aux pays des Latins, en Grece, en Palestine, en Chaldée, & en Syrie, est venuë naistre à Anuers dans la maison de ce braue homme.

Ie doute si Ruben n'a point acquis plus de reputation pour auoir tiré auec autant de perfection les beaux visages sur la toile, que Plantin a representé l'image des beaux esprits sur le papier. Il est vray que Plantin a entrepris vn mestier bien difficile de rendre les Doctes immortels dans la memoire des siecles : mais Ruben en a prattiqué vn autre qui n'est pas moins considerable, de donner la vie aux choses inanimées, & d'interdire la parole & l'vsage du mouuement aux spectateurs de ses tableaux, sans autres charmes que ceux de son pinceau.

On peut enfin connoistre en quelle estime y sont les belles lettres, puis qu'on y compte iusques à cent cinquante Colleges, où il semble que les Sciences soient nées, & que les Langues estrangeres y ayent esté formées,

puis

puisque non seulement les hommes, mais encore les femmes parlent Latin, Italien, François & Espagnol, auec les mesmes aduantages que les Citoyens de l'ancienne Rome, & que les naturels de Toscane, de France & de Castille. Guicciardin, qui a descrit l'histoire des Pays-bas, tesmoigne que de son temps il y auoit dans Anuers iusques à trois cens Peintres, six cens Tailleurs d'habits, plus de six vingts Orfeures, cent & dix Chirurgiens, cent soixante-neuf Boulangers, tous chefs de famille & maistres iurez. On a veu tout à la fois deux mil cinq cens nauires au port attendre vn mois à l'ancre sans pouuoir descharger, & quelquefois on en a compté iusques à quatre cens prendre la mesme marée, & suiure la mesme route.

Mais le feu, la guerre & les seditions populaires ont apporté de grãds dommages à cette florissante Cité, & diminüé de beaucoup son ancien lustre. Il y a desia quelques années que le feu brusla la maison des Marchands, & la forteresse qui n'auoient point leur pareille en Europe, & enuelopa dans les

bb

mesmes ruines le Palais, l'Eglise de Nostre Dame, & sept cens belles maisons. La sedition populaire qui s'esmeut l'an mil cinq cens cinquantequatre, changea la face de cette celebre ville en vn horrible theatre, où le peuple ioüa la plus sanglante tragedie aux despens des Nobles, qu'on ait iamais veu sur les Scenes de l'ancienne Grece. Les guerres ciuiles acheuerët le comble de ses malheurs, quand les Espagnols s'en furent rendus les maistres, & qu'armez de fer & de feu, d'auarice & d'insolence, comme des furies sorties du profond des enfers, ils ne parloient que d'oster les biens, la vie & l'honneur à ses pauures Citoyës qui voyoiët le feu des canons sur leurs murailles, & le feu de l'adultere dans leurs maisons, sans auoir d'autre eau pour l'esteindre que les larmes de leurs yeux.

Ie peux dire de la citadelle qu'elle est vne des plus fortes & des plus regulieres places de l'Europe, de figure pentagone, flanquée de cinq gros bastiõs, reuestus de brique & de pierre de taille, dont la conseruation est de telle importance aux Espagnols qu'ils ne permettent pas aux estrangers de l'attaquer mesme auec les yeux. Ie m'oubliois qu'il y a cinq portes à la ville du costé des champs, & treze du costé de la riuiere, chacune auec vn pont & vn quay pour la commodité des marchãs. Tel est le plan & la situation d'Anuers, qui doit ses richesses & sa beauté au fleuue de l'Escaud sur lequel elle est assise.

Auant que de passer plus auant, ie recueille quelques ruisseaux que i'ay laissé escouler sur mes chemins sans y prendre garde pour m'estre trop hasté.

L'Emele & la Colme.

L'Emele entre dans la mer à Graue- *Emele &* linghe, aussi bien que la Colme, qui *la Colme.* descendant de Vuatene, prend deux chemins pour arriuer plus aysément aux bords de l'Ocean, l'vn la conduit à Grauelinghe & l'autre à Donkerque, entre-coupez d'vn grand nombre de canaux pratiquez par l'industrie des Flamands pour faciliter le commerce dans leurs Prouinces, & suppleer par

bb ij

artifice aux disgraces de la Nature, qui ne leur est pas si fauorable sur la terre que sur l'eau. La pluspart de tous ces ruisseaux seroient encore tous rouges du sang des plus vaillans soldats qui ont perdu la vie pour l'honneur, ou pour la liberté dans les campagnes qu'ils arrousent, si la mer voisine par ses vapeurs, & le Ciel par ses pluyes, n'en auoient effacé les taches.

NIEVPORT. *Nieuport* est à dire le vray vn havre fort asseuré pour les vaisseaux, où ils entrẽt sans danger à la faueur du fanal qu'on y allume toutes les nuicts, pour aduertir les matelots de prendre garde aux escueils & aux bancs de sable assez frequents en cette mer: où ils demeurent à couuert de la tempeste à cause des Dunes qui sont tout autour, & qui destournent ou rompent l'effort des vents. La ville est assez bien bastie, mais elle a esté particulierement recommandable depuis la sanglante bataille qui fut donnée à la veuë de ses murailles l'an mil six cens, entre l'Archiduc Albert, & le Comte Maurice, auec pareil succez que celle qui se liura l'an mil deux cens nonante-huict à

Bataille de Nieuport.

pareil iour entre Adolphe Comte de Nassau & l'Empereur Albert. Le Comte Maurice auoit prudemment disposé son armée en sorte que le vent luy donoit à dos & le Soleil aux yeux de ses ennemis. Son auant-garde estoit commandée par le Comte Louis son cousin, la bataille estoit conduite par le Comte Eurard de Solme, & l'arriere-garde par Oliuier de Timpel. Maurice de Nassau se faisoit voir comme vn Mars au milieu de ses troupes enflammant & de voix & de gestes ceux qu'vn iuste depit animoit d'ailleurs assez au combat, contre des personnes qu'ils sçauoient estre dés long-temps en possession de ne leur garder aucune foy, & qui auoient obligé par serment leurs Capitaines & leurs soldats de ne laisser la vie qu'aux deux freres, les Princes Maurice & Henry, pour les faire seruir de trophée à leur victoire.

L'armée des Estats ainsi disposée entre les Dunes & la mer, le Prince encouragea ses soldats, leur recommandant l'honneur, la vie, & le fruict du combat, qu'il falloit emporter auec gloire, ou verser tout son sang pour la cause commune, ou boire toute l'eau de la mer pour se sauuer. La meslée commença à deux heures apres midy, & ne finit qu'apres le iour, Six mille hommes du costé de l'Archiduc demeurerent sur la place, huict cens prisonniers, la pluspart gens de condition & de courage payerent leur rançon, six pieces d'artillerie furent gainées, cent & six drapeaux d'infanterie emportez, auec cinq cornettes de caualerie. Le Prince de Nassau fit paroistre en ce combat qu'il possedoit les qualitez d'vn excellent Capitaine en prenant le dessus du vent, iettant le Soleil dans les yeux des ennemis, posant ses canons non point sur le sable, comme firent les Espagnols, mais sur des caualiers de fagots & de fassines, fermant les chemins à ses soldats, & leur ostant toute esperance de pouuoir se sauuer à la fuite, dissimulant sagement la mort des principaux Chefs de son armée, de peur d'abbatre le courage aux autres, & rangeant ses bataillons auec vn ordre admirable, qui fait tousiours plus d'effet par vn petit nombre bien conduit, que par vne grande multitude dans la confusion.

On void encore auiourd'huy vne grande croix noire esleuée sur vne eminence au lieu où le combat fut donné pour seruir de trophée aux vainqueurs, & tombe aux vaincus.

Pour DONKERQVE, elle a pris son origine & son nom de l'Abbaye de Dijen, qui en est assez proche: Charles-Quint l'a renduë considerable par la construction d'vne citadelle: le Marquis de Spinola luy a ouuert la mer par vne grande Digue; la pesche des harancs l'a enrichie; ses pirates l'ont remplie du butin & des despoüilles des marchands Hollandois, Anglois & François. Le Mareschal de Thermes la saccagea, & le Duc d'Anjou s'en saisit pour l'establissement de ses affaires du Pays-bas, mais il en fut chassé par le Prince de Parme. Le Côte Maurice a tasché depuis de la surprendre par escalade.

DON-KERQVE.

Il ne faut pas s'estonner si dans vn pays entrecoupé de tant de ruisseaux & de riuieres, & où l'on a assez de peine à se sauuer des naufrages, i'ay encore passé le Rabec qui se iette dans le Demer à Bilſen, le Stimmer au deſſus de Haſſelt, le Laek à Dieſt, la Goethe chargée du Gheer pres de Halem.

LE ZOOM.

REprenons le cours de l'Eſcaud, qui au ſortir d'Anuers s'auançant vers la mer, bat les murailles du fort de l'Illo, & ſe partage en deux branches, dont l'vne nommée Hont, à cauſe du bruit qu'elle fait, ſeparant la Flãdre du Brabant, ſe rend dans la mer Oceane entre la ville de Bieruliet en Flandre, & celle de Fleſſingue en l'Iſle de Vualckeren de Zelande; l'autre coule vers Berghopzom, où elle reçoit *Zoom, r.* la petite riuiere de Zoom, qui donne le nom à la ville baſtie ſur ſes bords, & ſe diuiſe encore en deux bras, ou pluſtoſt en deux bouches, dont l'vne appellée Vuoſmer, paſſe à Tolen, & ſe deſcharge dans la Merue à vne lieuë de là; l'autre ſepare les Iſles de Zelande auec diuers bras, les diſtinguans par ſon gros canal en Orientales & Occidentales, entre leſquelles ſe pouſſant vers la mer, il finit ſon cours, & perd ſon nom entre les Iſles de Schouuen

& de Vualckeren.

Au reste le reflux de l'Ocean fait remonter les eaux de ce grand fleuue contre son cours naturel iusques aux murailles de Gand. Les poissons les plus connus qui entrent dans cette riuiere sont les saumons, les lamproyes, les esturgeons, les soles, les aloses, & plusieurs autres qui viennent de la mer prendre l'eau douce. On y void aussi des chiens marins, & des especes de Dauphins. Ces deux sortes de poissons ne font point d'œufs comme les autres, mais engendrẽt des petits tous formez comme les animaux de terre; & mesme les chiens marins font les leurs sur les bords de la riuiere, & les alaittent de leurs mammelles iusques à ce qu'ils ayent la force & l'industrie de chercher eux-mesmes leur nourriture.

FLESSINGVE dont i'ay parlé à l'occasion d'vne des bouches de l'Escaud n'estoit autrefois qu'vn simple passage de Zelande en Flandre, maintenant qu'elle est ceinte de fortes murailles, auantagée d'vn beau port de mer, enrichie par son trafic, & peuplée

FLES-SINGVE.

de Citoyens: elle peut estre nommée le grand Passage du monde, dautant qu'elle reçoit tous les iours sur son port les nauires qui viennent de l'Orient & de l'Occident, du Nord & du Midy, chargez des richesses du nouueau monde & des commoditez qu'elle retire des Prouinces voisines, qui semblét ne cultiuer les terres que pour le seruice des Hollandois. Les Comtes de Zelande l'ont possedée les premiers comme vn membre de leur Estat, qui la donnerent à l'illustre maison des Boursaux auec des priuileges & immunitez dignes de la liberalité d'vn grand Prince, qui veut obliger ses subjets. Cette famille estant esteinte à faute d'enfans masles, Flessingue retourna sous la possession de son Souuerain le Duc de Bourgogne, qui la vendit quelque temps apres auec le Marquisat de Verie au Comte Guillaume de Nassau. Charles-Quint qui sçauoit l'importance de cette ville pour ses affaires, & qui la tenoit pour vne des clefs qui ferment & ouurent les portes de l'Ocean Belgique, entre les instructiōs secretes qu'il donna à son fils Philippes II. luy recommanda tres-particulierement de conseruer cette place, comme vne fleur de sa Couronne.

La ZELANDE & les Isles voisines sont assises entre les embouchures de l'Escaud, & ont pour leurs bornes du Nort la Hollande, du Leuant le pays de Brabant, du Midy la Flandre, & du Couchant la mer Germanique. Il y a sept Isles, trois au delà des bouches de l'Escaud vers le Brabant, qu'ils nomment Orientales, pource qu'elles sont plus proches du leuer du Soleil, sçauoir Sculde, Duualande & Iolen; & quatre deçà l'Escaud, tirant vers l'Occident, qui sont Vualkeren, Zuyrbeuelande, Nortbeneuelande, & Vuolferdiich.

ZELANDE.

Cette Prouince a dix villes & cent villages, qui apres auoir beaucoup souffert des hommes & des Elemens, apres auoir veu ses terres rauagées par les inondations de la mer, les leuées du pays percées par la violence des flots, ses villes forcées par la famine, ses habitans immolez à la fureur d'vn Prince impitoyable; apres auoir veu de plus les batteaux voguer sur ses maisons dans le desbordement des eaux, l'air, l'Ocean & le feu bandez contre vne motte de terre, & ses riuages couuers des corps de ses enfans, s'est enfin demeslée auec accortise, sortant de la misere, & se rendant florissante en trafic, en biens & en peuples suiuant sa deuise, *Luctor & emergo*. La mer engloutit encore assez souuent des villes, & des isles entieres; mais les Zelandois en font d'autres par leur trauail; & s'ils perdent d'vn costé par la violence des eaux, ils reparent de l'autre leurs pertes par l'industrie de leurs mains, & par les inuentions de leur esprit.

HOL-LANDE. Quant à la HOLLANDE, on peut dire que c'est vn enigme. Car cette Prouince ne porte presque aucune sorte de grains, & neantmoins l'Europe n'a point de meilleur grenier. La Hollande ne recueille ny lin ny chanure, elle fournit pourtant vn nombre infiny de toiles pour l'accommodement, & mesme pour le luxe des plus grands Princes. La Hollande n'est pas vn pays de laines, & toutefois il s'y fait vn grand trafic de drapperies. On ne void aucune forest dans la Hollande, & toutefois cette Prouince bastit elle seule plus de nauires que tout le reste de l'Europe ensemble: enfin pour vn comble de merueilles, les Hollandois sont au milieu des eaux sans en boire vne goutte.

Elle a pour bornes vers l'Occident la mer Britannique, vers le Nort la Cimbrique, au Leuant vn destroit qui descouure la Frize, au Sud-est le pays d'Ouerÿssel, & au Midy celuy d'Vtrecht. Son circuit est de soixante milles, sa largeur est fort petite, veu qu'on tient que du milieu du pays vn voyageur peut aller jusques à ses extremitez en trois heures, & mesme il y a certains lieux d'où l'on ne compte pas vn mille iusques à la mer de part & d'autre.

On void bien souuent trembler la terre sous les charriots & sous les cheuaux, pource qu'elle est spongieuse & pleine de creux & de concauitez. Elle est diuisée par plusieurs estangs & marests, & par beaucoup de canaux tirez par artifice de ses estangs & de la mer: de sorte que l'humidité a fait tomber ou mourir ces anciennes forests qui couuroient toute la terre. Les affaires d'Estat des Prouinces Vnies du Pays-bas sont conduites par la direction des Seigneurs, qui sont les principaux de la Noblesse, des Magistrats & Surintendans des villes, que les Estats particuliers de chacune Prouince deputent tous les ans auec plein pouuoir de resourdre en l'Assemblée sur chaque point ce qu'on proposera pour le bien du public. Les points les plus importans qui se traittent dans ces Assemblées des Deputez sont pour le fait de la guerre, pour les contributions des deniers, pour la reformation des abus qui peuuent se former dans l'Estat populaire, pour le repos & la tranquilité du pays, pour conseruer l'intelligence & l'vnion entre toutes les villes, & generalement pour tout ce qui touche la Religion, la Iustice, la Police & les Domaines.

Ie n'ignore pas comme nous sommes en possession par vn droit de coustume d'appeller du nom de Flandres tous les Pays-bas partagez en dix-sept Prouinces : mais ie ne pretends icy parler que d'vne Prouince particuliere diuisée du Brabant par vn des bras de l'Escaud; laquelle comme elle a de tres-grands auantages pardessus les autres, a donné le nom de Flandres à tout le pays; & qui est bornée de l'Ocean, & des riuieres de l'Escaud, de Tenere, du Lys, de la Sambre & d'Aa, qui la separent aussi du Haynaut, de l'Artois & de la Picardie. La terre n'y est pas si fertile en bleds, qu'il ne faille recourir aux greniers de France pour nourrir vn si grand peuple, mais en recompense elle a des pasturages tres-excellens, des bœufs en quantité, de bons cheuaux de guerre, des brebis si fecondes qu'elles font cinq ou six agneaux d'vne portée. Les saisons y sont fort temperées, les hyuers n'y sont pas rigoureux, ny les estez insupportables à cause des vapeurs de la mer, qui moderent le froid & rabbatent la chaleur; les tonnerres n'y grondent iamais, la foudre n'y tombe point, & les tremblemens de terre n'esbranlent aucune de ses maisons. La mer luy ouure ses ports pour le commerce; &

son sein pour la pesche des harancs; les vents portent heureusement ses vaisseaux iusques dans les nouueaux mondes; ses meilleures riuieres luy seruent de viuiers, d'où elle prend quantité de poissons.

La Flandre a eu ses Comtes particuliers, qui tenoient rang parmy les douze premiers Pairs de France qui assistent aux ceremonies du sacre des Rois, & releuoit en fief de la Couronne, iusques à la victoire de Charles-Quint à la Iournée de Pauie, lequel fit consentir de force ou de gré François premier son prisonnier à la cession du droict de la Souueraineté de Flandre. Les Naturels du pays ont le corps bien fait, la taille riche, la couleur viue & enflammée, qui est vn tesmoignage du sang & de la bile, qui prédomine en eux, & qui les rend hardis, courageux & entreprenans: mais l'habitude change l'inclination, & la coustume a souuent plus de force que la Nature : d'où vient qu'estans esleuez dans le trafic ils se plaisent beaucoup plus dans vne boutique que dans vn corps de garde, & sont plus propres à compter

pter l'or & l'argent qu'à manier le fer. Ils sont francs & sinceres en leurs procedures ; ils portent leur cœur dans la main ; leur parole & leur maintien est vne naïfue image de leurs pensees. Quiconque dira que les Flamans ont vn courage de salpestre, qui prend aysément feu & s'esteint aussi tost ; vn esprit de cire, qui reçoit & retient heureusement toutes les sciences qu'on y veut imprimer ; vn naturel de vif argent, qui s'accommode & se fait à toutes sortes d'humeurs, comme ce metail s'attache & s'vnit à tous les autres metaux ; & des bras infatiguables, cóme ceux de l'Ange qui meut le Soleil & compasse les temps, puis qu'en Flandres il n'y a point de temps à perdre, & que l'oysiueté n'y est pas la bien receuë ; Celuy là ne se trompera point dans ses iugemens. Mais comme il ne faut qu'vne goutte d'absinthe pour rendre ameres les plus douces confections, ces belles & bonnes qualitez sont corrompuës par l'yurognerie, qui semble estre vn vice inseparable de la nation bien qu'ils soient au milieu des riuieres pour detremper leur vin.

E C

LA MEVSE.

MEVSE, R.

IE me trouue encore vne fois esleué sur la montagne de Vauge dans le pays de Vaudemont sur les frontieres de Langres pour considerer la Meuse dans son berceau, & visiter auec vn esprit de Philosophe le lieu de sa naissance assez proche des sources de Saone & de Marne, cette gloire estant commune aux plus grandes riuieres de tirer leur origine des lieux les plus eminens de la terre, & les plus voisins du Ciel. Neantmoins ie me persuade que cette consideration est fort inutile, & que comme nous reconnoissons les bienfaits de la Nature, sans voir la main qui les presente; ainsi sçauons-nous les vtilitez que les riuieres apportent aux Prouinces, engraissans les terres & facilitans les commerces, sans comprendre aucunement la cause de ces productions, ny penetrer parfaitement la source de ces eaux. Car c'est vne vaine imagination plus seante au Parnasse des Poëtes, qu'en l'Eschole des Stoïciens, de nous faire passer l'Vniuers pour vn animal, dont les veines sont les sources & les fontaines d'eau, qui luy sert de sang pour l'entretenir dans l'vsage de ses plus nobles fonctions, & luy conseruer la vie; & les montagnes pour la pluspart chargées d'arbres, sont comme le chef couuert de poil de ce prodigieux corps à plusieurs testes, d'où descoulent les riuieres comme des saignées naturelles qui se font en l'homme par les conduits du nez pour l'abondance du sang, qui ne trouuant point d'autre issuë plus fauorable pour se descharger, se porte auec effort où la Nature luy ouure les chemins pour se mettre en liberté. La pensée de quelques autres n'est point plus raisonnable, qui nous descriuent les montagnes semblables à des esponges alterées qui succent l'eau des veines de la terre, & l'attirent auec tant de violence qu'elle regorge au dehors; tout ainsi que nous voyons des voyageurs indiscrets, qui apres auoir long temps souffert la soif, quand ils rencontrent quelque fontaine fauorable à leurs souhaits, boiuent l'eau auec tant d'auidité, qu'ils en respandent vne partie le long des leures, & vomissent l'autre dés aussi tost qu'ils l'ont aualée. Car qui ne void que ces discours conuiennent mieux aux fables de la Metamorphose qu'aux raisonnemens de la Philosophie? & qu'il faut estre plus stupide que les rochers, de se persuader que la terre soit animée d'vn autre esprit que de celuy de Dieu qui luy donne la fecondité par sa presence, & fait croistre en son sein les choses necessaires à l'entretien de l'homme? qu'elle ressente des alterations extraordinaires causées par les chaleurs? qu'elle ait besoin d'vn raffraischissement pour appaiser sa soif? que l'eau coule comme du sang dans ses veines? que l'Ocean soit son foye? que les forests s'esleuent sur sa teste comme vne cheuelure? & que toutes ces ouuertures par où les ruisseaux se jettent sur les campagnes, soient les bouches de ce grand monstre? Il est vray que le langage de Platon est incomparable, aussi croy-je que c'est plustost pour bien parler, que pour bien raisonner, que les Sçauans luy ont donné le surnom de Diuin, puis qu'il exprime ses resueries auec des mots si pompeux, qu'il est capable de les faire passer pour des illustres veritez; & que les paroles dont il se sert pour descrire l'eau renfermée dans les cauernes des montagnes, & le feu agissant au dessous, sont si charmantes qu'il nous fit presque croire que l'eau des riuieres brusle lors mesme qu'elle est gelée, puis qu'à son dire elle est tousiours bouillante par la force du feu, & que les jets des fontaines ne sont que des agitations excitées par la chaleur d'vn Element caché qui pousse l'autre en haut. Aristote n'a point mieux rencontré que son Maistre, quand il a crû que les riuieres qui tombent du sommet des montagnes n'estoient que des vapeurs attirées par les rayons du Soleil, & formées de l'air espais & renfermé dans les cauernes, lesquelles venans à rencontrer la froideur, se condensent facilement & se tournent en eau, & puis se faisans chemin par les veines de la terre, se font ouuerture en quelque endroit, & produisent par ce moyen des sources, des fontaines, des ruisseaux & quelque fois des riuieres;

comme les nuées qui sont en l'air se resoluent en pluyes, & se deschargent sur les campagnes pour la fecondité des terres. C'est bien sans doute qu'il y a dans la terre, mesmement dans les lieux les plus releuez, vne infinité de cauernes remplies d'air & de vapeurs: mais que toutes les fontaines du monde viennent de cette admirable conuersion d'air & de vapeurs en eau, & de ces fontaines tous les ruisseaux, & du ramas de ces ruisseaux toutes les riuieres, comme l'a pensé le Prince des Philosophes, c'est vne chose que ie ne sçaurois me persuader, estant de cette humeur de me rendre plustost à la raison qu'à l'authorité, & de deferer plus au discours qu'à la pourpre. Car si cela estoit, attendu la grande quantité des fleuues, lacs, ruisseaux, estangs & fontaines, il faudroit que la terre fust toute creuse & grosse de ces vapeurs, qui paroistroient plus abondantes en esté qu'en hyuer, le Soleil ayant plus de force en vne saison qu'en l'autre pour les tirer de ces prisons, & les faire rouler comme en triomphe sur des canaux de cristal le long des prez. Il faut se tenir à ce que l'Oracle de l'Escriture sainte nous a prononcé, que tous les fleuues entrent dans la mer, sans que la mer s'enfle aucunement pour toutes ces recreuës, & qu'il faut qu'ils s'en retournent au lieu d'où ils sont partis pour couler vne autre fois. Et là dessus i'ayme mieux dire, que l'Intelligence qui preside au mouuement des eaux, & qui regle le flux & reflux de l'Ocean pour le bien de l'Vniuers, donne cette forte impressiõ aux sources de se guinder en haut, & de se porter iusques sur le faiste des plus hautes montagnes, pour de là se ietter dans les valons auec plus de roideur, & se respandre par les terres des Prouinces, lians les peuples par le commerce dans l'interest de leurs affaires, facilitans les voyages, & rendans les campagnes fertiles par leur humidité.

La riuiere de Meuse m'a fait prendre ce destour sur les montagnes de Vauge à l'occasion de son origine qu'elle y prend pres de Montigny le Roy, d'où elle se pousse vers le Nord iusques à S. Thibaud, où elle commence à porter des batteaux qu'elle conduit à Neuf-

c c iiij

chasteau pour faire son entrée dans la Lorraine auec plus de pompe & d'agréement aux peuples qui la reçoiuent comme la terre fait la lumiere du jour qui luy communique ses faueurs dez aussi tost qu'il est leué. Et pour la rendre plus forte, & plus habile à porter la charge des vaisseaux, il semble que les ruisseaux ambitionnent de se presenter à elle, & de se jetter auec profusion dans son canal dez la premiere entrée qu'elle fait dans cette illustre Prouince, qui a donné des Princes au Leuant, & des Rois à la Palestine, & qui semble estre le pays de la Majesté, puisque la terre y produit les metaux, qui sont les nerfs de la guerre & les ornemens de la paix, auec les perles, les Cassidoines, & plusieurs autres pierres precieuses dont on estoffe les Couronnes.

Aussi ce pays estoit-il autrefois vn Royaume, qui comprenoit tout ce qui se trouue depuis les Alpes Orientales iusques en Bourgogne, & de là en descendant iusques aux riuieres du Rhin & de l'Escaud il s'estendoit iusques à la mer de Frise. Ce Royaume fut diuisé puis apres en deux Duchez, dont l'vn est celuy de la haute Lorraine situé sur la Moselle, & qui pour cette cause est aussi nommé le Duché de Mosellane ou des Mosellaniens, dont l'Empereur Henry III. inuestit le Prince Gerard d'Alsace, qui a donné l'origine aux Princes de Lorraine sortis par la lignée des femmes d'vne fille de Charles le Competiteur de Hugues-Capet au droict & en la possession du Royaume de France. L'autre est le Duché de la basse Lorraine qui faisoit vne partie de la Taxandrie & des Menapiens, où sont maintenant les Duchez de Brabant, de Gueldres, & les terres du Pays-bas, qui sont arrousez de la riuiere de Meuse.

Cet illustre fleuue reçoit à Neufchasteau le ruisseau de la *Mothe*, qui laue le pied du rocher sur lequel est esleuée cette forteresse, qui sembloit imprenable il y a quelques années aux plus heureux Conquerans, pour estre hors de mine, de sape & de batterie, & qui brauoit les feux & les foudres des Rois par l'orgueil de ses fortifications.

Mothe, r.

auant qu'elle eust experimenté que les Monarques qui portent auec merite le nom de Iuste, & qui combattent plustost pour les interests de la Iustice que pour la simple gloire de leurs armes, sont incomparablement plus redoutables & plus puissans que ceux qui ne respirent que la vengeance, ou qui ne recherchent que leur propre grandeur pour le fruict de leurs victoires. Elle se grossit encore d'vn autre ruisseau qui descendant des bois de Vauge passe à Dombray, à Beaumont, à Viocourt, à Atligny, & se rend dans son canal pres de Maxey sous Brecy.

Auec cette recreuë d'eaux elle continuë sa marche à Vaucouleur, glorieuse qu'elle est d'arrouser la terre qui a veu naistre Ieanne d'Arc, surnommée la Pucelle d'Orleans, la Iudith de nostre Bethulie, & l'Ange de nostre Estat. Dieu qui auoit choisi les Pasteurs pour esgorger les lyons de la Iudée, & deschirer les ours des montagnes de la Palestine, destina cette Bergere pour chasser les Leopards de nostre France auec sa Houlette, & la tira de la garde des moutons de son pere pour conseruer ce Royaume, & le deliurer de l'oppression des iniustes vsurpateurs. Ceux qui nous ont descrit les merueilles de cette histoire, & les auãtures de cette illustre Amazone, nous asseurent qu'on void encore auiourd'huy l'arbre sous lequel elle auoit de coustume de se tenir à l'ombre contre les ardeurs du Soleil, & d'esleuer son cœur auec sa voix à celuy qui l'auoit prédestinée pour estre la Tutelaire du Royaume de Charles VII. & la Conductrice de ses armées. Le temps qui consume les plus nobles matieres, & qui n'espargne pas mesme les Temples ny les Autels consacrez à Dieu, a eu du respect pour cet arbre, qui a braué les siecles & les saisons, & s'est moqué des injures de l'air, sans que les vers ayent iamais seulement attaqué son escorce, ny les vents ou les pluyes endommagé ses branches. On diroit que le vœu que cette saincte Fille y prononça pour la conseruation de sa virginité fit quelque impressiõ sur luy, & que comme elle fut tres-soigneuse de garder l'integrité de son corps & de ses membres iusques à sa mort malgré les attaques de la terre & de l'enfer, aussi cet arbre est en quelque façon ialoux de l'integrité de son tronc & de ses branches, qu'il conserue malgré les orages & les ardeurs des hyuers & des estez.

La Meuse sortant de Vaucouleur, gaigne la ville de S. Mihel & arriue à VERDVN, ville Imperiale, auant que le Roy Henry II. la mettant sous la protection de ses armes, l'assuiettist à sa Couronne, à la façon du Soleil, qui ne fait ressentir l'effet de ses faueurs qu'aux parties du monde qu'il esclaire de ses lumieres. Cette ville est de grand circuit assise sur la riuiere de Meuse, qui la diuise en trois villes, dont l'vne est esleuée sur vn costau au deçà de la riuiere, l'autre s'estend dans la plaine au delà, & la troisiéme est renfermée dans vne Isle, que forme la riuiere au milieu de son lict. On tient qu'vn Euesque de Verdun se sentant opprimé par la violence des Ducs de Lorraine & de Bourgogne ses voisins se ietta entre les mains du Roy Philippes de Valois, & que pour reconnoissance de la protection de leur Prelat

Verdvn.

les habitans de Verdun donnerent à nos Rois huict cens liures de rente payables par chacun an, ce qu'ils continüent encores à present qu'ils sont plus en seureté que iamais par vne forte citadelle bastie par le feu Roy, qui les met à couuert contre les entreprises des estrangers.

De Verdun la riuiere pousse ses eaux à Dung & Villefranche, passe le long des murailles d'ASTENAY, place frontiere, & assez bien fortifiée, & s'en va moüiller MOVZON, qui a porté le titre d'vne Souueraineté appartenante à l'Archeuesque de Rheims, qui l'eschangea auec le Roy Philippes de Valois contre la ville de Velly sur Aisne. C'est encore aujourd'huy vn petit Gouuernement separé, qui ne paye ny Taille ny Gabelle, conseruant cette exemption d'imposts, comme vne illustre marque de son ancienne dignité, & comme vn precieux reste de sa premiere fortune.

LE CHIERS.

A Deux lieuës de Mouzon le CHIERS vient rechercher l'alliance & le lict de la Meuse, luy donnant les eaux qu'il puise de trois sour-

Marginalia: ASTENAY. MOVZON. CHIERS.

ces, meres de trois ruisseaux, qui se ioignans apres dans vn mesme canal à Chauancy, visitent les villes de la Ferté & d'Iuois auant que de se rendre à la Meuse qui les reçoit, comme des tesmoignages de la noblesse & du courage des habitans du pays, & des soldars François qui ont souuent combattu sur ses bords, & les vns & les autres ont fait paroistre la gloire de leurs armes, ceux-là pour la defense de leurs murailles, & ceux-cy pour l'auancement de leurs conquestes.

D'AN-VILLIERS. Car vn de ces ruisseaux arrouse Iamets & D'ANVILLIERS, qui a veu trois fois depuis cent ans nos Lys fleurir sur ses riuages, & nos estendars arborez sur ses tours. L'an mil cinq cens quarante-deux Charles Duc d'Orleãs fils de François premier prit la place par composition, la rasa, la brusla pour n'estre pas defensable. L'Empereur l'ayant fait reparer, fortifier & embellir de plusieurs edifices, voulant faire paroistre qu'il pouuoit tirer l'auantage de ses subjets de leur propre perte, dix ans apres le Roy Henry II. y mit le siege, resolu de la battre & d'y laisser pour la deuxiesme fois des marques apparentes du courroux de ses armes. La garnison estoit de dix-huict cens hommes de pied, & de deux cens chevaux, laquelle apres auoir resisté peu de iours fit vne capitulation honteuse, de sortir sans armes & sans equipage, & par ignominie passa entre l'armée Royale rangée des deux costez en bataille. Ayant esté renduë au Roy Philippes II. par le traitté de paix, elle a encore esté l'illustre trophée de nos victoires en ces dernieres guerres, ses murailles & ses forts bastions n'ayans pû resister à la valeur & aux addresses du Mareschal de Chastillon, qui la reprit il y a quelques années pour le Roy Louis XIII.

Les autres ruisseaux passent à Mareuille, à Virton & à Montmedy, petites villes, mais bien fortifiées, particulierement celle de Montmedy, assise sur vne haute montagne, qui neantmoins se rendit à la fortune & à la vertu du Roy Henry II. à faute de viures, de munitions & d'hommes de cœur; prise & reprise souuent par les François, comme vn jouet de guerre, & enfin renduë au Roy d'Espagne comme vn article de paix. Marueil, ou Marueille, est nommée ville commune, pource que la moitié appartient au Roy d'Espagne, & l'autre au Duc de Lorraine. Vierton, comme qui diroit en Latin *Veneris donum*, le don de Venus, est vn tesmoignage de la superstition des anciens habitans du pays de Luxembourg si follement attachez au culte de leurs faux Dieux, qu'ils donnoient aux villes & aux lieux plus importans de leur Prouince le nom de leurs Idoles & des Planettes : comme il y a de l'apparence qu'ils consacrerent au Soleil le pere de la Lumiere la ville de Luxembourg, qui est autant à dire que le Bourg ou Chasteau de lumiere : à Saturne la ville de Sathenay : à la Lune Arlun, que les Latins nomment *Aram Lunæ*, l'Autel de la Lune, esleué dans vn Temple de Diane pour l'vsage des sacrifices : à Mars le village de Mars en Famene : à Mercure Mercut, village situé entre le chasteau de Soy & Bastoigne : à Iupiter Iuois, ce qui se trouuera en transposant les lettres de Iuois en Iouis : à Venus Vierton ; & mesme à tous les Dieux Thiouille, ou Theouuille,

uille, composé du mot Grec *Theon*, & du Latin *Villa*, comme estant le siege de toutes les fausses diuinitez, ainsi qu'à Rome on fit le Pantheon, qui estoit le Temple de tous les faux Dieux Payens, qu'on nomme saincte Marie de la Rotonde.

Le Chiers ayant ainsi ramassé toutes ces eaux coule à la Ferté, qui perdit ses murailles & ses fortifications dans les guerres du dernier siecle, aussi bien qu'Iuois, assis aussi sur le Chiers à vne lieuë & demie de la Ferté, & à quatre de Montmedy, qui estoit vne bonne & forte ville auant qu'elle fust demantelée suiuant le Traitté de paix accordé au Roy d'Espagne par le Roy Henry II. qui l'emporta d'assaut l'an 1552. Ie ne compte point les ruisseaux de *Munaux*, de *Hapsonca*, de *Marimont*, du *Banel*, de la *Petite forest*, de la *Bonne fontaine*, de l'*Hermite*, du *Brule-hamez*, de *Teste de Chenaux*, qui se iettent dans le Chiers ou dans la Meuse mesme, au dessous de Remilly; pource que ie suis pressé de courir à SEDAN, suiuant la Meuse qui se haste d'y aller auec plus d'agrée-

SEDAN.

dd

ment ; depuis qu'elle est sous la protection de France, qu'elle ne void plus que des François sur ses murailles & sur ses bastions, que les Aigles n'y volent plus, que les Lyons n'y font plus de rauages, & qu'elle peut cueillir en seureté les Lys qui naissent dans ses parterres. Ie ne veux pas raconter ses dernieres aduantures, la playe qu'elle a receu est encore trop fraische pour la toucher; Il me suffit de dire, que la Principauté de Sedan auec le Duché de Bullion ont appartenu à l'illustre Maison de la Mark, sortie des Comtes de Cleues, & d'vne branche d'Aremberg, iusques à Robert Guillaume cinquiesme du nom, Duc de Bullion, Souuerain de Sedan, Iamets & Raucourt, qui mourant sans enfans institua Charlotte sa sœur son heritiere, laquelle espousa Henry de la Tour Vicomte de Turene, premier Mareschal de France, assez celebre en nos Histoires, & viuant immortel en la personne de ses Enfans, dont la gloire a remply l'Italie, l'Allemagne & les Pays-bas de la grandeur de leurs genereux exploicts. Charlote Princesse de Sedan se voyant sans enfans, crût ne pouuoir laisser son bien en vne meilleure main qu'en celle de son mary, qu'elle nomma son heritier en mourant, qui a tousiours joüy depuis de l'heritage, nonobstant les oppositions des autres pretendans. Sedan est vne des fortes places de l'Europe, diuisée en trois grandes ruës, auec vn fort chasteau esleué sur le roc ceint de fortes murailles, entourées de fossez à fonds de cuue, larges & profonds, pratiquez dans le roc, flanqué de bastions & muny de toutes sortes d'armes. La riuiere se voute en arc au sortir de Sedan, & se recourbant à Donchery pour receuoir le *Bar* qui vient de Bezancy, & passe à Brieul sur Bar, & à S. Aignant, elle va droit à Mezieres, où elle reçoit quelques ruisseaux des frontieres de Titasche.

Bar, f.

MEZIERES est vne ville assise entre deux bras de la Meuse, dont l'vn la trauerse, & fait le fossé qui est entre la ville & la citadelle, où il y a deux moulins. Cette citadelle fut bastie l'an 1591. par le sieur de S. Paul Mareschal de la Ligue d'vn bout de la vil-

Mezieres.

dd ij

le qu'il retrancha & fortifia de six bouleuards. La moitié du fauxbourg de deçà la Meuse est vne Souueraineté nommée Mehon; & l'autre fauxbourg au delà de la riuiere nommé le Pont d'Arche est de la Souueraineté d'Arche, qui commence au boût du pontleuis. Ce qu'il y a de remarquable est, que la riuiere de Meuse lors qu'elle viët passer de l'autre costé de la ville, s'en va iusqu'à la ville d'Ouarque distante d'vne lieuë de Mezieres, & de là repasse de l'autre costé des murailles de la mesme ville, faisant vne grãde Isle, fertile en bleds entre ces deux villes. Ce fut en la ville de Mezieres que Charles IX. espousa la Reyne Elizabeth d'Austriche fille de l'Empereur Maximilian II. Princesse d'vne rare beauté & d'vne grande vertu, capable d'attirer les esprits & les cœurs, & de donner autant d'amour que de veneration.

Arche est vn petit village situé sur le bord de la mesme riuiere à vn quart de lieuë de Mezieres, en tirant vers le Sud-est, où Charles de Gonzague Duc de Neuers, & Prince de Mantouë commença de bastir vne ville, nommée Charle-ville, agreable en son assiette & en ses bastimens, qui ne sont que des superbes pauillons bastis sur le modele de la place Royalle de Paris. A l'opposite de Charleuille s'esleue vne haute montagne nommée le Mont-Olympe, où se voyent les ruines d'vn vieux chasteau, qu'on tient auoir esté le Temple des Dieux, & la demeure de Iulien l'Apostat qui gouuernoit les Gaules auant que de monter sur le Throsne de l'Empire.

La riuiere de *Semoy*, qui vient du pied d'Arlun, passe à Chiny chargée du *Vir*, coulant de Neuf-chastel, se rend à Bullion, la Capitale du Duché de cet illustre Conquerant, qui prefera la Couronne d'espines au Diademe d'or, que les Princes François voulurent luy mettre sur le front apres la prise de Ierusalem, aymant mieux en cela ressembler au Roy du Ciel qu'aux Rois de la terre, dont les Couronnes pour estre estoffees d'vne matiere pretieuse ne sont pas pour cela moins picquantes. Et enfin apres plusieurs destours le Semoy se vient ietter dans la Meuse, laquelle aussi grossie tra-

Semoy, r.

Vir, r.

dd iij

uerſe les Ardennes, gaigne Fumay, &
Blanche, puis Vireu, où elle reçoit la *Blanche*
r. auec la *Noire* : la Blanche, qui vient de
Noire,r. Chimay, Principauté du Duc d'Arſchot, & ſe ioint à la Noire dans les
foſſez de Mariembourg, ainſi nommée à cauſe de Marie Reyne de Hongrie, ſœur de l'Empereur Charles V.
qui la fit baſtir ſur la ionction de ces
deux riuieres, & la fortifia de quatre
grands baſtions. En ſuitte de Fumay
l'on rencontre Charlemont baſty par
Charles V. ſur l'vn des bords de la
Meuſe à la main gauche pour arreſter
Choul, r. les courſes des François, où le *Choul*
vient ſe rendre à Giuet ſur le riuage
oppoſé: & à deux lieuës de là on trouue Dinant preſque vis à vis de Boui-
Leſch, r. nes ſur les deux bords de la riuiere, qui
Hommi- ſe groſſit là du *Leſch* & de l'*Hommine*,
ne, r. chargées de la *Selle.*
Selle , r.
DINANT. On raconte de ceux de DINANT,
qu'arrogans & glorieux d'auoir en diuers temps ſouſtenu dix-ſept ſieges
d'Empereurs & de Rois, ſans iamais
eſtre conquis: ennemis mortels de la
Maiſon de Bourgogne, auſſi bien que
les Liegeois, pource qu'elle ſouſtenoit

le party de leur Euesque contre la felonnie de ses subjets firent vne statuë en relief du Comte de Charolois, portrait au naturel, & vestu de ses armes, le porterent pres de Bouines en la Côté de Namur, & dresserent à la veuë des habitans vn haut gibet où ils pendirent cette effigie. Le Duc Philippes pere du Comte ne fut pas plus ciuilement traicté par ces insolens, qui porterent pareillement son effigie à la voirie deuant Bouines qui n'en est qu'à vn quart de lieuë, & la posans sur vne piece de bois, Veez, disoient-ils en leur langage Vuallon, le siege du grād crapaut vostre Duc. Tel a tousiours esté, & est encore auiourd'huy le naturel ce ce peuple remuant & factieux, qui paya bien cher son insolence, la ville ayant esté ruinée de fonds en côble par Charles de Bourgogne (les autres disent par Philippes mesme) vangeur des outrages qu'on auoit rendües à son image & à celle du Duc son pere, apres vn horrible massacre de tous les habitans, sans exception de qualité, de sexe, ny de condition. Huict cens prisonniers furent noyez, & les femmes

dd iiij

& filles y perdirent encore la vie après la perte de leur honneur. Cette ville s'estant remise & fortifiée auec le temps, ses citoyens reprirent leur ancien orgueil auec leur opulence: de sorte qu'estans sommez par vn Heraut d'armes de se rendre au Roy Henry II. qui marchoit en Conquerant le long de la riuiere de Meuse, & contoit ses journées par les prises de villes, respondirent, que s'ils tenoient Henry & le Duc de Neuers vn de ses Generaux d'armée, ils leur mangeroient le foye. Iulien Romero qui commandoit dedans auec vne forte garnison d'Espagnols & de Landsknechts, n'esperant pas de pouuoir estre secouru à temps, & voyant que le canon du Roy auoit fait vne bresche raisonnable, commença à parlementer, & pour ce sujet on luy permit de sortir pour faire sa capitulation. Mais il perdit tant de temps à contester & pointiller à l'Espagnole sur des formalitez d'honneur qu'il se rendit importun au Connestable, & donna sujet à ses gens d'abandonner la ville & de gaigner le chasteau. Le Connestable estant auerty de ce defordre, leur fit entendre, que Romero ne contestoit plus que pour luy & pour douze des siens, laissant les autres en proye: mais que s'ils vouloient se rendre promptement, il les traitteroit honorablement; & qu'en cas de refus la corde estoit desia preste au gibet pour chastier leur obstination. Ces offres ayans esté acceptées, la ville neantmoins ne laissa pas d'estre pillée, les habitans mis au carnage, les maisons de la ville & le chasteau rasez; Romero fait prisonnier, & rendu le iouët des soldats.

La ville de BOVINES est assez celebre en nos Histoires par l'insigne victoire que Philippes Auguste y remporta sur le Pont de la Meuse le vingt-septiesme de Iuillet l'an mil deux cens quatorze, contre l'Empereur Othon quatriesme, Iean Roy d'Angleterre, oncle de l'Empereur, & Ferdinand Roy de Portugal Comte de Flandres, au mesme iour que Louis son fils deffit les Anglois en Anjou. Il faudroit vn volume entier pour descrire toutes les particularitez de cette sanglante Iournée, en laquelle plus de cent cinquāte

BOVINES.

Bataille de Bouines.

mille hommes furent rompus par nos François, l'Empereur auec le Duc de Limbourg & le Comte de Louuain se sauuerent par vne fuitte honteuse: les Comtes de Boulogne & de Salisbery demeurerét prisonniers, auec le Comte de Flandres, que nostre Philippes fit conduire à Paris, où ce Monarque victorieux fut receu en triomphe par les habitans, & pour trophée de sa victoire fonda les Abbayes de Nostre Dame de Bon-port & de la Victoire à l'honneur de la Royne des Anges qui luy auoit sauué la vie, quand son cheual fut tüé sous luy, & qu'il fut luy-mesme assez long temps couché parmy les morts. Auant que de donner le cóbat, à la veüe des Princes & des Seigneurs de son armée, il osta la Couronne qu'il auoit sur la teste, & la mit sur vn Autel portatif, leur disant, Ne craignez, mes amis, nous auós à combattre contre des excommuniez; neátmoins si ie ne m'acquitte pas dignement de mon deuoir en cette Iournée, & si quelqu'vn de vous s'estime plus digne que moy de porter ma Couronne, & plus capable de defendre l'honneur de la France, ie luy quitteray volontiers le droict & les marques de la Royauté. Ce qui encouragea tellement cette Noblesse, & rendit les Gentils-hommes si zelez au seruice de leur Monarque, qu'ils protesterent d'vne commune voix de vouloir mourir à ses pieds, & de ne souffrir iamais d'estre commandez par vn autre. Cette ville, qui deuoit estre instruite par cette victoire de la valeur de nos François, refusa depuis d'ouurir ses portes au Roy Henry II. chargé des despoüilles, & couuert des lauriers qu'il auoit moissonnez sur les bords de la Meuse; & dans ce refus fut emportée d'assaut, & laissée à la mercy du vainqueur, qui se seruit auec beaucoup de moderation du bonheur de ses armes, & ayma mieux conseruer la blancheur de ses drapeaux & de ses Lys, que de les soüiller du sang des habitans & du violement des femmes, mettant les vns & les autres a couuert.

La Meuse ayant ainsi coulé sous les ponts de Dinant & de Bouines, reçoit à vne lieüe de là la riuiere de *Boch*, qui bat les murailles de Chiney, ville au-

Boch, r.

trefois considerable, tant pour son assiette que pour sa iurisdiction, qu'elle exerce auec independance: & vis a vis du Boch elle se grossit encore d'vn autre ruisseau qui vient des frontieres du Liege, & passe a l'Abbaye du Moulin. Ainsi enflée, & orgueilleuse qu'elle est, elle descend à Namur pour y prendre la Sambre.

LA SAMBRE.

NA-
MVR.

NAMVR Capitale du Duché qui porte son nom, a pris son origine de l'Oracle Nanus, qui perdit la parole à la naissance de Iesus-Christ, de sorte que de Nanus müet on en fit la ville de Namur, s'il faut croire ce qu'en disent les bonnes gens du pays, ou plustost elle a pris son nom du nouueau mur, que les Romains bastirent pour arrester les courses de ces nations farouches, qui ialouses de leur liberté, ne pouuoient souffrir le voisinage d'vne domination estrangere, dont leurs peres n'auoient iamais oüy parler. La ville est assise entre deux montagnes sur le riuage de la Meuse, à l'emboucheure de la Sambre, assez bien bastie, & fortifiée d'vne bonne citadelle contre les desseins des ennemis. Les habitans sont nez aux armes, & la pluspart d'eux ayment mieux porter l'espée auec la pauureté, que d'amasser du bien en trauaillant. A les oüir parler, ils sont plus nobles que les Paleologues, & il n'y a presque point de Gentilshommes parmy eux qui ne trouue vn Prince en sa race.

La *Sambre* donc qui se vient perdre à Namur, prend son origine en Hainaut, ou plustost en Cambresis, d'vne grosse source d'eau, entre S. Martin & Chastillon, d'où elle porte son cours vers le Septentrion dans les fossez de Landrecies.

Sambre.

La ville est petite, mais tres-bien fortifiée, assise sur la pente d'vne colline, dont le pied est arrousé de la riuiere de Sambre, & vn de ses costez couuert de la forest de Mormaut, auec vne montagne qui commande la ville basse, & qui pouuoit beaucoup incommoder la haute, auant que le Roy Henry II. qui la fit rebastir apres qu'elle eut esté bruslée par les Impe-

LANDRE-CIES.

riaux, les euſt ſeparées l'vne de l'autre par vne grande tranchée reueſtuë de bonnes murailles, & remparée de quatre bouleuars qu'il fit faire à la haſte, quand l'Empereur Charles V. reſolu de rentrer dans la poſſeſſion du Duché de Luxembourg, dont il auoit eſté iuſtement deſpoüillé par les armes de noſtre Prince, vint l'aſſieger auec trente-huict mille hommes de pied, & treze mille cheuaux. La place fut viuement attaquée, mais plus courageuſement defenduë par vn grand nombre de Gentils-hommes, qui s'eſtans renfermez dedans à deſſein de ſignaler leur zele au ſeruice de leur Roy, & d'acquerir de la reputation parmy les hommes de cœur, ſe moquerent des canons de l'Empereur, & ſupporterent toutes les incommoditez de l'hyuer & de la faim auec vn courage incroyable. Le Roy vint luy-meſme en perſonne ſecourir la place, & rafraiſchir la garniſon; ce qu'il fit auec vn tel ſuccez, que celuy qui croyoit eſtre à Paris, & diſner dans la ſale du Louure en moins d'vn mois, fut contraint de leuer honteuſement le ſiege, & d'auoüer qu'il est plus facile aux Espagnols de conquerir des Royaumes entiers au pays des Barbares, que de recouurer vne seule ville gaignée & defenduë par les François. La paix qui fut concluë entre les deux Couronnes, la remit dans la possession de l'Espagnol, mais les guerres dernieres l'ont faite encore vne fois estre Françoise.

La Sambre ayant ainsi contribué ses eaux aux fortifications de la ville de Landrecies, elle continüe son cours, & reçoit vn accroissement assez considerable par la descharge de plusieurs grands marests qui viennent se ietter dans son canal au dessus du Pont du S. Esprit, & par le torrent d'*Hepre* qui s'y rend aussi vn peu au dessous du mesme Pont, venant de Momegnies, passant à Liesse, & arrousant Auesnes, qui paroist encore rouge du sang des ennemis de cet Estat, tuez en la bataille d'Auesnes au passage de nostre armée qui marchoit en Hollande. Vous trouuez en suitte *Aimeries* auec son pont pris & repris assez souuent de part & d'autre en ces dernieres guerres, aussi bien que Maubenges, ville plus cele-

Hepre, r.

bre pour son Abbaye de Chanoinesses, que pour aucun autre auantage, distante enuiron de quatre lieües du chasteau d'Aimeries sur le mesme riuage de la Sambre, laquelle se pousse vers Thuin, pour gaigner Marchiennes, où elle reçoit d'vn costé la riuiere d'*Heur* ou d'*Heurne*, & de l'autre le *Pieton*, l'vne prenant sa source à Florens, & l'autre à Fontaine-l'Euesque, qui s'estans ainsi donnez à elle auec plusieur. autres ruisseaux, & entre autres l'*Ornu*, qui vient de Giblou la conduisent auec beaucoup de pompe & de magnificence aux portes de Namur, où elle s'allie auec la Meuse comme i'ay dit.

Heur r.
Pieton, r.

Ornu, r.

La Meuse abandonnant Namur descend à Huys petite ville diuisée en deux par la riuiere, qui se ioignent auec vn tres-beau pont de pierre, & renforcée d'vne citadelle, & de là se rend en la ville de Liege auec vne grosse suitte de ruisseaux, qui se sont rangez auprez d'elle sur les chemins, comme la *Iausele* au dessus de Samson, la *Mehaigne* au dessus de Huys, & à Huys vn torrent du mesme nom, qui

Iausele, r.
Mehagne, r.
Huys, r.

so

se rend redoutable par son bruit & par ses desbordemens en la saison des pluyes.

Puisque nous sommes arriuez aux portes de Liege, auant que d'entrer dans la ville, pour y cõsiderer les beautez du lieu, il n'est point hors de propos de parler des riuieres, qui nettoyãs ses rües, & remplissans ses fossez se perdent dans la Meuse. La premiere est la riuiere de *Liege*, qui se leue au bourg d'Ainsy à trois lieues de la ville, & luy vient donner ses eaux auec son nom pour vne marque de sa subiectiõ. La deuxiesme est l'*Ourt*, qui prend son origine de la fontaine d'Ourt sur les Marches de Luxembourg, arrouse Offalize, Rochefort & Durbuy, & ayant receu l'*Albe* ou la *Blanche*, qui naist à S. Vit, & coule le long des Abbayes de Molmedy & de Stauelo, elle prend le nom de *Vrt-Ourt*, comme si elle deuoit augmenter son nom, & accroistre ses titres à proportion de l'accroissement qu'elle reçoit de ses eaux. La troisiesme est la *Vuese* ou *Vesdo*, qui naist au dessus de Limbourg, & bat les murailles de cette ville Capitale du Duché

Liege, r.

Ourt, r.

Albe, r.

Vuese, r.

e e

de Limbourg, petite, mais forte place, accompagnée d'vn chasteau fondé sur le roc, où l'on ne peut monter qu'auec beaucoup de peine. On void encore assez pres de la ville vn autre chasteau, nommé de Hende, esleué pareillemét sur vne roche viue, & si auantageux pour la defense, que six soldats pourueus de munitions de guerre & de bouche, peuuent tenir bon contre vne armée. Ce pays est vn lieu de plaisir & de diuertissement en esté, mais vne prison & vn lieu de bannissement en hyuer à cause du froid insupportable, & des neiges qui couurent toute la terre. A demie lieue de Limbourg on trouue vne mine de pierre ou terre grise, que l'Historien de la Nature nomme Cadmie, qui s'vnit tellement auec le leton par la force du feu, estant bien preparez, qu'elle l'augmente d'vn tiers. Elle sert aussi pour diuerses operatiós de la Medecine, & particulierement pour les maladies des yeux. Toutes ces eaux s'en vont dans la ville du Liege, où nous entrerons à leur faueur.

LIEGE. Le Diocese du LIEGE tire son nom

de sa principale ville, nommée par les Latins *Leodium*, & par les François, Liege, soit qu'elle ait receu ce nom de la Legion Romaine, qui fut taillée en pieces dans la vallée, où elle est maintenant bastie : ou du ruisseau *Legia*, qui auant que de se perdre dans la Meuse, auec plusieurs petites riuieres, qui viennent de la Forest d'Ardenne, & les autres dont i'ay desia parlé, passe par les ruës de cette opulente ville, où toutes à l'enuy luy offrent leurs poissons, & la commodité des eaux, dont les Citoyens se seruent auantageusement pour conduire des fontaines & des viuiers dans leurs maisons, & faire de leur ville, comme vn Archipelague en terre ferme entre-coupé d'vn grand nombre d'Isles. Philippes de Comines compare Liege à Roüen pour la grandeur : neantmoins ceux qui ont pris les dimensions des deux, asseurent que Liege a beaucoup plus d'estenduë, quoy qu'elle ne soit pas si peuplée, y ayant de grandes places desertes, dont les vnes sont attachées à la nature du lieu, qui est inhabitable ; les autres sont des effects de la

Legia, &

de ij

guerre, & des restes de la cruauté de Charles le Hardy dernier Duc de Bourgogne, qui l'assiegea l'an 1468. & la prit comme fit autrefois Pompée Hierusalem, vn iour de Dimanche quād le peuple disnoit, pensant que ce Dimāche luy deust estre vn iour de repos. L'armée cōposée d'enuiron quarante mille hommes entra dedans par les deux bouts, & trouuāt la nape mise tua les premiers qu'elle rencontra, sans distinction d'aage, de sexe, ny de condition, viola femmes, filles, Religieuses, pilla la ville & les lieux Saincts. Le peuple s'enfuit delà le pont, & croyant se sauuer aux Ardennes, il tomba entre les mains de certains Gentils-hommes, qui iusques alors auoient tenu leur party: mais comme les esprits interessez se changent auec la fortune, ils les detrousserent, en tuerent quantité, prirent les principaux, & par ce perfide stratagême firent leur appointement auec le Duc. Plusieurs moururent mattez de faim, de sommeil, & de froid, qui fut si extreme, que l'histoire remarque, qu'vn Gentil homme de l'armée y demeura paralityque, deux doigts tomberent de la main à vn autre : le vin se gela dans les tonneaux, & durant trois iours on le coupoit comme des pieces de bois auec des coignées pour le faire fondre au feu, & le rendre potable. Pour le dernier acte de cette sanglante tragedie, le Duc fit abbatre le pont de la Meuse, brusla la ville, excepté les Eglises & les maisons du Clergé, & combla les fossez de ses murailles. La cholere & la victoire n'oublient iamais aucune espece de vangeance, quand elles sont engagées dans vn mesme party. S'il faut croire ce qu'aucuns escriuent, plus de cinquante mille ames perirent en cette guerre cruelle, au delà des bornes de toute humanité : & qui doit seruir de leçon au peuple de se contenir en l'obeyssance de ses Souuerains, & de ne s'embarquer iamais dans les querelles des Grands, qui se releüent aysement du bourbier, où ils laissent plongez les petits, qui leur ont donné la main : & de tableau, où les subjets peuuent remarquer le iuste iugement de Dieu sur vne ville reuesche,

ee iij

ennemie de souueraineté spirituelle & temporelle, & qui de tout temps est en possession de frequentes reuoltes contre son Euesque son Prince vnique & legitime, qu'elle ne recognoist que par bienseance autāt qu'elle veut, & qu'elle ne reçoit qu'en papier & en peinture.

Mais rentrons dans la ville, qui a esté reparée, accreuë & embellie apres ses pertes par le peuple ialoux de la gloire de son Estat, où les Bourg-Maistres, & les autres Magistrats gouuernent, comme dans vne Republique libre : quoy que l'Euesque prenne le titre de Duc de Liege, Prince de l'Empire, Duc de Boüillon, Marquis de Francimont, Comte de Lorent, & d'Hasbanie, Seigneur de plus de douze cens places qui releuent de sa Crosse. Elle a huict Eglises Collegiales, dont la principale est le Chapitre de S. Lambert. Les Chanoines sont les Conseillers du Prince, qui ne peuuent estre receus en cette compagnie, que par les suffrages de leur noblesse, & de leur doctrine, deuans tous estre Docteurs, au moins Licentiez, &

Nobles de plusieurs races: ce qui est fort à propos, puis que l'Eglise est l'espouse du Roy de la gloire, & la fille du Maistre des Sciences. Elle a encore dans ses murailles huict grosses Abbayes, trente-deux parroisses, & plusieurs autres Monasteres, & Hospitaux richement fondez : d'où vient qu'on la nomme *le Paradis des Prestres*: & le grand seau de l'Euesque, dont on seelle les plus importans affaires, porte cette inscription Latine, qui est vn tesmoignage certain de l'antiquité & des prerogatiues de cette Eglise: *Leodia Romanæ Ecclesiæ vnica filia*. Liege fille vnique de l'Eglise Romaine.

Le pays, qui est compris entre le Brabant, le Duché de Limbourg, la Comté de Namur, & la France, & borné de la Meuse, abonde en toute sorte de bons fruicts, en bleds, & mesme en vins, excepté vers les Ardennes, où l'on ne void qu'vne triste image de l'horreur & de la sterilité de la plus grande forest du monde, au raport de Cesar. Les montagnes, qui semblent n'estre esleuées que pour seruir de bute aux foudres du Ciel,

& d'objet aux maledictions de la terre, ne sont point inutiles en ces contrées, & on peut dire qu'elles ne sont grosses que des Thresors qu'elles renferment dans leurs entrailles pour l'espargne du Prince: de fer & de plomb pour les vsages de la guerre: d'albastre & de marbre pour dresser des tombeaux magnifiques aux excellens personnages, qui seruent de recompense à leur vertu, & d'esguillon au courage de leurs concitoyens: & de grosses pierres noires propres à faire du feu pour la commodité des familles. On appelle cette sorte de pierre charbon de Liege, qui s'esprend peu à peu, s'esteint auec l'huile, & s'enflamme par l'eau. Les Liegois se vantent de trois choses, d'auoir du pain meilleur que pain, du fer plus dur que fer, & du feu plus chaud que feu. Outre vne infinité de ruisseaux & de fontaines dont ce pays est arrousé, on trouue dans les Ardennes à demie lieue du village de Spa la celebre fontaine de Sauenier, qui passant par des mines de fer, dont elle retient le goust, guerit de la fiéure tierce, de l'hydropisie, de la grauelle & phtisie, & purge l'estomach, rafraischit le foye, allege les douleurs de la sciatique & des goutes chaudes, reueille l'appetit, & par ses merueilleux effets attire les malades, qui vont de tous les endroits se seruir d'vn remede que la Nature a inuenté. Mais c'est trop s'arrester dãs vne seule ville, pour vn homme qui fait estat d'aller aussi viste que les riuieres, qui coulent tousiours sans iamais se reposer. Et de vray la Meuse a desia gaigné bien loin, & a passé sous le pont de Vueset, pour prendre à la droicte le *Bernin*, qui arrouse Dalem, & à la gauche, vn peu au dessus de Mastricht, le *Iecker*, qui vient de Borcvorme, & passe par *Tongre*, la premiere ville des Gaules qui embrassa le Christianisme par les instructions de S. Materne son Apostre & son premier Euesque, & qui meritoit bien vne meilleure fortune pour auoir esté si docile aux veritez de l'Euangile, que la fureur d'Attila & la rage des Normans, dont le premier la mit en sang par le carnage de ses citoyens, & les autres en cendres par l'embrasement de ses maisons. On peut

Bernin,
r.
Iecker, r.

connoistre l'ancienne magnificence & les richesses de cette ville par les restes de ce grand chemin paué, auec des accoudoirs des deux costez, plus semblable à vne galerie qu'à vn chemin public, qui alloit de Tongres iusques à Paris durant quatre-vingts lieuës; & par les ruines de plus de cent superbes Eglises, que ce Tyran, le fleau de Dieu, fit demolir.

MAS-TRICHT. MASTRICHT, qui est vn des plus fameux passages de la Meuse, d'où elle a pris son nom, *Traiectum ad Mosam*, & qui la trauerse par le milieu sous vn beau pont de pierre, est assis sur les confins du Brabant & du pays de Liege, & comme elle est partagée en deux habitations par la riuiere, elle a esté aussi diuisée en deux dominations par les loix des Princes: la haute ville reconnoissant le Duc de Brabant pour son Seigneur naturel & legitime: la basse appartenant à l'Euesque du Liege, depuis que Porus Comte de Louuain en fit present à sainct Seruat l'Apostre du Pays-bas, pour l'auoir miraculeusement guery d'vne incommodité qui le rendoit punais, S. Hubert tranfera le Siege Episcopal de Maſtricht au Liege par l'authorité du Pápe Sergius, en punition de l'execrable attentat commis ſur la perſonne du ſaint Eueſque Lambert par ſes propres Dioceſains, l'an mil ſept cens treize.

Iamais Egliſe ne merita mieux de porter l'illuſtre nom de Baſilique, que celle de S. Seruat, puiſque les Princes de Brabant en ſont Chanoines, & y tiennent leur rang, & exercent leur charge en qualité de Miniſtres & Officiers de la Maiſon de Dieu, qui eſtāt le Roy des Rois, a des Roys à ſa Cour pour Seruans. On y peut voir le ſuperbe & riche baſtiment des Cheualiers Teutoniques, qui ſe nomme Biſſen, plus ſemblable à vn Palais Royal, qu'à vn Monaſtere, & plus propre à loger vne armée de Gentilshommes, qu'vne compagnie de Religieux: auſſi ſont-ils inſtituez pour combattre les infideles, & leur vœu eſt attaché à la pointe de leur eſpée pour defendre le titre de la Croix, & les intereſts de la Religion. Il ne faut pas oublier les carrieres, qui ne ſont qu'à vne demie lieüe de la ville, où vous voyez vne haute montagne toute couuerte de fruits & iaune de moissons, auec vne magnifique maison de l'Ordre de S. François bastie sur le milieu comme vn beau diamant enchassé dans vne bague. Le dedans de la montagne n'est qu'vne voute, d'où l'on tire vne si prodigieuse quantité de pierres molles & blanches, qu'on diroit que c'est vne source inespuisable de bastimens.

Les Estats se sont emparez de Mastricht depuis quelques années, & la conseruent soigneusement comme vn passage qui leur donne l'entrée dans la haute Allemagne, & ouure les portes de Limbourg, de Iuliers, de Gueldres, de Liege & de Treves à leurs soldats. Ie ne rapporte point icy l'histoire du siege, le courage des assiegez, la valeur des assiegeans, ny les autres particularitez qui se sont passees depuis la reddition de la place, estant pressé de partir pour Ruremonde où la Meuse m'entraisne, estant deuenuë plus grosse & plus rapide par l'*Vll*, qui luy vient de Valkembourg, & par les ruisseaux de la *Beruine*, le *Geul*, le *Rebet*, qui coulent de Nieustat, de Montfort, & de quel-

Vll, r.
Beruine, r.
Geul, r.
Rebet, r.

qués autres lieux: laissant Stochem & Maseych entre deux, assis sur le mesme riuage. A Ruremonde la Meuse reçoit le *Ruer* auec la *Saluine*.

Ruer, r.
Saluine, r.

LE RVER OV LA RVRE.

LE RVER a sa source pres du village de Bulinghen au pays de Iuliers, la demeure ancienne des Menapiens & des Gugernes, passe par Dure, & par Iuliers, se rend à Ruremonde, qui veut autant à dire que la Bouche du Ruer ou de la Rure, qui s'y donne à la Meuse, chargée du ruisseau qui se forme des belles & agreables fontaines d'Aix-la-Chapelle, lesquelles s'assemblans hors de la ville, viennent se ioindre à la Rure au dessus de Hansperg. S'il s'en faut rapporter aux contes de Tritheme, nous dirons que le Ruer, a pris son nom d'vn fils de Clouis Roy de France, qui s'y noya: que si nous suiuons la verité des Histoires, qui n'ont iamais parlé de ce Prince, ny de ses auantures, nous dirons le mesme du Ruer que des autres riuieres, dont la plufpart doiuent leur nom non pas d

RVER, R

la raison, mais à la fantaisie de ceux qui leur ont imposé.

IVLIERS. La ville de IVLIERS, Capitale du pays, que les Allemans nomment Iulick, est vne forte place soustenuë d'vn bon chasteau, qui seruit de sujet aux querelles esmeuës entre les pretendans à l'heritage de Iean Guillaume Duc de Iuliers, de Cleues & de Berghes, Comte de la Marck & de Rauenspurg decedé sans enfans, apres que le Marquis de Brandebourg & le Duc de Neubourg s'en furent saisis, & qui eust esté probablement le theatre des victoires du Grand Henry, si le cousteau d'vn parricide, qui luy osta la vie au milieu de ses prosperitez, ne luy eust point couppé ses palmes & ses lauriers au point qu'ils ne faisoient, ce sembloit, que de naistre. Le Duc de Saxe soustenoit que les Duchez de Cleues & de Iuliers luy deuoient appartenir pour estre descendu de Sibille fille aisnée de l'ayeul du defunct. Le Duc de Neuers soustenoit son bon droict sur la Duché de Cleues par son nom & par ses Armes, qui sont de gueules à huict bastons fleurdelisez d'or, se rencontrans au centre de l'Escu sur vn autre Escu d'argent chargé d'vne esmeraude. Les supports & le cimier sont trois Cygnes d'argent auec des couronnes d'or au col, à cause de ce qu'on raconte qu'vn Cygne tirant vn nauire conduisit miraculeusemét vn Cheualier par le fleuue du Rhin au chasteau de Cleues, qui gaigna les bonnes graces de la Princesse du pays par ses vertus & par ses genereux exploicts, & l'ayant espousée engendra des enfans, dont les Ducs de Cleues tirent leur origine. Et de vray, ce fut à l'occasion de cette fable, qu'Adolfe Seigneur de Rauastein frere de Marie de Cleues Duchesse d'Orleans, se fit appeller le Cheualier au Cygne, quand il tint le pas à l'Isle l'an 1454. Le Comte de Mauleurier fortifioit ses pretentions sur la Comté de Mark par la mesme raison tirée du nom & de ses Armes, qui sont d'or à la face eschiquetée d'argent & de gueules de trois traits.

L'Empereur cependant donna l'inuestiture des Duchez de Iuliers & de Cleues à Leopold d'Austriche Euesque de Strasbourg & de Passau, comme fiefs de l'Empire, qui ne pouuoient tomber en quenoüille. Tous les Princes pretendans à cette succession armerent pour defendre en bataille à la pointe de leurs espées le droict qu'ils ne pouuoient debattre en Iustice par la force des loix; s'accorderent neantmoins tous à exclurre Leopold, qui vouloit tout pour luy à l'exclusion des autres, & qui desia s'estoit saisi de la ville de Iuliers. Henry IV. Roy de France, que Dieu & le bonheur des armes auoient choisi pour estre l'Arbitre des differents des Princes, & le Maistre des peuples, auoit desia mis sur pied vne armée de quarante mille combattans, & fait tirer de l'Arsenac de Paris cinquante pieces de canon auec l'equipage & munitions necessaires, que six mille Suisses vindrent ioindre en Champagne, attendant que le Roy les allast conduire en personne auec la fleur de la Noblesse & le Regiment de ses Gardes : tout cela en apparence pour remettre Iuliers en ses droicts, mais effectiuement, comme plusieurs ont crû, pour remettre l'Empire en la Maison de France.

Aix,

AIX-LA-CHAPELLE, que les Allemans nomment Axen, & les Latins Aqua, est ainsi appellée à cause des bains chauds & des estuues, qui sont & dehors & dedans la ville fort salubres au corps humain, & fort recherchées pour plusieurs maladies, & à cause des agreables fontaines qu'elle a tout autour de ses murailles pour abbreuuer sa prairie, outre la grande qui est vis à vis du Palais, & qui verse son eau par huict tuyaux. Elle a esté autrefois le siege le plus ordinaire, & le plus agreable seiour de Charlemagne, comme elle est encore auiourd'huy la depositaire de son tombeau & de ses cendres couuertes d'vn riche drap de velours parsemé de Fleurs de Lys d'or. Il n'y a pas long-temps qu'on ouurit son sepulchre, où cet inuincible Monarque parut assis sur vne chaire reuestu de ses habits Imperiaux, auec le camail & la panetiere d'vn Pelerin, comme on l'auoit veu autrefois entrer dans Rome triomphant de soy-mesme, & le liure des Euangiles sur ses genoux fait de feuilles de til : mais toutes ces marques de pompe funebre & de pieté

ff

Royale se dissiperent en poudre & en fumée incontinent apres auoir pris l'air. Si cette ville a fait vn des beaux corps de l'Empire, elle n'en a plus que l'ombre : & de cette grande & fameuse Cité, qui a esté si renommée en paix & en guerre, il n'en reste plus rien que l'image & le nom.

Elle conserue neantmoins cet honneur par dessus toutes les villes Imperiales, qu'elle met la premiere la Couronne sur la teste de l'Empereur, & le sacre apres qu'il a esté nommé par les Electeurs à Francfort. Car c'est l'ordre qu'ayant esté esleu il aille à Aix, où se gardent les ornemens Imperiaux, & où l'Archeuesque de Cologne luy oint d'huile sacrée la poitrine, le chef, les aisselles, & les paulmes des mains, l'habille des vestemens d'vn Diacre, luy met l'espée nuë en main, & l'anneau d'or au doigt, luy recommandant le peuple Chrestien, qu'il doit aymer comme son espouse, & deffendre comme son heritage, luy donne le Sceptre & le Globe qui represente le monde, & enfin ledit Archeuesque accompagné de ceux de Mayence &

de Treves luy mettent la Couronne sur la teste. Quelques vns disent qu'elle est d'argent, & qu'il en reçoit vne deuxiesme à Milan qui est de fer, & la toisiesme d'or à Rome de la main du Pape. Tous les Empereurs ne vōt pas si loin chercher leurs Courōnes; neantmoins Charles-quint voulut obseruer les anciennes coustumes, & se seruant de l'occasion de sa presence à Rome & à Milan, il voulut estre couronné d'or & de fer, tout couuert de lauriers qu'il estoit par le bon-heur des armes.

Ces ceremonies acheuees, l'Empereur & les Electeurs s'en retournent au Palais, où ils disnent somptueusement dans vne mesme salle, chacun ayant sa table à part. L'Archeuesque de Treves, qui represente les Gaules, est assis vis à vis de l'Empereur; celuy de Mayence pour l'Allemagne est à sa droicte, & celuy de Cologne à sa gauche, tenant le lieu de l'Italie. Le Marquis de Brandebourg donne à lauer à sa Majesté; le Palatin sert les viandes, & le Roy de Boheme luy verse la premiere fois à boire en qualité d'Es-

ff ij

chanson, puis va s'asseoir pres de l'Archeuesque de Mayence, ayant sous luy le Palatin, & de l'autre costé est le Duc de Saxe & le Marquis de Brandebourg.

Cette ville Imperiale a esté trauaillée de seditions depuis l'an mil cinq cens soixante-huict, pource que les Protestans d'Anuers, & du reste des Pays-bas subjets au Roy d'Espagne, s'estans retirez en cette ville libre, de peur d'estre tourmentez par le Duc d'Albe, se ioignirent auec quelques vns des habitans de la mesme croyance, & demanderent au Senat Catholique l'exercice public de leur Religion : lesquels ayans esté rejettez de leur demande, ne laisserent pas pourtant de s'assembler pour cet effet, & mesme firent vn tel progrez, qu'encore que l'Empereur eust fait vn commandement expres par lettres enuoyées de sa part aux Magistrats de la ville de chasser les Ministres, il y en eut de cette nouuelle opinion qui furent esleuez aux charges publiques, & receus dans le Senat, lusques-là mesme que la ville se trouua partagée en deux,

DE FRANCE. 453

chacun nommant des Consuls de sa Religion. Enfin le Magistrat Catholique ayant esté remis par l'authorité de l'Empereur, restablit la verité sur ses Autels, & empescha tout autre exercice que de la Religion de nos peres.

Mais comme l'heresie est presque aussi fascheuse en ses contraintes, qu'insolente en ses libertez, voulant par tout tenir le dessus suiuant l'humeur de l'ambition & du libertinage, qui l'ont produite, prit les armes, & se rendit si forte qu'elle deuint la maistresse. Il s'ensuiuit quelque espece d'accord par l'entremise des Ambassadeurs du Roy de France, du Marquis de Brandebourg & du Duc de Neubourg, qui arresterent entre eux que l'exercice de la Religion Catholique demeureroit en son entier, que les Magistrats qui estoient en charge auãt les derniers troubles reprendroient leur premiere authorité, & que les Iesuites, qui sont tousiours vne pierre d'achoppement aux ennemis de l'Eglise, seroient restablis dans leur College. Toutesfois les Protestans ne vou-

ff iij

lurent point descendre des hauts sieges qu'ils auoient occupez, & demeurerent les maistres, iusques à ce que le Marquis de Spinola ayant assiegé la ville par le commandement de l'Empereur l'an mil six cens quatorze, la contraignit de se rendre à la force de ses armes & de son nom, & restablit le Magistrat Catholique en sa dignité, qu'il a depuis conseruée à la faueur des Espagnols.

I'oubliois de dire, qu'on a fortifié la ville d'Aix depuis quelques années pour la rendre asseurée contre les forces Françoises que conduisoit le Mareschal de Guébriant pour la liberté de l'Allemagne, & pour la defense des Alliez de la Couronne du Roy son Maistre.

Cet homme incomparable, & qui mérite mieux le surnom de Germanique que ces vieux Empereurs, pour auoir non pas mis dans l'oppression, mais hors des fers vne nation née auec les droicts de sa liberté, pour auoir assez souuent despouillé l'Aigle de ses plus belles plumes, & coupé les ongles au Lion qui occupoit les passages du Rhin, & pour auoir auec beaucoup de courage & fort peu de soldats abbatu les forces d'Austriche, de Saxe & de Bauieres, meritoit de ne mourir iamais, si la terre eust eu des recompenses proportionnees aux merites d'vne si belle vie. La Noblesse l'a conceu, les Sciences ont eu le soin de son education, la guerre & la fortune ont mesnagé ses meilleures années, & sa vertu l'ayant fait monter par degrez aux plus grands honneurs du Royaume, ne trouuant plus rien icy qui ne fust au dessous de luy, l'a esleué au Ciel.

Il fit son apprentissage aux armes dans la Hollande, l'eschole des vaillans hommes, quoy qu'à dire le vray il n'eust point besoin de temps pour se perfectionner dans vn mestier que sa nature sembloit luy auoir acquis dez le berceau, afin qu'il enseignast par ses exemples aux Capitaines & aux soldats la façon de bien commander & de bien obeyr. Ce qu'il fit estant Capitaine au Regiment de Piedmont, & puis en celuy des Gardes, auec tant de reputation, que durant le siege de la Capelle, il eut ordre de s'aller ietter dans la ville de Guise, estant besoin pour la conseruation de cette place d'vn personnage de cœur & d'execution, qui eust & du fer dans les mains, & du plomb dans la teste. Il y demeura Gouuerneur six ou sept mois, iusques à ce que le feu Roy l'enuoya seruir de Mareschal de camp sous le defunct Duc de Rohan dans la Valteline, où il fit assez paroistre qu'vne armee bien disciplinee est inuincible, & que la prudence d'vn Capitaine supplée au defaut du nombre des soldats. Par l'ordre de sa Majesté il tira l'armee de la Valteline, & l'amena dans la Franche-Comté pour la ioindre à celle du Duc de Longueuille qui y commandoit. Au mois de Feurier mil six cens trente-huict, il mena cinq mille hommes au defunct Duc de Vueimar, si heureusement qu'à son arriuee il se trouua à la bataille de Vvitticier, puis à la prise de Brisac. La victoire n'est pas parfaite, si ce grand Capitaine n'eust fait vne partie du combat, & n'eust honoré de sa presence le champ de bataille, & donné ses ordres à la reception d'vne place de telle importance.

En toutes ces occasions son courage & sa cōduite gaignerent plus de cœurs parmy les soldats de son armée, que tous ceux qui l'auoient deuancé n'auoient gaigné de villes parmy les ennemis. Ce qui fut cause qu'au retour du Duc de Longueville, bien qu'il ne fust que Mareschal de camp, il ne laissa pas toutefois de commander l'armée, son merite ayant tellemēt brigué pour luy les suffrages d'vn chacun, qu'il exerça plustost la charge de General, qu'il n'en eut le titre. Mesme au combat de Vuolfembutel, où l'armée Suedoise estoit sans General par le decez du General Banier, ces estrangers qui n'auoient eu iusques alors que des Rois, ou des hommes capables de conquester des Royaumes pour Conducteurs, voulurent combattre sous la conduite de nostre François, & remporterent la victoire sous ses ordres, tesmoignans par là que la vertu n'est iamais estrangere en quelque pays qu'elle soit, & que c'est à ses Amateurs de commander plustost qu'aux Fauoris de la Fortune; celle-cy estant autant incertaine en ses euenemens, qu'elle est changeante en ses humeurs, & celle-là tout au contraire estant autant asseuree de ses heureux succez, qu'elle est arrestee en ses sages desseins.

En suitte de quoy il receut le Breuet de Cheualier des Ordres du Roy; c'est à dire ce collier tissu de flammes, symbole de son ardeur au seruice de sa patrie, ce cordon d'vne couleur celeste la marque des mouuemens de son ame, & cette Colombe la representation du Sainct Esprit, comme elle estoit la figure de sa sinceritè inuiolable en toutes ces procedures. Au mois d'Octobre de la mesme année 1641. il fut pourueu du Generalat de l'armee de sa Majesté en Allemagne, & en cette qualité il deffit celle du General Lamboy, lors qu'on croyoit que la sienne ne deuoit pas resister seulement à l'auantgarde des Imperiaux, & se rendit maistre d'vne partie des pays de Iuliers & de Cologne. Ces signalez seruices luy firent enfin auoir le baston de Mareschal, auec lequel il a souuent battu les ennemis, & qu'il n'a quitté qu'auec le bras qui le soustenoit, & la vie qu'il a sacrifiée pour le seruice de son Prince. Encore a-il vaincu en mourant, & ses derniers souspirs ont renuersé les murailles d'vne forte ville, dont la prise doit estre son Epitaphe, puisque les fossez ont esté son tombeau au siege de Rotueil.

Quelques-vns disent qu'il auoit esté destiné par ses parens pour estre assis sur les Fleurs de Lys, & authoriser les Arrests de la Iustice de sa voix & de sa plume; mais le Ciel en auoit autrement disposé, l'ayant predestiné deuant eux à soustenir l'honneur des Fleurs-de-Lys, & defendre les interests de la Iustice auec la pointe de son espée. C'est vne erreur de croire que l'amour des belles lettres abbat le courage, puisque les lauriers qui couronnent la teste des vainqueurs naissent sous la main des Poetes: l'Empire Romain a fait plus de conquestes par la voix de ses Orateurs, que par la main de ses Capitaines; & Guébriant sçachant par vn long estude ce que les autres auoient fait deuant luy, a laissé sa vie pour exemple à ceux qui le suiuront. Le regret qu'a laissé ce grand homme en mourant à tous ceux qui connoissoient ses merites, m'a obligé de luy tracer ce petit Eloge sur les bords du Ruer, auant que d'entrer à Ruremonde, & me ietter auec luy dans la Meuse.

Ruremonde prend son nom de la riuiere de Rure, & du mot Allemand *Mond*, qui signifie Bouche, pource que c'est là que la Rure a son emboucheure pour se descharger dans la Meuse auec les eaux de la *Dente* & de *Vuorm*. La ville est assez bien peuplée, opulente, agreable, superbement bastie, auantageuse en sa situation, & ceinte de fortes murailles. Son terroir est diuertissant, fertile & abondant en toutes sortes de fruits, qui fait que les soldats fatiguez par les campagnes de l'esté y ont presque toussours leur quartier d'hyuer pour se rafraischir, la disgrace des hommes peruertissant ainsi les faueurs de la Nature, & portans la pauureté dans l'abondance. Il n'y a pas long-temps qu'elle est honorée d'vn siege Episcopal, qui a esté remply de grands personnages: mais il y a desia plusieurs siecles que le Conuent des Chartreux y nourrie des hommes aussi

Dente, r.
Vuorm, r

sçauans que saincts.

La Meuse enflée de la Rure, s'estant diuisée en deux branches, qui se rejoignét bien-tost, pousse ses flots auec plus de violence, & s'en va battre les murailles de la forteresse de Horn, la Capitale d'vn Comté de mesme nom, qui se glorifie d'estre possedé par l'illustre sang de Montmorancy, qui s'est acquis autant d'honneurs & de biens dans les Pays-bas, que dans la France. Là se rend le ruisseau de *Beech*, qui vient de la ville de Vuert, où les Seigneurs du pays ont choisi leur demeure ordinaire à cause de la beauté du pays & de la bonté de la place, qui ne craint point les attaques ny les surprises d'vn ennemy, pour estre fortifiée d'vne citadelle, & soigneusemét gardée. Ce ruisseau s'estant chargé d'vn autre qu'on nomme le *Ghoer*, qui coule de Brecy, s'en va tomber dans la Meuse, laquelle continuë son cours par le pays de Cleues, passe à Venloo, & se rend à Genep pour receuoir les presens du Niers.

Beech, r.

Ghoer, r.

LENIERS.

NIERS.
R.

LE NIERS a sa source au village de S. Antoine au pays de Iuliers, & portant ses eaux vers le Couchant, atrouse la Duché de Gueldres, & rend le pays fertile en grains, & riche en prairies, auec le Rhin, le Vahal, la Meuse & les autres riuieres, qui passent aux pieds des murailles de ses plus belles villes, & engraissent ses campagnes. D'où vient peut-estre que le peuple, qui abuse des presens de la Nature, & qui a de coustume d'attribuer à ses propres merites les faueurs de la terre, y est superbe & insolent, autant que les Nobles y sont vaillans & portez à la guerre, bien que ce soit pluftost par education que par naissance, & plus par les exemples de leurs voisins que par la proprieté de leur climat. Ce pays a esté comme vn theatre où les plus fameuses nations de l'Europe ont ioüé successiuement leurs personnages: les Romains y parurent en triomphe quand ils subiuguerent les Menapiens & les Sicambres: les Francs &

les Vuiltes y representerent les caprices de la Fortune, qui change plus souuent de visage que les Acteurs d'vne comedie ne changent de Scene: les Danois & les Normans y exercerent leurs cruautez en leur temps: les Empereurs d'Allemagne s'y firent voir auec pompe & magnificence, comme s'ils eussent eu honte d'y estre eux-mesme en personne, apres que l'Occident fut trop petit pour contenir la grandeur de leur Couronne, ils subrogerent en leur place des Presidens du pays, qui ayans vne fois gousté la douceur du gouuernement, ne voulurent plus quitter vn personnage qu'ils ne tenoient que par emprunt; mais prirent premieremét le nom de Comtes, & puis celuy de Ducs: & finalement la Duché estant escheuë à la maison d'Austriche, les Gouuerneurs enuoyez par le Roy d'Espagne traicterent si rudement les peuples, que la pluspart prirent les armes, secoüerent le joug, & s'allierent aux Estats de Hollande.

La premiere ville de la Duché, que le Niers vient lauer de ses eaux, est

Vuachtedonck à deux lieuës de Guel-dres, la capitale du pays, bastie dans vn marests, assez proche des bords de la riuiere qui reçoit ses descharges. De là il descend à Goch, & puis il se rend dans la Meuse au dessus de Gennep; vne des plus agreables villes du Brabant, tant pour la douceur de l'air, que pour les diuertissemens de la chasse: laquelle aussi Louis Dauphin de Viennois, & depuis Roy de France, choisit pour son sejour ordinaire durant qu'il s'absenta de France, & de la Cour du Roy Charles son pere, & qu'il vescut sur les terres du Duc de Bourgogne. Cette ville est encore le siege de Iustice, & se nomme la haute Cour de Lothier.

GRAVE. La Meuse ayant receu vn merueilleux accroissement par la ionction du Niers, s'en vient à GRAVE, ville frontiere de Brabant, tres-importante pour son assiette, considerable pour ses fortifications, & agreable pour les campagnes qui l'enuironnent. Elle est assise sur le bord de la Meuse à douze lieuës de Rauestein, à quatre de Bosleduc, à trois de Nieumehen, sur les

Mar-

Marches de Cleues & du Brabant. Elle est aysée à defendre, n'ayant pas plus d'vn quart de lieuë de tour, & difficile à attaquer à cause de la Meuse, qui luy sert de fossé, & de sept grands bouleuars reguliers accompagnez de demies-lunes, & de toutes les inuentions de l'art militaire, où les Estats des Prouinces Vnies n'ont rien espargné pour rendre cette place imprenable. Elle est ordinairement assignée pour cartier d'hyuer à la caualerie, qui trouue le meilleur foin du monde dans ces spatieuses prees que fait la Meuse, & qu'elle couure d'eau quand elle se desborde tous les ans comme vne grande mer.

Guillaume Prince d'Orenge receut cette ville auec le pays de Cuitcan dont elle est la Capitale, pour le dot de sa femme fille vnique de Maximilien d'Egmont Comte de Burie, qui l'auoit achetée du Duc de Brabant de ses propres deniers. Les Espagnols la prirent en renards l'an mil cinq cens quarante six par la lascheté du Gouuerneur, qui la rendit sans résistance, & la gardérent iusques en l'an mil six cens deux,

gg

que les Estats la reprirent en lyons sous la conduite du Comte Maurice, qui se porta d'autant plus courageusement à ce siege, qu'il estoit poussé par les considerations de l'Estat, & par ses propres interests, tirant deux auantages de cette conqueste, l'vn pour la conseruation du bien public, & l'autre pour l'agrandissement de sa maison, qui iouït maintenant des fruicts de cette place.

Au dessus de Graue on trouue *Rauestein* assis sur le mesme riuage. La ville est assez plaisante, & sa citadelle estoit capable de resister quelque temps à vne armée; mais elle fut demantelée par le traicté de paix conclud entre l'Empereur Charles V. & le Duc de Cleues.

On rencontre vn peu au dessous sur l'autre bord Batembourg, qui se vante d'estre la premiere ville bastie par Batus le Roy de Cattes, qui s'estant assujetty cette Prouince par la force des armes, esleua cette ville sur les riues de la Meuse comme vn trophée de ses victoires, & luy donna son nom pour instruire la posterité des auantures de son Fondateur, ainsi qu'ont de coustume de faire les plus sages Conquerans, qui pour se rendre immortels en la memoire des hommes, donnent leur nom aux villes & aux Prouinces qu'ils ont, ou conquises, ou fait bastir, sçachans bien que leur durée doit s'estendre au delà de la vie de leurs enfans.

La Meuse en suite de ces villes, ayant mouillé les murailles de Meghen & de Kessel, elle se va ioindre au Vahal pres de Heruerden sans perdre son nom, puis se separe aussi-tost du Vahal; si bien que chacune de ses riuieres va separément à Louenstein, où ayans formé la petite Isle de Bommelveert, que l'Empereur Cesar nomme l'Isle des Bataues ou Hollandois, dans laquelle est bastie la forte ville de Bommel, elles s'vnissent encore, & passans par Vuorckum & Goricum, elles prennent vn peu plus bas le nom de *Meruue*, à *Meruue*, cause du chasteau ruiné de Meruue, r. appartenant aux Merouées, autrefois basty sur cette riuiere, puis faisans vn golfe fort large, dans lequel se iettent *Durage, r.* la *Durange* & le *Merk*, elles arriuent à *Merk, r.*

Dordrecht, où ces eaux se partagét en deux branches, & se rallient, ayans formé l'isle d'Iselmonde dans ce vaste sein, pour se partager encore vne autre fois en deux canaux, dont l'vn passe par la ville de Geruliet, & l'autre abordant Roterdam quitte le nom de Meruue pour reprendre celuy de Meuse, comme font ces fugitifs, qui pour éuiter la colere d'vn Prince, changent d'habits & de nom à l'entrée de toutes les villes où ils ont quelque iuste crainte d'estre reconnus ; & de là va passer à Schiedam & à Vlaerdinghen, puis à la Brile, où elle se descharge dans la mer par cette grande Bouche, que Pline nomme *Helium*, auec tant de violence qu'elle conserue son cours & sa douceur bien auant dans la mer. Cette douceur attire les poissons, & particulierement les esturgeons, qui degoustez du sel & de l'amertume de l'Ocean, viennent chercher vne plus fauorable nourriture dans l'eau des riuieres, & dressent tous les ans des colonies dez aussi tost que le Printemps commence à venir, à la façon de ces anciens habitans du Nort, qui ne pouuans pas se nourrir dans les terres steriles de leurs Isles presque tousiours couuertes de neiges ou de glaçons, abandonnoient le lieu de leur naissance pour chercher vne demeure plus agreable & plus auantageuse. Guichardin tesmoigne qu'il y a veu pescher des esturgeons d'vne grosseur prodigieuse qui pesoient plus de quatre cens liures, & qui auoiēt plus de douze pieds de long: ces poissons renuersans les maximes de la Medecine, qui tient que l'air le plus propre à l'animal est celuy qu'il respire le premier en naissant, puis qu'au contraire ils se maigrissent dans l'eau salée, où ils ont pris leur naissance, & s'engraissent à merueilles dans les eaux douces qui leur sont estrangeres.

LE MERK ET LA DVNGE.

LE MERK & la Dunge n'ont presque rien de memorable en leur cours, l'vn que son origine, & l'autre que sa cheute en la mer, puisque le Merk naist au dessus de Breda, qu'il arrouse; & l'autre se perd à Gertru-

MERK, DVNGE.

denberghe, tous deux n'estans pas de longue estenduë.

BREDA. BREDA est vne des plus belles villes du Brabant, & ie peux dire sans mentir qu'elle est vne des plus fortes places de l'Europe. Ses bastimens & son chasteau d'vne structure tres-magnifique, rendent son seiour agreable aux Bourgeois, aussi bien que ses murailles, ses bastions Royaux & ses fortifications la mettent en seureté contre ses ennemis. C'est vne des riches Baronnies de la Prouince, dont les illustres Princes de Nassau portent le titre de Barons, laquelle a sous sa iurisdiction dix-sept villages : voisine de Stemberge, de Rotsenth & d'Orstarhaut, esloignée seulement de neuf lieuës de la ville d'Aulneau, six de Bergopzom, cinq de Taunhaut, deux de Hauemberg & de Gertrudenberghe ; de sorte que le lieu de son assiette luy apporte autant de commoditez, que la longue presence du Prince luy a donné d'esclat & de reputation. Elle fut prise sur l'Espagnol auec son chasteau l'an mil cinq cens nonante le trentiesme de Mars par les pratiques du Comte de Nassau, qui trompa la prudence de ces rusez Politiques qui s'en estoient saisis. L'an mil six cens vingt quatre le Marquis de Spinola General pour le Roy d'Espagne aux Pays-bas y mit le plus memorable siege qui se soit veu de memoire d'homme, la prit malgré les plus redoutables forces des Princes de l'Europe qui soustenoient le party des Estats. Mais l'Espagnol ne la garda pas long temps, car l'an mil six cens trente-sept le Prince d'Orenge l'inuestit, non sans de grands combats qu'il luy falut rendre contre l'armée du Cardinal Infant, où le Prince d'Orenge perdit quatre mille hommes, & enfin s'en rendit le maistre en moins de trois mois, ayant accordé la mesme composition aux assiegez, que celle que le feu Marquis de Spinola accorda l'an mil six cens vingt-cinq à la garnison Hollandoise. On void dans vne des salles du chasteau le Nauire sur lequel aborderent les Hollandois qui surprirent autrefois la place desguisez en charbonniers.

Pour Gertrudenberghe elle peut auec raison passer pour vne des plus importantes places du pays, que l'Art & la Nature rendent presque imprenable, & mesme inaccessible, pour estre entourée de la mer & des marests, & renforcée de bonnes murailles & de gros bastions. Aussi a-elle esté tousiours vn sujet de guerre & de diuision entre les Brabançons & les Hollandois; ceux-cy voulans la conseruer, & ceux-là la gaigner: jusques-là mesme que les vns & les autres obligeoient leurs Princes par vn serment solemnel au jour de leur reception, d'employer toutes leurs forces les vns pour la conqueste, & les autres pour la defense de cette place. C'est vne chose prodigieuse & incroyable qu'on raconte du grand nombre d'aloses qui s'y prennent tous les ans au mois de Mars, particulierement dez aussi tost que les premieres chaleurs du Printemps ont enflammé les vapeurs de l'air, & ont fait esclatter les nües en tonnerres; alors ces poissons, qu'on peut ainsi nommer les enfans du tonnerre, & les effets de la colere du Ciel, comme s'ils cherchoient leur seureté parmy toutes ces forteresses asseurées contre les foudres du Ciel & de la terre, basties sur les riuages de la Merue, de la Meuse & du Vahal, s'y iettét auec tant de foule, qu'on diroit que tout le reste de l'Ocean doit estre depeuplé de ces poissons, puisqu'on en a pris d'vn seul coup de rets iusques à dix-huict mille. La conseruation de cette coste est d'vne telle consequence aux Estats, que, ne se contentans pas de Seuenberghe & de quelques autres places fortifiées entre Gerudenberghe & Breda, ils ont encore depuis quelques années esleué la forteresse de Villenstad dans l'isle de Rusgenhil. C'est icy qu'on s'embarque pour passer en Hollande, où l'on aborde à Dordrecht; le trajeôt n'est pas large, & si le vent n'est pas contraire il ne faut pas deux heures pour faire ce chemin, qui nous conduira dans force belles villes assises sur les bords de cette grande riuiere de Meuse, ou sur les canaux & petites riuieres qui s'y vont descharger.

Tout ce qui peut rendre vne ville recommandable est à Dordrecht, à sçauoir la preeminence par dessus toutes les autres aux Estats Generaux des Prouinces Vnies; la seureté contre ses ennemis par l'auantage du lieu, & par l'industrie de l'Art; l'estenduë de son enceinte, la beauté de ses bastimens, & le nombre de ses citoyens riches & opulens par le moyen du commerce & à la faueur du priuilege qu'ils ont d'arrester toutes les marchandises estrangeres qui passent deuant leur port, & de les garder iusqu'à ce qu'elles soient venduës ou eschangées, sans qu'on en puisse transporter ailleurs sur d'autres vaisseaux que sur ceux des Bourgeois.

Cette ville est la capitale du pays assise sur la riuiere de Merue qui se forme du Vahal, de la Meuse, & de trois diuerses branches du Rhin, de la Linge, du Lech & de l'Yssel, qui coulent tout autour de la ville pour se rendre en la mer. D'où vient que plusieurs Geographes la posent sur ces quatre riuieres, comme vn parterre du iardin d'Edem, arrousé de quatre fleuues, qui vont roulans leurs eaux auec beaucoup de maiesté sur ces terres delicieuses. Ainsi pourroit-on iustement nommer la Hollande si elle auoit autant d'innocence & de Religion dans l'esprit de ses habitans & dans le culte de ses Temples, qu'elle a d'abondance & de fertilité en ses gras pasturages & de thresors en ses opulentes villes.

Dordrecht, l'estape des vins, & le grenier des bleds de Gueldres, de Cleues & de Iuliers, represente en la disposition de ses bastimens & au circuit de ses murailles la figure d'vne Galere, & fort à propos, puis qu'elle est si bien prouisionnée, & qu'elle est toute dans l'eau comme vne isle dans l'Ocean, depuis l'an mil quatre cens vingt-vn, que la mer se desbordant dans le canal de la Meuse & du Vahal, les ietta hors de leurs licts & noya toute la plaine qui estoit entre Dordrecht & le Brabant, changeant ainsi la terre en eau, & destachant par vne prouidence particuliere de celuy qui preside aux Estats, les limites de deux Prouinces, dont les peuples deuoient vn iour se desunir dans les interests de leur gouuernement. La desolation que causa ce funeste accidēt fut si sensible, qu'on ne peut ietter encore les yeux sur cette nouuelle mer sans verser des larmes au souuenir de soixante-deux riches bourgs qui furent submergez, & de plus de cent mille personnes qui perdirent leurs biens auec la vie dans cette inondation. Il est vray qu'ils sont sujets à de semblables disgraces, nonobstant les grandes leuées faites par art, & les Dunes fort exaucées, que la Nature a formées du costé de la mer, cõme autant de rempars contre la violence des flots, qui forcent assez souuent ces barrieres, & gaignent bien auãt dans le pays, où les paysans n'ont point de retraicte plus asseurée que des eminences de terre qui ont esté pratiquées en diuers endroicts, comme des lieux de refuge. Neantmoins l'eau n'est pas si iniuste, que si elle leur apporte du dommage d'vn costé, elle ne tasche de reparer leurs pertes de l'autre ; tesmoin cette grande campagne que vous rencontrez à la sortie d'Horn couuerte de moissons, qui n'estoit qu'vn lac de sept lieuës d'estenduë, où les vaisseaux voguoient à pleines voiles il n'y a pas long temps dans le mesme chemin sur lequel les coches

DE FRANCE. 477

oulent, & les cheuaux courent au fort de Pomerande.

De Dordrecht on descend à ROTER- ROTER-
DAM, vn des plus beaux & des plus DAM.
commodes ports du Pays bas, pour
estre assis sur la Meuse à l'emboucheu-
re du *Roter*, qui venant deuers Verduin, *Roter, r.*
& ayant mesme quelque alliance auec
le Rhin par le moyen d'vn canal, tant
ces pays sont coupez de ruisseaux &
partagez en Isles formées par artifice,
il communique son nom à cette ville,
& luy donne la commodité du commerce. Elle peut rechercher son origine dans les Annales des vieux François, & prouuer par des coniectures
fort receuables, & par la deposition de
plusieurs graues tesmoins, qu'elle a
esté bastie par Roterus le vingt-troisié-
me Roy de cette Nation victorieuse.
Elle peut encore produire le plan de
ses magnifiques Eglises, la hauteur prodigieuse de son clocher, la beauté de
ses edifices, la netteté de ses ruës, & le
nombre de ses citoyens, qui sont tous
occupez au trauail, ne perdans ny le
temps, ny les occasions d'auancer leurs
affaires. Mais elle croid estre assez glo-

rieuse sans emprunter des titres du lieu de son assiette, de la noblesse de son fondateur, & de la structure de ses maisons, d'auoir veu naistre dans ses murailles celuy que Basle a veu mourir, & de posseder la statuë esleuée sur le pont vouté de la Meuse de ce grand personnage, dont les escrits seruent d'ornemét aux plus curieuses Bibliotheques, ie veux dire Erasme, cet illustre Soleil des belles lettres, mais qui n'a pas esté sans taches.

Au dessous de Roterdam sont ces grands fossez pleins d'eaux qui s'estendent iusques à Delphe, & mesme vont iusques à la Haye, d'où ils portent leurs eaux dans la Meuse à Sciedam & Delfauen, qui sont ainsi nommées l'vne du canal de *Schie*, & l'autre de celuy de *Delf*, qui en langage Flamand signifie vn fossé. La ville de Delphe a esté fondée par Geofroy le Bossu Duc de Lorraine, & la mesme a pris son nom du canal dont i'ay parlé, que ceux du pays appellent Delf. On peut dire que c'est vn nouueau Phœnix qui renaist de ses cendres auec plus de vigueur, & vn astre qui ne paroist iamais plus beau qu'apres son eclypse. Elle fut premierement demantelée par le commandement d'Albert de Bauiere, surnommé le Cruel, & l'an mil cinq cens trente-six reduite en cendres par vn embrasement inopiné. Mais ces pertes luy ont esté auantageuses, & iamais elle n'a paru si glorieuse sur ses premiers fondemens que sur ses dernieres ruines. Les Cigoignes nichent aux toicts des maisons de cette ville, comme font ailleurs les arondelles. Guichardin en rapporte vne histoire arriuée au dernier embrasement de la ville, d'autant plus memorable qu'elle n'a point sa pareille. Car on dit bien que les ieunes Cigoignes sont si reconnoissantes enuers leurs peres & meres, qu'elles les nourrissent & les portent sur leur dos quand l'aage & la foiblesse leur ostent les forces de chercher leur nourriture, & taschent par des soins incroyables de conseruer la vie à ceux qui leur ont donnée. Mais iamais on n'a veu vne telle tendresse des hommes & des femmes pour leurs enfans qu'en tesmoignerent les Cigoignes dans ce grand embrasement, qui suruint au commencement du mois de May, qui est le temps auquel ces oyseaux font leurs couuées. Le feu gaignant tousiours le haut, & les flammes touchans desia leurs nids, les peres & le meres firent des efforts extraordinaires pour retirer leurs petits du danger, & les porter en lieu de seureté : la force manquant au courage, l'amour tousiours industrieux & tousiours inuentif, leur enseigna de les couurir de leurs aisles, comme si vn feu eust deu espargner l'autre, & les flammes respecter les plus adorables sentimens de la Nature. Enfin l'amour estant trop foible, les peres ne voulurent point suruiure à leurs enfans, & les vns & les autres trouuerent la mort dans le lieu de la vie, & firent leur sepulchre de leur berceau.

LA HAYE LA HAYE n'est qu'vn bourg, nommé par ceux du pays S' Gneuen-hage; c'est à dire la Haye des Côtes, pource que les Comtes de Hollande y faisoiét leur demeure ordinaire. Mais ce bourg est le premier de l'Europe, qui vaut mieux que plusieurs bonnes villes, & qui se peut dire le Chef de toute la Hollande, comme il est le lieu le plus

deli-

delicieux du Pays-bas, surpassant tout le reste en richesses, edifices superbes, places Royales, iardins diuertissans, & en grand nôbre de Noblesse, qui compte plus de deux mille maisons en son enceinte, dont la plus magnifique est celle qu'on nomme T'hof-van Hollant, la Cour de Hollande, & l'ancien Palais des Comtes, basty par le Comte Guillaume Roy des Romains. C'est là où s'assemblent les Estats Generaux des Prouinces Vnies, où s'administre la Iustice par les Presidens & Conseillers deputez à ces charges, & où ceux du Conseil Prouincial & de la Chambre des Comptes font leur residence. La salle du Palais est bastie d'vn certain bois d'Irlande, où les vers ne s'engendrent iamais, les araignes n'y font iamais leurs toiles, & il demeure tousiours incorruptible, comme les arbres de Sethim.

A demie lieuë de la Haye l'on voyoit autrefois l'Abbaye de Laosdunen, où l'Eglise reste encore auec le tombeau de la plus feconde de toutes les femmes, & de la plus malheureuse de toutes les meres, Marguerite Comtesse de Hollande, qui enfanta d'vne ventrée trois cens soixante-cinq enfans, masles & femelles qui furent tous baptisez par le grand Vicaire de l'Euesque d'Vtrecht, les garçós furent nommez Iean, & les filles Elizabeth: la mere mourut en ses couches, & les enfans le iour de leur Baptesme, qui furent tous mis dans le mesme tombeau. Dieu punit assez souuent les mauuaises femmes de sterilité, & celle-cy fut punie d'vne prodigieuse fecondité pour auoir porté son iugement auec trop de precipitation & de temerité contre l'honneur d'vne pauure femme qui auoit enfanté deux iumeaux, disant qu'il faloit que deux enfans eussent deux peres, vn seul n'en pouuant engendrer qu'vn. Soit que la Princesse creust la chose comme elle la disoit, ou qu'elle voulust seulement se railler, estant du naturel des autres de son sexe, qui retiendroient plus ayséement vn charbon ardent qu'vn bon mot dans la bouche. La pauure femme iniustement soupçonnée d'adultere pour les deux enfans qu'elle portoit entre ses bras, ietta sa malediction sur la Printesse outrageuse, & pria Dieu de luy en faire naistre la premiere fois qu'elle accoucheroit autant qu'il y a de iours en l'an. L'innocence fut reconnuë, & la calomnie vangée par ce miracle. Mais il est temps de reconnoistre les alliez de la Meuse, qui luy prestent leurs eaux auant qu'elle aille combatre les flots & l'amertume de l'Ocean par l'effort de sa cheute & par la roideur de son canal.

LE VAHAL.

LE premier donc que nous auons trouué au dessous de Meghen & de Kessel est le *Vahal* ou *Vaël*, nommé par les anciens *Vahalis*, le bras gauche du Rhin, qui se destache du corps de ce grand fleuue vn peu au dessous d'Emmeric, & s'estendant le long des murailles de Nieumegue & de Tiel, embrasse la Meuse à Heruerd, & puis se portant encore plus loin il se plaist d'arrouser Bommel, & de fermer vn costé de l'Isle où cette ville est bastie, & redoublant ses embrassemens auec la Meuse assez pres de Vuorkum, ne

VAHAL, R.

veut plus auoir qu'vn mesme lict auec cette belle riuiere, qui se grossit des eaux de la Linghe à Gorcum, comme la Meuse s'estoit desia beaucoup enrichie par les riuieres d'Ade, de Dommele & de Rinin, qui se rendent à elle deuant l'isle de Bommelvert. C'est à Gorcum que ces deux fleuues quittent leur nom pour n'en auoir plus, à sçauoir celuy de Meruue, comme ils n'ont plus que le mesme canal & les mesmes eaux, lesquelles ils portent au deuant de la ville & de l'isle de Dordrecht : puis ayant receu le Lech & l'Yssel, qui sont deux branches du Rhin, passent à Iselmond, ainsi nommée pour estre vis à vis de la bouche de l'Yssel, puis à Roterdam, où s'estant grossi du *Roter* il reprend le nom de Meuse, & s'eslargissant laisse Sciedam & Vlaerdinguen à main gauche, & au dessous d'vn canal fait à la main depuis Delphe iusques à la Meuse, & ayant mouillé Geruliet & la Brisle, se va rendre en la mer.

Linghe. La *Linghe* naist en Hollande pres du village d'Angeren, voisin de la ville H'essen, & passant par plusieurs bourgs & par les villes de Bure, Asperen, Heuxelem & Leerdam, trauerse la ville de Gorcum, & se mesle auec le Vahal & la Meuse, & reçoit auec les autres le nom de Meruue. Cette ville de Gorcum est la plus nette de la Hollande, renommée pour sa haute tour, d'où l'on peut voir vingt-deux villes quand le temps est serein. Elle a eu pour vn de ses Bourgeois Iean Harius Chanoine de la Haye, qui n'ayant point ou fort peu d'estudes, fut si soigneux neātmoins de ramasser tous les bons liures, qu'on le nomma Iean des Liures, & dressa vne des plus rares Bibliotheques de l'Europe, qu'il laissa par testament à Charles V. comme vn meuble digne d'estre possedé seulement par la premiere teste du monde.

Pour *Asperen*, assise aussi sur les bords de la Linghe, laquelle y coule si doucement qu'on la nomme la Riuiere d'Amour, elle peut se souuenir quel malheur c'est dans vn Estat quand les peuples se reuoltent contre leur Prince, & que les Turcs ne sont point si cruels aux ennemis de leur fausse creāce que ceux d'vn mesme sang & d'vne mesme famille, quand ils sont portez d'interests ou de Religion les vns contre les autres.

LE LEK.

LEK, 1.
LEK ou *Rhin-Lek*, n'estoit autrefois qu'vn fossé tiré du canal du Rhin pour la commodité du commerce & pour la ionction des riuieres; mais il est arriué le mesme à ce grand fleuue qu'aux arbres qui sont desseichez & priuez de la vie par les arbrisseaux qui naissent de leurs racines. Car le Rhin laissant son ancien canal tout sec à Vuyk, passe par Culemburg, puis à Vianen, où il perd son nom, & n'a plus que celuy de Lek, d'où il descend à Nieuport & Schonhouen, & de là se rend pres du village de Crimpen dans la Meruue. Pour le regard du cours ancien du Rhin qui passoit par Vtrecht, Voerden & Leyden, & se rendoit de là dans la mer, sa bouche fut fermée l'an huict cens soixante, ou selon quelques vns l'an mil cent soixante & dix par de grands monceaux de sable, que les tempestes ietterent pres de la riuiere de Lek, de sorte qu'il changea de

cours & de nom, quoy que son lict ancien, qui s'esté d encore depuis Vtrecht iusqu'à l'Ocean, ayant perdu ses eaux, retient le nom du Rhin, bien que ce ne soient que des eaux ramassees depuis, tant du Lek, que des marests voisins par le moyen des fossez que les habitans de la ville d'Vtrecht ont pratiquez pour l'entretien de leur commerce.

YSSEL.

QVant à l'Yssel, i'entends celle qui est au deçà du Rhin, ce n'est qu'vn bras, qui sort assez pres de la ville de Vianen du canal de Lech, & mesme plusieurs doutent auec raison s'il estoit de tout temps, ou s'il a seulement pris sa naissance des eaux du Lech depuis que ceux du pays en ont tiré vn canal d'où il sort, se partageant apres en deux branches, dont l'vne va rendre ses eaux au Lech à Schonouen, & la principale va de Vianen à Isselstein, puis à Montfort, à Oudeuater, & à Goude, & de là se descharge dans la Meuse a my-chemin de Crimpen &

de Roterdam, sans compter vn autre petit canal, tiré comme vne ligne de communication de Schonouen à cette branche principale d'Yssel, d'où vient que ce pays renfermé entre l'Yssel & le Lech est diuisé en deux especes d'isles.

La ville d'Vtrecht, Capitale d'vn petit pays qui porte son nom, est assise sur l'ancien canal du Rhin, comme ie viens de dire, en forme d'vn fort basty par les Romains, augmenté en bourg par les habitans, & clos de murailles comme vne ville par les François. Nous apprenons neantmoins de l'Histoire & des vieilles Medailles, qu'elle s'appelloit Antonine, soit qu'elle eust esté bastie par vn Senateur Romain, nommé Antonius, qui fuyant la persecution de l'Empereur Neron, se sauua dans l'Allemagne, & trouua plus de seureté pour sa personne & pour sa famille sur les riuages du Rhin, que sur les bords du Tibre : ou plustost que Marc-Antoine Lieutenant de Cesar dans les Gaules en eust esté le Fondateur, qui voulant rendre sa memoire aussi glorieuse que celle de son Capitaine, bastissoit des villes à mesure que l'autre esleuoit des trophées à ses victoires. Si ce n'est que nous voulions deferer cet honneur à l'Empereur Antonin, qui l'ayant releuée de ses ruines ordonna qu'elle portast son nom. Mais comme les Empereurs sont mortels sur la terre, leurs ouurages suiuent aussi le mesme sort, & il n'est rien qui suruiue à ces grands Maistres du monde que leur vertu, laquelle brauant les iniures du temps & les attaques de la fortune, triomphe mesme dans les bouleuersemens de leurs Estats, & dans la cheute de leur Maison.

Les Vuiltes, peuple farouche & sanguinaire l'ayans renuersee de fonds en comble, la rebastirent puis apres plus forte & plus considerable sous le nom de Vuiltembourg, qu'elle n'estoit sous celuy d'Antonine; les Barbares qui despouilloient l'Empire de ses plus belles Prouinces, taschans alors d'effacer entierement les marques de la Majesté Romaine, & de grauer la gloire de leur nom sur les vieux marbres des Empereurs, comme ils esleuoient la grandeur de leur fortune sur les ruines de leur Estat. Dagobert fils de Clotaire Roy de France s'en estât rendu le maistre, l'augmenta de beaucoup, & la fortifia, comme vne place importante à cause de sa situation, capable d'empescher les courses des peuples d'Allemagne, & de seruir de rempart à son Royaume, la nommant *Traiectum*, c'est à dire Traject, dautant que c'estoit vn passage commun où se payoient les Doüanes des marchandises qui se trāsportoient de part & d'autre, & depuis on y adjousta le mot de *vetus Traiectum*, qui signifie ancien passage, pour la discerner d'vne autre du mesme nom, d'où enfin s'est formé le mot d'Vtrecht par vne corruption de termes.

Car le Rhin arrousoit ses murailles auant qu'il eust changé de lict pour se jetter dans celuy du Lech, d'où les Bourgeois ont conduit vn fossé, le Clergé & la Noblesse vn autre, qui passans au milieu de la ville, & se ioignans à la riuiere de *Vechte*, qui va se descharger dans la mer de Hollande entre Muyden & Veesop, luy apportent les mesmes commoditez pour le commerce que feroient deux belles riuieres,

Vechte.

qui estans iointes auec toutes les branches du Rhin luy ouurent les portes de l'Ocean, pour auoir vne plus libre cõmunication auec les estrangers.

Guichardin raconte pour vne merueille de la situation de cette place, qu'on peut aller en vn iour à quelle ville on voudra de cinquante qui l'enuironnent en égale distance. Les Euesques en estoient les Seigneurs tempoporels auant qu'elle tombast entre les mains de l'Empereur Charles-Quint, qui pour conseruer par la force des armes vn pays qu'il ne pouuoit retenir par la iustice des loix, y fit bastir vne forteresse, qui fut demolie l'an mil cinq cens septante-sept par les citoyés pour se deliurer d'vne garnison, qui faisant semblant de garder leurs murailles ruinoit leurs maisons : Iean d'Austriche Gouuerneur du Pays-bas consentant tacitement à cette demolition, pource qu'il preuoyoit bien que les Hollandois se saisiroient vn iour de la place, & que les Espagnols feroient comme certains Cyclopes, qui forgeoient des armes pour leurs ennemis; ou comme les Aigles qui donnent leurs plumes aux chasseurs pour empenner les fléches qui les doiuent percer.

La ville en l'estat où elle se trouue maintenant, est grande, peuplée, riche, & bien fortifiée de murailles faites de brique, de grands fossez, de bons rempars & de neuf bastions. Elle auoit plusieurs magnifiques Eglises auant que l'heresie eust fait esclatter sa fureur indifferemment sur les Temples materiels & viuans de Dieu, dont la principale estoit dediée à la Vierge Marie, fondée par Henry IV. ou côme veulent d'autres par l'Empereur Federic Barberousse, qui est superbe en son architecture, & miraculeuse en ses fondemés. Car on dit qu'en creusant la place on trouua vne espece d'abysme, qui ne pouuant se combler arrestoit le dessein de l'edifice & le trauail des ouuriers, si on ne se fust auisé de ietter quantité de cuirs de bœufs, sur lesquels on posa les fondemens, comme on fit autrefois à Ephese au Temple de Diane. Il y auoit encore deux riches Commanderies, l'vne des Cheualiers de Malthe, & l'autre des Cheualiers Teutoniques, auec vne opulente Abbaye, dont les reuenus ont esté distraits par les Estats, & employez à d'autres vsages, & le sanctuaire de Dieu a esté conuerty en vne cour prophane, où les Aduocats tiennent la place des Prestres, & où les loix de Iustinien sont subrogées au Testament de l'Euangile.

Quand cette ville n'auroit iamais produit d'autres bons citoyens que le Pape Adrian VI. Professeur en Theologie à Louuain, & Precepteur de l'Empereur Charles V. elle meriteroit plus de gloire que n'en ont iamais possedez la Grece & l'Italie, pour auoir donné des Orateurs au Senat & des Philosophes à l'Academie. Ce sainct Pontife releua la bassesse de sa maison par la grandeur de sa vertu, & illustra l'obscurité de ses parens par l'esclat de sa science, qui le porterent l'vne & l'autre sur le Siege de S. Pierre par les degrez du merite, pour remedier aux desordres qui affligeoient l'Eglise par la diuersité des nouuelles opinions, qu'il eust accordées ou estouffées paisiblement, si Dieu luy eust donné autant de vie que de courage pour l'execution de ses desseins. L'homme est né pour commander, & il faut auoüer que les Platoniciens auoient bonne raison de dire, que le desir de l'excellence estoit la derniere robbe que nostre ame despoüille ; mais ce grand homme n'eut iamais rien de si contraire à ses inclinations que l'eminence de sa personne, & il auoit ce sentiment au cœur aussi bien que ces paroles en la bouche, que le plus malheureux iour de sa vie estoit celuy qui l'auoit esleué sur la teste de tous les hommes, s'estimant plus heureux dans vne Chaire de simple Docteur qu'en celle de S. Pierre l'Oracle de l'Eglise. Son Epitaphe, qui est pour l'ordinaire le plus fidele tesmoin des actions de la vie le dit ainsi, *Hadrianus VI. hic situs est, qui nihil sibi infelicius in vita duxit, quàm quod imperaret.*

LEYDEN. Sur le milieu de l'ancienne embouchure du Rhin on void la ville de Leyden, que Ptolomée nomme *Lugdunum Batauorum*, & Antonin en son Itineraire, la Capitale de la Germanie, assez connuë aux Doctes, qui ont esté soigneux de rechercher les plus celebres villes de l'Empire Romain, ayans trouué que Leyden a tenu tousiours vn des premiers rangs dans les Prouinces, & qu'elle a esté le siege ordinaire d'vn Preteur de Rome. Elle est encore maintenant vne des florissantes Academies de l'Europe, & vne des plus renommées pour le grand nombre des hommes doctes qu'elle a porté, pour les beaux liures qu'elle a donnez au iour, & particulierement pour vn Daniel Heinsius le Dictateur des belles lettres, qui est encore viuant chargé d'années & de merites, semblable au Soleil qui luit aussi glorieusement au bout de sa carriere, qu'à ses premieres demarches, & qui ne perd iamais rien de sa vigueur pour vieillir. A voir la situation de cette ville on la prendroit pour ce qu'elle est, pour le cœur de la Hollande, qui est au milieu de ce beau corps Politique, pour distribuer egalement l'esprit & la chaleur à toutes les parties animées de l'ame de l'Estat, qui est la loy & la concorde.

Et que sont tous ces ruisseaux & toutes ces branches du Rhin qui la trauersent, & ces canaux qui l'entourent de tous costez, où les Escholiers vont prendre leurs diuertissemens & chercher leurs promenades sur l'eau, qu'ils ne peuuent trouuer sur terre, dautant que le pays est trop marescageux, & presqu'aussi mouillé en hyuer qu'en esté ? Que sont-ce, dis-je, toutes ces sources, sinon des veines qui luy fournissent le sang & la nourriture ? ie veux dire les commoditez de la vie qui luy viennent de toutes parts, & qu'elle communique aux autres membres de la Republique, apres qu'elle a choisi le meilleur & le plus pur pour elle. Cét quarante-cinq ponts qu'elle a dans l'enceinte de ses murailles, dont il y en a plus de cent bastis de pierre, & les autres de bois sont comme des passages necessaires pour entretenir la communication & la societé des parties. Et à considerer la forme & l'aspect de cette place, on diroit qu'elle est l'œil des Prouinces Vnies ; car elle est ronde & ceinte de rempars & de fossez, qui la conseruent comme vne delicate & importante piece des attaques de l'Espagnol, qui l'assiegea dez le commencement des troubles de Flandres,

sans

sans autre fruict que les frais d'vn long siege, & la honte d'vne prompte retraite. Les plus rares beautez du Septentrion sont à Leyden, comme autant d'agreables especes que l'œil reçoit de ses objets, & les plus beaux esprits s'y rencontrent comme vne infinité de rayons qui se concentrent dans vn poinct.

Si ie voulois visiter toutes les villes & les forteresses assises sur les bors de la Meuse depuis qu'elle a receu les eaux du Rhin, ou sur les riuages de ces canaux, qui lient vne espece de societé entre ces deux grosses riuieres, ie n'aurois iamais fait, & l'eau des fleuues suiuant son cours sans iamais s'arrester, ne pourroit pas souffrir vn si long retardement. I'en designeray seulement quelques vnes.

Nieumehen n'est distante que de trois petites lieuës de la ville d'Arnheim dans le Duché de Gueldres, sur les bords du Vahal au plus profond de son lict. Elle est forte & bien munie, tant pour son assiette, que pour les inuentions de l'art; riche & opulente tant à cause de la bonté du sol, que par

I i

l'industrie des habitans, qui se seruans de la commodité des riuieres s'adonnent au commerce. Du costé qu'elle regarde le pays de Cleues, elle s'esleue sur vne montagne de difficile accez, soustenuë d'vne ancienne forteresse, qu'on croid estre vn des ouurages de Cæsar; & de l'autre elle panche sur vn marests, qui abboutit à des collines chargées de forests & arrousées de ruisseaux, qui rendent son aspect agreable.

La ville de Goude a pris son nom d'vne Dame du lieu, & comme d'autres pensent, des lames d'or qui couuroient le clocher, qui estoit vn des plus magnifiques & des plus hauts bastimens de l'Europe auant qu'il eust esté bruslé par le feu du Ciel; ou plustost comme iugent les plus habiles & les plus prudens, elle est ainsi nommée du mot Allemand, qui signifie vn fossé, pour auoir esté bastie sur les bords de l'Yssel, qui n'est qu'vne branche du Rhin cõduite depuis Alphein, le camp d'Albinus empereur des Romains par Boscop iusques à Goude. Ses fossez larges & profonds, ses murailles espaisſes, ſes bouleuars & baſtions reguliers, le lieu meſme de ſon aſſiette extremément humide & mareſcageux, auec les ruiſſeaux qui trauerſent ſes ruës, par le moyen deſquels on peut ayſément inonder la campagne voiſine, en retenant ou deſtournant leur cours, la rendent vne des plus fortes places des Prouinces Vnies. Elle eſt toute dans l'eau, & neantmoins elle ne craint que le feu, qui la mit toute en cendre il y a deux cens ans, n'y laiſſant que cinq maiſons d'vn ſi grand nombre d'edifices qu'elle renfermoit dans ſes murailles.

Sur le Lech on void deux anciennes villes Rhenen & Diuerſtede, dont Tacite fait vne honorable mention ſous le nom de *Batauodurum* & de *Grinnes*, leſquelles ont eſté fortifiées depuis les guerres ciuiles, qui ont obligé toutes les Prouinces du Pays-bas d'eſleuer des murailles pour ſe defendre contre l'iniuſte vſurpation des armes. Telles ſont Schonouen & Vianen ſur le Lech, Voerden ſur l'ancien lict du Rhin, Iſſelſtein, Montfort & Oudewart ſur l'Yſſel, & particulieremẽt Arnheim, baſty ioignant le lieu où le Rhin se diuise en deux, auec autant d'agreemens de la Nature, que de fortifications. Les prez, les bois, les collines & les ruisseaux y ont logé les plaisirs innocens: & les Hollandois en ont fait vne place d'armes ceinte de murailles, & garnie de bastions pour le Dieu de la guerre.

BOSLE- Mais ie crois qu'vne des plus fortes
DVC. & des plus importantes places que possedent maintenant les Estats, est Bosleduc, qu'ils gaignerent il y a quelques années sur l'Espagnol, nonostāt qu'on
Domme- la iugeast imprenable, estant assise sur
le, r. trois petites riuieres, la *Dommele*, *Aade*
Aade, r. & *Rhinin*, qui remplissent ses fossez &
Rhinin, passent par ses ruës, & forment des
r. marests alentour qui la rendent inaccessible : & de plus estant ceinte de grosses murailles & flanquée de sept gros bastions, sans compter le courage de ses Bourgeois, qui ont la reputation d'estre les plus vaillans & les mieux versez aux armes que le reste de leurs voisins, conseruans quelque chose en eux de cette ferocité Germanique, & de cette humeur martiale des peuples

du Rhin, qu'il nous faut parcourir, pour mettre quelque fin à cet Ouurage des riuieres de France.

LE RHIN.

LE RHIN, qui ne cede en grandeur à aucun fleuue de l'Europe, si ce n'est au Danube, naist au pays des Grisons de trois sources, dont la plus haute, qui produit le Rhin Anterieur, est au mont de Crisbalt assez pres de la source du Rhosne au mont de S. Godard : la deuxiesme, d'où sort le Rhin Moyen, est sur le mont de Lucumon, autrement de S. Barnabé ; & la troisiesme, qui fait le Rhin Posterieur, est au mont de S. Bernard, comme si la Nature auoit besoin de redoubler ses forces, & d'espuiser toutes les veines des plus hautes montagnes consacrées au culte de trois grands Saincts, pour former le canal d'vne riuiere, qui a seruy de bornes au Royaume des Gaules, de barriere aux armes des Romains, de rampart à l'innocence des Barbares, qui menoient vne vie tranquille dans l'horreur de leurs forests, & se conten-

RHIN, R.

tans des presens que la terre leur faisoit sans estre cultiuée, n'auoient point d'autre ambition que d'imiter la vertu de leurs ancestres, & de porter auec merite le nom de Germains, qui signifie des hommes veritablement hommes, c'est à dire, francs, sinceres & courageux, auant qu'ils eussent apris à faire des courses sur les terres de leurs voisins, & à passer en esté ce Roy des fleuues à la nage, & à faire rouler en hyuer leurs charriots sur la glace auec autant de seureté que sur vn pont de marbre, pour chercher dans les Gaules des occasions fauorables pour assouuir leur vengeance, ou du butin commode pour soulager leur pauureté.

Les Escriuains de la Nature racontent, que les Aigles voulans esprouuer le courage de leurs petits, dez aussi tost qu'ils sont esclos les exposent le visage au Soleil; que s'ils peuuent supporter l'esclat de ses rayons sans fermer les yeux, elles les esleuent auec de grands soins, comme legitimes successeurs de ces oyseaux, qui vont affronter les foudres au dessus des nuës: & au contraire s'ils tournent la teste, ou tesmoignent de la foiblesse à la veuë de ce grand Astre, elles les iettent hors de leurs nids, comme indignes de leur nourriture. Et les Historiens des pays nous asseurent que les vieux Allemans, dõt les descendãs sont auiourd'huy les heritiers de l'Aigle de l'Empire, auoiēt cette coustume de plonger leurs enfans dans l'eau du Rhin dez aussi tost qu'ils estoient nez, afin d'esprouuer s'ils seroient vn iour courageux par la resistance qu'ils faisoient auec leurs petits bras contre la violence des flots, & s'ils auroient la force de trauerser en nageant ce fameux fleuue, pour aller attaquer les Gaulois & les Romains dans leurs retranchemens.

Car le Rhin, qui reçoit plus de soixante riuieres dans l'estenduë de son canal, dont beaucoup sont nauigables, & qui nourrit sur ses bords vn grand nombre de Citez opulentes, ne sçauoit encores que c'estoit que de porter le joug des Conquerans, ny d'estre foulé aux pieds des hommes: il ne receuoit aucune contrainte si ce n'est par le froid, qui lioit quelquefois sa liberté & renfermoit ses flots: on ne sçauoit presque point l'art de vouter des ponts sur les riuieres, & mesme croyoit-on plus particulierement que le Rhin estoit en cela de l'humeur des peuples qui beuuoient de son eau, c'est à dire intraictable, & qui ne pouuoit rien souffrir contraire à sa liberté. Maintenant il a douze ponts, dont le premier est à Stein, & les autres de suite à Diesenhouen, Schaffouse, Reinau, Eglisou, Keiserthal, Valdshuc ruiné depuis peu, Lauffenbourg, Seckingen, Rhinfeld, Basle, Brissac & Strasbourg, n'en pouuant auoir plus bas à cause de la largeur de la riuiere.

Le Rhin Anterieur chargé du ruisseau de *Glennen*, qui vient de la vallée de Lugnitz, nommée Legutine par les Latins, passant par le bourg de Tauesch, reçoit le Rhin Metoyen pres de Discerniz, & de là tous deux coulent ensemble sous le nom du premier Rhin, iusqu'à ce qu'il s'allie au dernier grossi de la riuiere d'*Albel*, enuiron vne lieuë au dessous de la ville de Coire, la principale Communauté des Grisons, assise sur le *Plessur* qui vient du mont de Strele, & enflé du *Ranquos*, se va des-

Glenner, r.
Albel, r.
Plessur, r.
Ranquos, r.

DE FRANCE. 503

charger dans le Rhin aussi bien que le *Lanquart*, nommé par les anciens *Langarus*, qui naist au Pretigou, & se perd au dessous de Meinfeld, & le *Monta* qui suit apres. Le pays des Grisons est l'ancienne Rhetie, divisé en trois Ligues libres, & en deux pays subjets, dont la terre est autant infertile en ses productions, que les habitans sont hautains & insolens en leurs procedures: de sorte qu'vn Ambassadeur les ayant pratiquez, ne se peut tenir de s'escrier, O vallées de miseres, & montagnes d'orgueil, i'estime bienheureux ceux qui ne l'ont pas veu, & qui l'ont creu.

Ces trois sources ainsi liées ne font plus qu'vne riuiere, qui se nomme simplement le Rhin, & se rend dans le lac de Constance ou Bodensee, ou autrement le lac Brigantin, nommé par les Latins *Acronius*, pres de Rhinec, & passant par ce lac sans confondre ses eaux, auec autant d'integrité que le Soleil verse l'or de ses rayons sur les fumiers sans les salir, ou qu'il communique les beautez de sa lumiere a trauers le verre sans faire d'ouuerture, il se iette dans le lac bas, ou de Celersee,

Lãquart, r.
Monta, r.

que les Latins ont nommé *Venetus*, à cause de sa couleur d'azur. La Comté de Bregentz, le pays des anciens Brigantins assez connus dans les Histoires, porte le nom de la ville & de la riuiere de *Bregentz*, qui se leue d'vne forest de mesme nom, & d'vne vallée pleine de bourgs & de villages, & laue les murailles de la Capitale du pays, auant que de se ietter dans le lac de Constance, qui porte aussi ce nom de la ville assise entre les deux lacs de Bodensee & Celersee, au lieu où le Rhin sort du lac de Bregentz pour reprendre son lict.

Bregetz, r.

La Cité de CONSTANCE s'esleue sur ces riuages comme vn monument de la vertu Romaine, & comme vn trophée des victoires de la Religion remportées sur l'heresie, puis qu'elle a eu ce nom des garnisons que l'Empereur Constance y establit contre les Allemans, & qu'elle a veu l'Eglise assemblée en vn Concile dans l'enceinte de ses murailles pour s'opposer aux erreurs de Iean Hus & de Ierosme de Prague, & punir leur obstination. Ces deux monstres de la Foy n'ayans pas

CONSTANCE.

voulu se sousmettre au sentiment des Peres, furent mis entre les mains de la Iustice, qui pour vanger les interests de la verité, si souuent outragée par la plume & par la voix de ces deux Heresiarques, les condamna au feu. Ils furent executez dans le pré de Breil, entre les portes de Helinge & Geltinger Thor, où l'on n'a iamais veu depuis croistre aucune herbe au lieu de leur supplice, comme si la terre auoit perdu toute sa fecondité par la contagion des cendres de ces corps, dont les esprits auoient peruerty l'vsage des Sacremens, les sources de la Grace, & tasché de rendre les œuures & le sein de la Foy steriles par le poison de leur doctrine.

Pour le lac de Constance, qui est le haut, dont le tour est de plus de treze lieuës, la longueur de sept, & sa largeur de deux; il est profond de trois cens brasses pres de la ville de Merspurg, & se ioignant auec le bas, il est semblable à vne grande mer chargée d'Isles, couuerte de vaisseaux & pleine de poissons : où les riuieres qui coulent des montagnes se viennent rendre comme

au lieu de leur repos. Ses isles sont la petite Augie ornée d'vn beau chasteau des Cheualiers Teutoniques; la Grande Augie enrichie d'vne opulente Abbaye; & l'isle de Lindau, où est bastie la ville Imperiale, qui luy donne son nom, l'estape des marchandises de toutes les Prouinces voisines, & la Venise de la Suaube. Ses vaisseaux sont de grandes barques à voiles qui s'esleuent comme vne grande forest mouuante à la faueur des vents, qui les portent chargées de bleds & de vins aux villes d'Allemagne. Ses riuieres sont
Schuff,r. *Schuff*, qui sort d'aupres de l'Abbaye de Schiffenried, arrouse Rauensburg, &
Arg,r. se perd pres de Bochorn. *Arg*, qui fauorise la situation & le commerce de la
Ysne,r. ville de Vangen dans l'Algou. *Ysne*, qui donne son nom auec ses eaux à vne ville bastie sur son riuage auant que de
Obreg,r. se rendre au lac. L'*Obreg* qui se iette dans l'Arg à Achberg.

Le Rhin sortant de ce grãd lac, comme vn Astre des horreurs d'vne nuée, coule à Stein, où il reçoit le ruisseau de
Stein,r. *Stein*, & de là il se pousse à Schaffouze, vn des Cantons de la Suisse, où il re-

çoit vne difgrace bien fafcheufe à fon humeur violente & ennemie de la fubjection, par vne efpece de cheute ou cataracte, qui fait que les batteaux venans du lac de Conftance font contraints d'y defcharger leurs marchandifes, pour ne pouuoir paffer plus outre. Mais il femble que la Nature veuille luy rendre quelque forte de reparation, & appaifer fa colere par les prefens d'eaux que luy font les montagnes du *Thur* à Schelléber, du *Toff* à Eglifou, & du *Glat*, au deffous de Rhinou, vne des bonnes places bafties fur ces frontieres libres pour la defenfe des pays. Le *Thur* fort de la vallée de S. Iean aux extremitez du Diocefe de Coire, paffe par la côtrée de Toggenburg, & tirant du Sud au Nord, coule par le pays de Turgou, auquel il communique fon nom, de mefme qu'à la ville de Vuitenthur, puis s'eftant enrichy des depoüilles de la riuiere de *Murg*, commode à ceux de Frauenfeld, & de la *Sittere* à Bifchoffzel, fe va rendre dans le Rhin.

Thur, r.

Murg, r.
Sittere, r.

AAR.

AAR, r.

L'AAR, nommé par les Latins *Arula*, ou *Arola*, vient de la montagne de Grunsel, passe par les lacs de Brientz & de Thun, où il commence à porter des batteaux, puis par la ville de Thun où il a quatre ponts, la riuiere estant fort grosse par les recreuës du *Candal* & du *Simnen*, qui se ioignent à Vumnis, de là coule vers Berne, arrouse Arberg, Soleurre, Vuangen & Aruangen, toutes places des Bernois hormis Soleurre, accommodées de ponts de pierre, ou de bois couuerts, & continuant son cours à Olten, à Arau & à Brouk, ville qui appartient encore aux Bernois auec vn pont de pierre, se va descharger dans le Rhin de toutes les eaux qu'il a receuës des lacs & des riuieres qui luy viennent de tous les endroits de la Suisse en si grand nombre qu'au seul Canton de Zurich il se trouue vnze lacs grands ou petits, sans compter plusieurs fontaines merueilleuses, capables de donner de l'estonnement à ceux qui en verront les effets

Candal, r.
Simnen, r.

sans en pouuoir comprendre la cause.

Le lac de Pilate proche de Lucerne est merueilleux, en ce que si quelqu'vn iette à dessein quelque chose dedans, on void incontinent s'esleuer de si grandes tempestes, qu'elles semblent menasser tout le pays de ruine: mais si c'est par hazard que la chose y soit tombée, il ne s'esmeut non plus que fait la terre à la cheute des fueilles, comme si cét Element auoit du discernement pour connoistre & vanger la temerité des hommes, & de l'accortise pour excuser leur imprudence. Dans la vallée de Hasel, au mont d'Englen, assez prez de la source d'Aar, il y a vne fontaine qui ne coule qu'au mois de Iuin, de Iuillet & d'Aoust, qui est le temps que les troupeaux vont paistre aux champs, & ne coule mesme en ce temps là qu'à certaines heures, lors qu'on mene le bestail boire apres qu'il a mangé: & qui plus est, on dit qu'elle a cette particularité de s'arrester si l'on iette quelque chose de sale dans son bassin, & de ne reprendre son cours qu'à quelques iours de là qu'elle peut estre purifiée de ces ordures. Au Canton de Glaris en la montagne du Vuepch, il y certaine eau froide comme glace qui guerit de plusieurs maux, si les malades se plongent dedans par trois diuerses fois, & sert principalement à rendre la veuë plus claire, & renforcer l'oüye aux vieillards.

Le lac de Neuf-chastel a pris son nom de la ville de Neuf-chastel Capitale d'vne Principauté au Duc de Longueville, assise sur ses bords, dont l'antiquité peut estre suffisamment prouuée par vne grande tour toute bastie de pieces de rochers au milieu de la ville, par le moyen de laquelle Iules Cesar, qui la fit esleuer, pouuoit tenir les passages de tout ce pays, tant par eau que par terre, à cause des rochers qui se trouuent le long du lac & de la *Seyon, r.* riuiere de *Seyon*, qui passe par le milieu de la ville, & se vient ioindre au pied de cette tour, n'y ayant aucun passage que par ce destroit, si on leue le pont de Vaus-seon du costé du Couchant. Le plus bel ornement qu'elle ait est son chasteau la demeure des Princes, & son Eglise l'ouurage de la Reyne Berte *Orbe, r.* de Bourgogne. L'*Orbe*, teint du sang
de

DE FRANCE. 513

de Charles le Terrible, la *Tille* & l'*Areu-*   *Tille, r.*
se s'escoulent dans ce grand lac, qui   *Areuse,*
entre dans celuy de Biel, pour se ren-   *r.*
dre dans l'Aar quelques lieuës au dessous de la ville de Bienne ou Biel, au
dessus de Buren.

  La *Sane* tire son origine des monta-   *Sane, r.*
gnes de Valois sur les frontieres de la
Sauoye, d'où apres auoir surmonté
plusieurs obstacles qui luy ont disputé
le passage elle arriue à Griers, & de là
elle gaigne *Fribourg*, grande & fort
peuplée ville, bastie par Bertold quatriesme Duc de Zeringen sur la ion-
ction des riuieres de Sane & de *Galtern*,   *Galtern,*
partie sur la montagne, & partie dans   *r.*
vn valon : d'où il va s'allier à l'Aar, au
dessous de Volemboch & de Berne,
ayant receu vne partie des eaux du lac
de Morat, autrement de Murten, qui
se forme des eaux de la riuiere de Mu-
rene, & s'estant encore enflé de celles
de la *Coursisse*, qui se va descharger dans   *Coursis-*
le lac d'Yuerdoch, faisant vn port com-   *se, r.*
mode aux marchans qui veulent transporter des vins en Allemagne. Ce pays
appartient aux Bernois, dont la Capitale est Berne, qui doit ses premiers

X x

commencemens à la liberalité de Berthol V. dernier Duc de Zeringhen, son agrandissement à la bonne fortune de ses citoyens, & au secours de ses Alliez, son nom a vn Ours, lequel y fut pris à la chasse. Aussi est-ce pour ce sujet que les Bernois nourrissent ordinairement vn Ours & vne Ourse dans leurs fossez, de mesme qu'autrefois on nourrissoit des Aigles à Geneue. Son assiette est des plus agreables, dautant que l'Aar, qui l'enuironne presque de tous costez, ne laissant qu'vne auenuë vers le Couchant, a son canal si profond qu'il laisse vne montagne, où est esleué le Chef de cette riche Republique.

Grande Emme, r. La grande Emme part de la vallée de Lemmethal, porte de grosses flottes ou radeaux de bois, & se va rendre aussi dans l'Aar vne lieuë au dessous de Soleurre, diuisée par vn pont pratiqué sur l'Aar en petite & grande ville.

LVCERNI. Ceux qui ont veu *Lucerne* sçauent que c'est vne ville assise sur le lac de son nom, & partagée en deux par la riuiere de Russ, ceinte d'vn costé de montagnes qui semblent toucher les nuës, &

entourée de l'autre de foſſez pleins d'eau, qui la rendent inacceſſible aux ennemis. Elle eſt la Capitale d'vn des premiers Cantons de Suiſſe, dont les habitans ſont auſſi redoutables par leur valeur dans les employs de la guerre, qu'ils ſont aymables aux eſtrangers par leur courtoiſie en leur conuerſation. D'où vient que les plus grands Princes de l'Europe recherchent leur alliance auec ambition, & achetent meſme l'aſſiſtance de leurs armes à prix d'argent: comme auſſi les marchands ſe plaiſent de traitter auec eux, eſtans aſſeurez de leur fidelité dans les commerces, & qu'vne de leurs paroles vaut plus que le ſeing de deux Notaires. Ils ſe ſeruent à la guerre des cors d'airain, qu'ils receurent de Charlemagne pour vne recompenſe du ſecours qu'ils luy rendirent contre les Allemans: taſchans ainſi de pluſtoſt encourager leurs enfans de ſuiure la vertu de leurs anceſtres, que d'eſpouuenter leurs ennemis au ſon de ces trompettes.

La riuiere de *Ruſſ*, nommée par les Latins *Vrſa*, qui vient du mont S. Godard, & qui arrouſe Altdorff, le lieu

Ruſſ.

principal du Canton d'Vri ; se rend dans le lac de Lucerne, le trauerse par le milieu sans aucune confusion, & se contente d'auoir seulement la liberté du passage, comme vne armée bien disciplinée, qui garde ses marches auec ordre & iustice. Elle porte de grands batteaux au sortir du lac de Lucerne ; elle laue les murailles de Bremgarten & de Mellinghen, & puis elle entre dãs l'Aar à vn quart de lieue de Brouch, n'ayant son cours nauigable qu'enuiron de huict heures, comme on parle en ce pays. Elle se grossit au commencement de la *petite Emme*, puis d'vne branche du lac de Zug & de la Ione, dont elle reçoit les eaux, qui se plaisent de rouler auec majesté sur l'or, qu'elle entraisne sur ses sablons aussi bien que l'Emme : ce qui fait iuger que les mõtagnes d'où elles prennent leurs sources ont des mines d'or auec des veines d'eau. Mais les Suisses, comme plus adonnez aux exercices de la guerre, qu'entendus aux metaux, en mesprisent la recherche, & ne permettent point aux estrangers d'y foüiller, de peur que leurs bois taillis ne se brus-

Petite Emme, r.

lent à faire du charbon, que leurs paſturages ne diminuent, que leur pays ne ſe rempliſſe d'eſtrangers, & que eurs ſoldats n'oublient l'vſage du fer en manians de l'or : comme les Grecs & les Romains perdirent leur vertu quand ils gaignerent les richeſſes des Perſes.

La riuiere de *Limmath* a ſa ſource aux *Lim-* montagnes du Canton de Glaris, paſſe *math, r.* par Glaris, entre dans le lac de Vallenſée, d'où il ſort pour effleurer celuy de Zurich ſans s'y meſle, coulant apres par le milieu de la ville de Zurich, où il ſemble prendre des forces nouuelles, puis qu'au ſortir de ſes murailles il porte des batteaux, & de là ſe preſente à la ville de Bade auant que de ſe deſcharger dans l'Aar enuiron vne lieuë au deſſous de Brouch. *Sarngan,* le pays des anciens Sarunettes, a tiré ſon nom de la riuiere de *Sarn*, qui l'ar- *Sarn, r.* rouſe, & de Gans, qui veut dire vne Oye, que la ville porte en ſes Armes. Ce pays commence à la petite riuiere de Sarn, qui deſcend des montagnes pres de Ragats & Vilters, & puis ayant roulé par la ville de Sarngans, ſe rend

KK iij

dans le Rhin au dessous de Montfort, & se fourche en deux vallées, dont la premiere est renfermée entre le Rhin & les montagnes, l'autre s'estend au delà de Valenstat assis sur le lac de Val-hansée, où se iette la riuiere de *Seetz*, qui n'ayant plus qu'vn mesme lict auec le Limmath, se perd auec luy dans l'Aar.

Seetz, r.

Il faudroit beaucoup de temps pour recueillir tous les ruisseaux qui coulent des montagnes de la Suisse dans la riuiere d'Aar, depuis sa source iusques à son emboucheure; & ie crois qu'on auroit plustost compté tous les villages des Cantons, que les torrens qui se precipitent par les rochers de ces Prouinces : estant vne chose bien estrange en la Nature, qu'vne terre si abbreuuée d'eau nourrisse des hommes qui l'ont en horreur à ce point, qu'ils boiroient plus volontiers du poison detrempé dans le vin, que de l'eau d'vne claire fontaine. Le *Lin* & *Lonsen* s'allient auec Seetz pour auoir vne entrée plus fauorable dans le lict du Limmath, où le *Syl* se rend aussi entre Zurich & Bade, comme s'il vouloit rafroidir les bains

Lin, r.
Lonsen, r.

Syl, r.

chauds qui se trouuent sur les bords de la riuiere iusques au nombre de trente : & mesme voit-on quelques boüillons de cette eau s'esleuer au milieu du Limmath, sans que ses flots puissent aucunement arrester ces saillies & estoufer ce feu, où l'on void les malades venir de toutes parts chercher vn remede present aux maladies froides, & les femmes steriles vne soudaine fecondité. Le *Mutaa* se rend dans le lac de Lucerne auec l'*Aa*, & le *Lorets* se donne au Russ pour la rendre plus considerable aux peuples qui nauigent dessus, & qui se seruent de son canal pour la commodité de leurs commerces. Vn autre *Aa*, le *Sur*, le *Dinneren*, le *Viger*, & l'*Oents* se donnent ensemble à l'enuy à l'Aar entre le Russ & la grande Emme, comme des tributs que luy payent les montagnes & les rochers en reconnoissance du soulagemēt qu'elle apporte à la sterilité du pays. La *Louuine*, la *Tonneresse*, le *Ioun*, le *Longrin*, le *Neureus*, l'*Ergone* & le *Senfen* se ioignent auec la Sane, comme si tous ces ruisseaux vouloient former vn party pour disputer en sa faueur la place & le nom du canal contre

Mutaa, r.
Aa, r.
Lorets, r.

Aa, r.
Sur, r.
Dinneren, r.
Viger, r.
Oents, r.

Louuine, r.
Tōneresse, r.
Ionn, r.
Lōgrin, r.
Neureus, r.
Ergone, r.
Senfen, r.

XX iiij

Aar, qui se renforce aussi du *Gerben, Sinninen, Chirlen, Candel, Engestelen* & *Gletchenen*, auant que d'attaquer la Sane, laquelle est contrainte de ceder à la force, & de se rendre auec toute sa suite.

De sorte que l'Aar venant auec vne telle magnificence se presenter au Rhin pres de Coblents, merite vne reception toute particuliere de ce Prince des fleuues, qui continuant son cours, s'en va droict à Reinfeld, vn de nos plus beaux lauriers plantez sur ses riuages par les mains victorieuses du defunct Duc de Veymar, cultiué par les soins du Mareschal de Guébriant, & qui reprend vne nouuelle vie à la presence du Mareschal de Turene General des armées Françoises en Allemagne. De Reinfeld Capitale de la Comté, comprenant vne partie des anciens Rauraques, la riuiere descend à Basle, ayant pris sur son chemin le *Film*, qui passe à Augst, autrefois l'Auguste des Rauraques, & se descharge au dessous de Rheinfeld, & le *Birgets* quelque lieue au dessus de Basle.

La ville de Basle est assise sur le Rhin,

qui la partage en grande & en petite, y receuant du costé des Gaules la petite riuiere de *Birs*, & du costé de la petite Basle celle de *Vuies*. La grande est bastie sur vne pente assez fascheuse, dont le sommet est autant agreable pour son aspect, que la plaine du bas est commode pour son habitation. La petite s'estend dans vne plaine, iointe à la grande par vn pont de bois, qui couronne le Rhin. Les maisons semblent auoir esté basties comme de petits Palais enchantez pour receuoir les Nymphes des forests voisines, ou les Genies des eaux, qui roulent de tous costez le cristal de leurs fontaines pour l'vsage & pour l'agrement des habitans. Ces peintures, qui ornent la face des bastimens; ces curieuses vitres qui donnent les beaux iours par les fenestres des maisons; ces precieux meubles qui parent les chambres des Bourgeois; l'humeur courtoise & obligeante du peuple attire les estrangers dans leur ville, & leur gaigne le cœur à la veüe de ces beautez. Erasme, la gloire de son siecle, & le pere des belles lettres, prefera le seiour de cette ville

Birs, r.
Vuies, r.

au lieu de sa naissance, & ne creut point que les Sciences fussent estrangeres dans le pays des vertus; mais au contraire iugea fort à propos d'establir sa demeure dans vn Estat qui fournissoit vne glorieuse matiere à sa plume d'en escrire les belles actions.

Ce qui merite d'estre consideré dans vne si glorieuse ville, la plus grande de la Suisse, & la Capitale d'vn des plus riches Cantons, est l'Eglise de Nostre Dame auec ses deux tours de S. Martin & de S. George: l'Arsenal auec ses greniers & magasins: Le bocage de S. Pierre, auec son vieux chesne de cent douze pas de tour: le Palais où les Seigneurs s'assemblent: l'Vniuersité qui a produit tant de grands personnages: la Danse des morts de toute sorte d'aages & de conditions en l'ancien cimetiere du Conuent des Iacobins: leurs horologes, qui ont cette particularité qu'elles sonnent ordinairement vne heure quand leurs voisins n'en comptent que douze, & deuancent ainsi les autres depuis vne conspiration de quelques mauuais Citoyẽs, qui ayans choisi l'heure de minuict

DE FRANCE. 523

pour se rendre maistres de la ville, abandonnerent l'execution de leur dessein par vn estrange miracle; Dieu qui preside aux temps & aux saisons, & l'Ange qui marque les voyages & conduit les pas du Soleil, auançant les roües & les appeaux de toutes les horologes pour leur faire sonner vne heure au lieu de douze: de sorte qu'ils creurent estre descouuerts, comme ils furent aussi, & payerent bien cherement leur perfidie.

Le Rhin sortant du Diocese de Basle se iette dans le Brisgou, qui signifie terre loüable, & ayant passé par la ville de Neuemburg, & receu la riuiere du *Treisen*, abondante en poisson, dont la source n'est pas beaucoup esloignée de celle du Danube, & dont les eaux meslées auec celles de l'*Eltz*, & les ruisseaux de plusieurs agreables fontaines, coulent le long des murailles de Fribourg, & lauent ses rües sans iamais se glacer; il passe sous les ponts de *Brisach*, autrefois la Capitale du Brisgou, mais qui s'est laissée surmôter en honneurs & en richesses à la ville de Fribourg, quoy qu'elle conserue tousiours

Treisen, r.

Eltz, r.

le premier rang parmy les plus fortes places que la Maison d'Austriche estimoit imprenables, & qu'elle consideroit comme autant de bouleuars inexpugnables qui pouuoient luy seruir pour estendre sa domination par tout le monde, & former cette Monarchie vniuerselle, dont les desseins sont l'objet principal de ses traittez, & la matiere illustre de ses Conseils. Le defunct Duc de Veymar la prit assisté des armes de la France, nonobstant la resistance des assiegez, le pouuoir de l'Empereur, & l'effort de ses plus vaillans & rusez Capitaines, qui voulans conseruer cette place à leur Maistre, y perdirent leur liberté.

L'ILL.

ME trouuant auec le Rhin aux portes de Strasbourg, ie dois cet honneur aux riuieres d'Alsace de les nommer, puis qu'elles se donnent si liberalement à ce grand fleuue, le nourricier de nos Ancestres; & plus particulierement suis-je obligé de recueillir l'*Ill*, qui signifie Isle, dautant qu'il fait vne partie des agreemens, & contribuë beaucoup aux fortifications de cette ville, la plus noble & la plus opulente de l'Alsace, qui est nommée auec iuste raison par les estrangers *Argentina*, ville d'Argent, & par les Allemans Strasbourg, c'est à dire ville des chemins, puis qu'elle est comme vne mine inespuisable des grands thresors que possede cette Republique, & comme la grande porte des chemins publics qui vont en Flandres, en Italie, en Lorraine, & en plusieurs autres lieux.

L'*Ill* naist entre la Suisse & la Bourgogne, passe premierement à Bruntrut, puis par la Baronnie de Mœrsperg, par la Comté de Pfert, & par le Sunggou, & reçoit au dessus de la ville de Mulhausen, qu'il arrouse en passant les riuieres de *Halle* & de *Large*, puis au dessous de Mulhausen le *Tolder*, & de là gaigne *Colmar*, assise au milieu de l'Alsace, sur la ionction du *Louch*, du *Dur* & du *Fecht*, qui s'y ioignent auec l'Ill. Puis il descend à Schlestar, fortifiée de bonnes murailles, de hautes tours & de remparts, de fossez lar-

L'*Ill,r.*

Halle,r.
Large,r.
Tolder,r
Louch,r.
Dur,r.
Fecht,r.

ges & profonds, & pourueuë des meilleurs vins de toute l'Allemagne : il passe à Benfeld place fort considerable, à Erstein, & ayant moüillé quelques villages, se haste d'arriuer à Strasbourg, où il entre dans le Rhin au dessous du village de Vanzenau auec le *Sauuel* né dans les montagnes de Vauge. Son entrée est vne des plus magnifiques de toutes les riuieres qui se donnent au Rhin, à cause de la grande suitte qu'il traisne en sa compagnie, & du nombre des ruisseaux & des petites riuieres dôt il se charge le long de son voyage. Le *Thur* vient des montagnes, passe pres de la ville de Tham, & separe le Sunggou de l'Alsace. Le *Strengbach* naist pres d'Eistenrein, passe par la ville de Rappelsueiller, & entre dans l'Ill pres de la ville de Gemar. Le *Scher* naist à Ottenburg, arrouse les villes de Dābach, & Bossenheim, & se mesle auec l'Ill pres de Hubsheim. Le *Queric* passe par Landau, & de là gaigne Ittenueiler, S. Peter, Stotzen, Zellenueiler, Falf, & Meistersheim, pour arriuer à l'Ill pres de Figersheim. L'*Ergers* naist dans les montagnes au delà de S. Leonard,

Sauuel, r.
Thur, r.
Strengbach, r.
Scher, r.
Queric, r.
Ergers, r.

passe par la haute & basse Ehenheim, par Craut & Ergensheim, & arriuant à Blesheim il se grossit du ruisseau de *Magel*, qui coule par la ville de Rosseim assise entre l'Ergers & le Breusch, puis il se mesle auec l'Ill pres de Grauensta- den. Le *Breusch*, ou la Brusque, qui naist en la Comté de Salm, pres du village de Sell, reçoit à Bruschtal les ruisseaux de *Vnich* & de *Hasel*, passe par Mutzig, Moltzheim & Dachsteim, y receuant la riuiere de *Mosig*, qui naist dans les montagnes au dessous de Fridenech, puis il arrouse Vaslenheim & Kyēthel, & grossit au dessous de Dachsteim le canal de Brusch, qui se rend enfin dans l'Ill à Bruschet pour visiter Strasbourg & offrir aux Bourgeois la commodité de leurs eaux auant que de les porter dans le Rhin, auec celles du *Kintzig*, qui passe à Olfenbourg, & se charge du *Schiltach*.

Magel, r.

Breusch, r.

Vnich, r.
Hasel, r.

Mosig, r.

Kintzig, r.
Schiltach, r.

Strasbourg est donc assis sur qua- tre riuieres, qui sont le Rhin, l'Ill, le Breusch & le Kintzing : car l'Ill ayant couru presque toute l'Alsace, reçoit le Breusch assez pres des murailles de cette- bonne ville, & bien que le premier soit propre à la nauigation, & surpasse l'autre en grosseur aussi bien qu'en poissons, toutefois il perd son nom par la disgrace des habitans, & s'appelle Breusch, qui va se rendre dans le Rhin à vne lieuë de la ville. Elle a vn canal du Rhin du costé du Leuant, par lequel tous les batteaux viennent chargez de marchandise : puis ce mesme canal se ioint au Breusch sous le pont de sainct Estienne, tandis que le Kintzig sort de la forest Noire pour se rendre au Rhin mesme, & reparer la perte qu'il peut faire par cette diuision. Quant au Rhin entier il est esloigné d'vn quart de lieuë de la ville, & couuert d'vn pont de bois voûté, & recourbé en S, pour estre plus ferme par ses vouteures, & ne pas rompre ayfément à cause de sa longueur.

Vous ne sçauez qu'admirer dauantage en cette fameuse ville, la beauté des bastimens, la bonté du sol, la police des Magistrats, ou la courtoisie des habitans ; & le mesme vous arriue qu'à ces ieunes filles, qui entrans dans vn parterre pour cueillir vne fleur, ne sçauent laquelle choisir parmy vn si grand nom-

DE FRANCE. 529
nombre de belles, de peur de se trom-
per. Neantmoins ie peux bien dire
que la chose la plus remarquable est
son clocher tout basty de pierres de
tailles, percé à iour de tous costez auec
diuerses figures en relief, & esleué de
six cens trente degrez pour monter
iusques au haut où est posée la sentinelle, qui descouure plus de quatre
lieuës de pays tout autour de la ville.
On employa vingt-huict ans à le bastir:
six hommes demeurent dans la pom-
me. L'horologe est vne des rares pieces de l'art, qui monstre le cours des
Planetes, leurs maisons & leurs degrez, les Eclipses, le Calendrier & les
Festes mobiles. Vn enfant marque le
premier quart d'heure auec vn coup de
clochete, vn ieune homme le second
auec deux, vn homme en la maturité
de son aage le troisiesme auec trois, &
vn vieillard le dernier auec quatre. Puis
la mort vient à sortir qui sonne l'heure.
Nostre Seigneur paroist apres marchant à la teste de ces quatre hommes,
comme le Maistre des temps qui tient
les momens & les heures en sa disposition; en suite les clochetes rendent

Ll

vne harmonie melodieuse, & le coq, qui est tousiours de la partie, chante à la fin des heures, & finit le concert.

Le Rhin n'a pas coulé long temps au dessous de Strasbourg sans se grossir d'vn grand nombre de riuieres qui viennent se presenter sur ses riuages & se donner à luy. Le *Sorn* part du Voge, & se rend à Sauerne, en Latin *Taberna*, ville d'Alsace, bastie par Iules Cesar, qui partagea l'année en cinquāte deux semaines & trois cens soixante-cinq iours ; aussi dit-on que conformément à cette diuision des temps il adiousta aux murailles de cette ville cinquante-deux tours, & distingua les murailles en trois cens soixante-cinq creneaux, à sçauoir sept creneaux entre deux tours. D'où il continuë son cours vers Stinberg, Detuiler, & Gotzheim, se chargeant du *Mosbach*, auec lequel il descend à Mutzenhausen, où il reçoit le *Robac* auec ses eaux toutes rouges, qui ont aussi donné le nom à la ville de Ruffac bastie sur ses bords par les Romains, & apres auoir long temps roulé se vient reposer dans la couche du Rhin. Le *Moter* ou *Mater*, qui prend sa

Sorn, r.

Mosbach, r.

Robac, r.

Moter, r.

source aux montagnes d'vne fontaine appellée Motterbron, trauerse la vallée de Motterthal, arrouse Vinternau, Raufchenburg, Ingueiler, Neuburg, & Haguenau, ville si opulente qu'elle donna plus de cent mille Reichtsalers au Comte de Mansfeld quand il estoit en Alsace auec son armée l'an mil six cens vingt & vn. Frideric Barberousse l'entoura de murailles, & y bastit vn Palais, où il gardoit la Couronne, le Sceptre, le Globe, l'Espée de Charlemagne, auec les autres marques Imperiales, qui furent enleuées par l'Euesque de Spire, & mises au chasteau de Trifels assis sur le Quic. Le *Zinzel* sort des montagnes de la Comté de Bitsch, passe par Motterhausen, Schmalental, Zintueiler, Hoffen, Vttēhoffen, Mertzueiler, & Schuueickhausen, où il se mesle auec le Moter, au mesme lieu que le *vueisteinenbach* s'y vient aussi rendre, chargé du ruisseau de Falchéstein. Le *Sur*, qui vient aussi des montagnes pres de Flechenstein & de Vogelburg, & prend son origine de la fontaine de Saurbronn, ayant arrousé les arbres de la forest de Hagenau, & moüillé les

Zinzel, f.

Vueisteinenbach, r.

Sur, r.

ll ij

murailles de plusieurs petites villes, se va reposer dans le Rhin au dessous de Beinheim. L'*Ischer* pres de Rheinau, le *Zens*, au dessous de Crafft : le *Seltzbach* pres de Seltz sur les confins de l'Alsace, & le *Lauter* qui sort de la fontaine de Lauterbion, & passe par la ville Imperiale de Veissenbourg & par Lauterburg, vient enfin auec les autres perdre son nom dans le fleuue du Rhin. Toutes ces riuieres que ie viens de nommer se rendent de l'Alsace sur le riuage gauche; & sur le droict se presente le *Murg*, qui sort de la vallée de Rotelin, dont les Ducs de Longueville prennent le titre de Princes, & passe par le Marquisat de Baden, où elle préd les eaux chaudes des Bains pour les porter dans le Rhin. L'*Alb* sort du Vuilbald & se perd à Neuuemburg. Le *Saltz* vient au dessous grossissant le cours du fleuue, qui s'estant encore enflé de l'*Vrchs* & de *Zuich*, se rend à *Spire*, ville ancienne, nommée par les Allemans *Speyer*, de mesme que la petite riuiere qui passe par le milieu, le seiour des anciens Nemetes, & la Chambre Imperiale.

Ischer, r.
Zens, r.
Seltzbach, r.
Lauter, r.

Murg, r.

Alb, r.

Saltz, r.

Vrchs, r.
Zuich, r.

DE FRANCE. 533

Si ie n'ay rien dit d'Vdenheim, appellé *Philipsburg* basty dans les marests que fait la riuiere de Saltz, assez prez de son emboucheure, le coup que nous receusmes en la perte de cette place fortifiée par l'Archeuesque Philippes, m'a esté si sensible, que ie ne peux rappeller ma memoire sans rafraischir la playe. Il vaut mieux que ie m'auance à Menheim assise sur le confluant du Necar & du Rhin.

LE NEKAR.

LE NEKAR ou Neker, est comme vne riche carriere qui produit l'or en ses sablons, & le donne aux Princes, dont il arrouse les terres, pour forger leurs monnoyes: il est encore comme vn autre petit Nil de la Suaube, du Vuirtemberg & du Palatinat, engraissant les campagnes, & les rendant fertiles par ses desbordemens: outre qu'il est comme vn lien d'alliance & de societé entre tous ces peuples, qui se seruent du cours de son canal pour les voyages & pour la negotiation. Il a sa source au dessous du village

Nekar, R.

ll iij

de Scuueiningen, à Neccarsfurt en la foreſt Noire, à vne lieuë de Rotueil, par où il paſſe preſque auſſi toſt qu'il eſt forty de ſes fontaines pour ſe donner au iour, & qu'il a receu le *Breym* pour luy faire eſcorte. Cette ville eſt aſſiſe auantageuſement ſur l'eminence d'vne colline, ayant d'vn coſté les horreurs de la foreſt Noire, qui luy ſont vn rempart, & de l'autre les eaux de la riuiere, qui luy ſeruent de retranchement. Il y a pres de deux cēs ans qu'elle commença d'entrer en mauuaiſe intelligence auec Euerard ſurnommé le Barbu Duc de Vuitemberg : de ſorte que pour ſe fortifier dauantage, & ſe maintenir auec plus de ſeureté contre ſon Maiſtre, elle rechercha la protection des Cantons de Suiſſe, & renouuella cette alliance auec eux au commencement du dernier ſiecle, & depuis elle a demeuré touſiours leur aſſociée, iuſques là qu'elle a taſché de ſe conformer à leurs mœurs, & de ſuiure leurs loix en l'art de la guerre. C'eſt cette ville funeſte au bonheur de nos armes, qui nous a rauy la gloire de nos Chefs, que nous priſmes à la verité par les illu-

Breym, r.

ſtrés ſoins du Mareſchal de Guébriant, dont les derniers ſouſpirs de ſon ame mourante, plus puiſſans que le feu des canons, nous firent ouurir les portes: mais dont la mort nous chaſſa, ne voulant pas que noſtre armée fuſt employée à d'autres exercices qu'à ſe parer de deuil, & arrouſer de larmes le tombeau de ſon General.

Le Nekar ſort de Rotueil, & s'en va reſpirer vn air plus doux ſous le pont de *Tubinge*, paſſant par le milieu de cette grande ville, vne des plus illuſtres du Duché de Vuirtemberg, remparée de murailles & de nouuelles fortificatiõs, magnifique en ſes Egliſes, & ſuperbe en ſes autres baſtimens, renommée pour ſa floriſſante Vniuerſité, riche par le trafic de ſes habitans, aggreable & commode pour la bonté des collines & des vallées chargées de vignes & pleines de moiſſons, qui l'enuironnent de tous coſtez, comme vne precieuſe couronne que la Nature luy a formée, comme à celle qui a ſeruy d'vn beau ſeiour à quelques Empereurs Romains, & où l'on croid que l'Empereur Antonin Caracalla fit baſtir vn

Palais pour iouyr des faueurs d'vn air si temperé, d'vne terre si liberale, & d'vn pays si diuertissant, où il semble que tous les objets capables de charmer les sens de l'homme se trouuent sur ses montagnes couuertes de forests, dans ses campagnes iaunes de moissons, dans ses vallons tapissez d'vne riche verdure, sur les bords de ses riuieres qui produisent les pierres pretieuses, & dans ses mines d'argent, de cuiure & de fer pour les vsages de la guerre, & pour les ornemens de la paix.

En suiuant le cours de cette riuiere vous rencontrez le long de ses riuages plusieurs autres belles villes, dont la Capitale est Stutgard, la demeure ordinaire du Duc, assez pres du Nekar, entourée de montagnes & de vallées fertilles, & ornée d'vn beau chasteau où l'art a employé toutes ses inuentions pour en rendre l'habitation plus agreable au Prince. On y entre par trois montées faites en caracol, dont la principale est si large que deux hommes à cheual y montent fort ayséement de front iusques au poile du Tournoy, où se font les ioustes, les carosels & les jeux. D'vn costé vous voyez toutes sortes d'oyseaux qui ont perdu volontairement leur liberté, & se sont faits prisonniers d'honneur dans vne voliere, qui ressemble à vne salle de Musiciens, où ces petits chantres font vn concert à l'enuy pour les plaisirs du Prince. De l'autre vous auez les cygnes, les oyseaux de riuiere, & les poissons qui se lancent comme des fléches animées dans l'eau des fossez, & ont les mesmes sentimens que s'ils traisnoient le chariot de la Deesse d'Amour sur leur canal. Pres des iardins on voit vn theatre à plusieurs fenestres, auec vne grande cour couuerte de sable pour les combats à cheual, & des carrieres pour courre la bague: la peinture y fait des miracles, rendant la vie aux plus grands hommes de l'antiquité par les charmes de ses couleurs: la sculpture y represente les plus celebres Capitaines, auec autant de presence & d'action que Rome les admira quãd ils conduisoient au Capitole les barbares en triomphe: l'eau des fontaines fait siffler les serpens, chanter les oyseaux, & danser les paysans de Vuirtemberg en figures de bronze, auec autant de grace & de naifueté que s'ils estoient viuans. Le chasteau de Constad basty sur le Necar n'en est qu'à demie lieuë, où la riuiere est couuerte d'vn pont de pierre aussi bien qu'à Eslingen. Et de là gaignant tousiours le Nord par Hailbrun, Vuitapffen, Morsbach, & Eberbac, elle gauchit vers le Couchant pour arriuer à Heidelberg, la Capitale du Palatinat du Rhin, assise sur le Necar, chargé d'vn pont pour la commodité des habitans, & pour le passage des marchands, qui trafiquans dans les meilleurs villes de l'Allemagne, conduisent leur connoy par Heidelberg.

Ce pays a pris son nom du chasteau de Pfaltz, c'est à dire Palais assis au milieu du Rhin prez de la ville de Caub, ou plustost des Palatins qui le gouuernoient au nom des Empereurs. On l'appelle autrement le bas Palatinat pour le distinguer de la Bauiere, que les Allemans nomment le haut. Auant que de cósiderer les curiositez de cette ville, il en faut voir quelques autres arroufées des riuieres qui se rendent dās le Necar depuis son origine dans les forests, iusques au lieu de sa cheute dans le Rhin pres de Mienheim.

La ville de *Vimpffen*, que i'ay nommée, la plus Septentrionale de toutes les Citez de l'Empire qui sont sur le Necar, qui fut appellée premierement Cornelie, puis Veibpein, c'est à dire tourment des femmes, à cause des cruautez que les Huns exercerēt contre ce sexe, qui fait la plus belle moitié du monde, & enfin par corruption de termes, elle se nomme Vimpffen. Elle est assise sur la ionction des riuieres du *Iaxt* & du Necar. *Iaxt,* r.

Hall en Suaube est assise en la vallée de Kochertal sur la riuiere du *Kocher*, chargée du *Luyn*, de *Blaucocher* & du *Roth*, qui partage cette ville Imperiale en deux moitiez attachées par vn pōt, & distinguées en ville & en fauxbourg. C'estoit là qu'autrefois les Gentils-hommes, qui se sentoient offensez vuidoient leurs differents par la permission de l'Empereur & dū Senat du lieu, & combattoient en champ clos à toute outrance auec armes égales; celuy

Luyn, r.
Blaucocher, r.
Roth, r.

qui estoit vaincu sans mourir demeurant infame le reste de sa vie, sans qu'il luy fust permis de monter à cheual, ny de porter les armes, ny de faire couper sa barbe, & ceux qui estoient si temeraires de tesmoigner quelque inclination à l'vn des deux partis, & de dire quelque parole, ou de faire aucun signe durant le combat, perdoient la main droite & le pied gauche, les plus considerables instrumens du mouuement & de l'action, la langue leur estãt laissée entiere pour se plaindre de leurs malheurs.

Geislinghen est assise en la vallée de Fils ou Vils, à trois lieuës de la ville d'Vlme, faisant vn membre du corps de cette Republique. La riuiere de Fils qui donne le nom à la vallée, est vn peu esloignée de la ville, mais elle est arrousée par le milieu d'vn agreable ruisseau, & mouillée au dehors d'vne riuiere assez rapide, nommée *Fletz graben*, qui se iettant dans le Fils le grossissent notablement, & luy font pousser ses eaux auec beaucoup de bruit entre ces grandes montagnes, qui s'esleuent tout autour de la ville, comme des bu-

Fils, r.

Fletz-graben, r.

tés contre les foudres. La ville de Gamunde eut autrefois le nom de Tiergarten, c'est à dire le parc des bestes sauuages, & le ruisseau qui passe par ses places s'appelle encore *Thieraich*, lequel se va ietter dans le *Rems*, petite riuiere non nauigable, qui trauerse la vallée de Remstal, où cette ville Imperiale est bastie, & arrouse les villages qui dependent de ce petit Estat. Reutling renfermée dãs la Duché de Vuirtemberg, mise au rang des Citez Imperiales, & ceinte de murailles par l'Empereur Frideric II. est bastie assez prés de la riuiere d'*Echetz*, qui enfle le Necar. L'*Emtz* est vne des plus grosses riuieres du Duché de Vuirtemberg, principalement quand elle est accreuë du *Glembs*, du *Nagold*, du *Prentz* & de *Vuirm*, sur lequel on void la ville de Vuil, auec ses murailles, ses tours & ses fossez pleins d'eau, qui la mettent en defense contre les attaques de ses voisins. On void aussi Murahrt & Bachanang sur le *Murts*, petit fleuue, qui reçoit en son sein *Vuispach* & *Louter*, auant que d'aborder Bachanang, & le *Bonnar*, assez prés de la bouche. Meissen

Tieraich, r.
Rems, r.

Echetz, r.
Emtz, r.

Glembs, r.
Nagold, r.
Prentz, r.
Vuirm, r.

Murts, r.
Vuispach, r.
Louter, r.
Bonnar, r.

Stimach, *r.* *Lyn, r.* *Zaber, r.* *Aich, r.*

Stimach, sur le *Stimach*, Stetten sur le *Lyn*, Brachenaim sur le *Zaber*, Valtembuch & Aich sur vne riuiere de mesme nom d'*Aich*.

Vn si grand nombre de riuieres, de ruisseaux & de fontaines qui se iettent dans le Nechar auant qu'il aborde Heidelberg, le rendent vn des plus considerables fleuues qui s'allient au Rhin. Le nom d'Heidelberg, qui signifie autant que Noble mont, le lieu de son assiette, & le rang qu'elle tient dans les Estats du Prince, tesmoignent assez son importance. Les choses les plus remarquables de cette place sont le chasteau qui luy seruoit de demeure, ses iardins plantez de diuerses sortes d'arbres, & arrousez de plusieurs viues fontaines: puis vne forte tour, qui fut faite en vingt quatre heures; la grande salle, où l'on peut aysément placer cent tables; vn tonneau long de vingt & vn pied, & haut de douze, où l'on gardoit du vin depuis l'an mil trois cēs quarante-trois: La Bibliotheque du Palatin estoit aussi vne des plus renommée de l'Europe, qui fut enuoyée au Pape, apres que le Comte de Tilly eut pris cette ville le sixiesme Septembre l'an mil six cens vingt-deux, & despoüillé cet infortuné Prince de ses Estats & de ses Dignitez, pour les passions de la Maison d'Austriche, qui est de l'humeur des Aigles qu'elle porte pour Blasons, dont les plumes ont cette proprieté de manger les plumes des autres oyseaux. L'Empereur a retenu vne partie de sa Comté, l'Espagnol garde l'autre, le Duc de Bauiere a trouué que la dignité d'Electeur luy donnoit vn beau tiltre, & que le voisinage du haut Palatinat estoit à sa bien-seance. Le Nechar ayant ainsi moüillé les murailles de Heidelberg, & passé sous le pont de Ladenbourg, se ioint enfin auec le Rhin pres de *Manheim*, bonne place, qui est prise par quelques vns pour la Forteresse de Nica, dont parle Marcellin.

Ainsi ces deux n'ayant plus qu'vn mesme lict, s'auancent auec plus de vitesse pour receuoir les batteaux qui viennent de Franchental, l'vne des meilleures places de l'Allemagne, fortifiée à la moderne, conduits sur vn canal fait à la main, qui ayant remply les fossez de la ville, se descharge dãs la riuiere : laquelle enflée des conquestes qu'elle fait de tous costez, se porte imperieusement à Vuormes, de là à Openheim deux villes Imperiales, dont la derniere, à ce qu'on dit, a son assiette presque semblable à celle de Ierusalem, & puis à Mayence il reçoit l'alliance du Meyn.

LE MEYN.

MEYN, R.

IE ne veux pas faire en ce lieu vne exacte recherche de l'origine de nos Ancestres, ny disputer, si les François qui ont conquis les Gaules, & despoüillé l'Empire Romain de ses plus riches Prouinces, sont sortis de la Franconie, nommée autrement la France Orientale ; & si c'est sur les bords de la riuiere de Sale que fut dressée la Loy Salique, qui ne permet pas que les mains d'vne femme, qui ne sont propres qu'à manier l'aiguille & le fuzeau, portent le Sceptre en France, ny qu'vne nation si courageuse reçoiue jamais la loy d'vn sexe que la Nature a fait pour obeyr. Il me
suffit

DE FRANCE.

suffit de prendre le Meyn sur le mont de Fichtelberg en Voitlande, où il a deux sources, dont l'vne donne cours au Blanc Meyn, & l'autre au Rouge, qui tous deux s'vnissent à Culmbach; d'où cette riuiere tire du Leuant au Couchant, enuiron trois lieuës iusques à Lichtenfelt, où elle reçoit le *Rendach* grossi du *Haslach* & du *Crosnach*, prenant son cours vers le Sud par Staffeltein & Zapfendorff iusqu'à Gusbach, où se tournant vers le Couchant par l'espace d'vne lieuë, enflé de l'*Isch*, de *Rota* & de *Rerke*, qui coulent dans vn mesme canal, & puis du *Rannach*, il descend à Bamberg vers le Sud, belle ville, delicieuse & opulente, le pays du docte Clauius, où il reçoit plus de quinze riuieres couchées dans vn seul lict, le grand, le petit & le moyen *Eberach*, qu'ils nomment Ràn, Mittel & Reich, assez pres de la ville, l'*Ee* & l'*Aisch* pres d'Aldersoff, le *Visent* & le *Kemach* à Forthaim, le *Schuabach*, qui vient d'vne ville de mesme nom se rendre dans le *Regnitz*, l'*Aurach*, le *Zien*, le *Piber*, auec le *Rot*, & le *Schuuartzach*.

Rendach, r.
Haslach, r.
Grosnach, r.
Isch, r.
Rota, r.
Rerke, r.
Rannach, r.
Eberach, r.
Ee, r.
Aisch, r.
Visent, r.
Kemach, r.
Regnitz, r.
Zien, r.
Piber, r.
Rot, r.
Schuuartzach, r.

Pegnitz, r.

La riuiere de *Pegnitz* trauerse la ville de *Nuremberg*, & celle de *Regnits* passe pres ses murailles, puis ces deux riuieres s'assemblent vn peu au dessous de la ville, & courans au Nord entrent dans le Meyn chargées de toutes les autres que ie viens de nommer. La riuiere de Pegnitz est couuerte d'onze ponts de pierre, qui attachent vne partie de cette glorieuse & riche ville auec l'autre. Ses murailles flanquées de cent quatre-vingts trois tours, & fortifiée de bastions, cinq cens vingt-huict ruës qui la diuisent, cent seize puits & douze belles fontaines qui l'abbreuuent, ses maisons magnifiques, & mesme capables de loger l'Empereur, qui la composent, ses habitans qui la peuplent robustes, bien faits, adroits aux armes, & nez à toutes les Sciences, d'où vient le Prouerbe Allemand, la Sagesse de Nuremberg, auec ses autres ornemens, la font si glorieuse, qu'affectant d'estre la nompareille, elle compte mesme ses heures à la façon des Babyloniens, à sçauoir d'vn Soleil leuant à l'autre: de façon qu'au solstice d'Esté, quand le Soleil se couche, leurs cloches sonnent seize heures, & huict au solstice d'Hyuer, dautant que leur esleuation de Pole est de cinquante degrez. Les Nobles n'y dressent point d'Epitaphes sur leurs tombeaux, mais ils pendēt leurs Armes peintes sur des escus de bois contre la muraille, on grauent sur des tables par ordre le tēps de la mort de chacun d'vne famille; tellement qu'on trouue de ces tables dont la teste est commencée depuis plus de cinq cens ans.

De Bamberg le Meyn reprend son cours vers le Couchant, & tire droict à Schuuenfurt, d'où s'abbaissant vers le Midy iusques au dessous de Kitzing, il remonte vers le Nordouest iusques à Gemünd en figure de harpe, arrousant en cette traitte les villes d'Ochsenfurt, de Vuirtzburg & de Karlast, sans receuoir d'autres accroissemēns que de la petite riuiere de vuererz. Le pont qui couure le Meyn à Vuirtzbourg la partage comme en deux villes : les ruisseaux qui coulent par ses rues la nettoyent, & la forst vne des plus agreables de toute la Franconie : son Eglise Cathédrale, nommée la Maison du

Vueretz.

mm ij

Seigneur, la rend venerable, & son Vniuersité docte, & son chasteau de Marienperg, que l'Euesque Iule appelloit le Pas de la Franconie, le iugeant imprenable, basty sur la môtagne pres de la ville, luy sert d'embellissement & de forteresse. Quand vn nouuel Euesque y est receu, il met pied à terre à l'entrée de la ville, il despoüille ses ornemens, & est conduit à l'Eglise par quatre Comtes, estant nud teste, nud pieds, vestu d'vne meschante robbe, & ceint d'vne corde; & quand il est à la porte le Doyen luy commet l'Euesché & le Duché au nom de tout le Chapitre. Quand le mesme meurt on renferme son cœur dans vn vaisseau de terre fait expres, & son corps reuestu Pontificalement est mis dans vn cercueil, ayant en vne main la crosse comme Euesque, & en l'autre l'espée comme Duc : comme pendant sa vie il auoit de coustume aux iours de feste de faire porter deuant luy vne espée, pour monstrer qu'il a puissance de vie & de mort : ce qui a donné sujet de composer cette rithme Latine, *Herpipolensis stola iudicat ense sola*, qui veut dire que la seule estole de Vuirtzbourg iuge auec l'espée.

A Gemund le Meyn reçoit le Seray, chargé du Sal, du Ron, du Lau & du Syn, qui s'en vont à la ville de Lor prendre le ruisseau de mesme nom, qui passe dans les fossez, & de là descendent vers le Sud-oüest à Verthaim, où le Tauber, qui sortant de Rotenburg, coule à Rotingen, prend le ruisseau de Gollac, monte à Lauden & à Piscophaim, & vient se ioindre auec le Meyn. Ce Rotenburg, portant le mesme nom que trois autres villes assises sur diverses rivieres, est posé sur vne haute montagne ceinte d'vne belle campagne, mais habitée d'vn peuple vicieux, & sur tout de femmes si licentieuses, que lors qu'on parle en Allemagne d'vne femme libre, on dit qu'elle a esté à Rotemburg. De Verthain, Capitale d'vne Comté, il coule à Miltburg, ayant pris assez pres de la ville l'*Euter* & *Mubling* au dessous de Vuert, d'où il s'auance vers Francfort, passant auparauant par Ascheburg, demeure des Archeuesques de Mayence.

Francfort sur le Meyn sur les frontieres de la Franconie, est partagée par le

Seray, r.
Sal, r.
Ron, r.
Lau, r.
Syn, r.

Tauber, r.

Euter, r.
Mubling r.

m m iij

Meyn, comme en deux villes iointes par vn beau pont de pierre, dont la plus grande, qui est du costé de Hessen, s'appelle Francfort, & la moindre du costé de la Franconie, se nomme Saxenhausen. Sa principale Eglise est S. Barthelemy, où les Empereurs sont esleus par les Eslecteurs de l'Empire, & couronnez par l'Archeuesque de Mayence, en consequence de la Bulle d'or de Charles IV. Que si deux sont esleus en mesme temps, il faut que l'vn attende l'autre dans le territoire de Francfort pour le combattre, & fortifier ainsi le suffrage des Electeurs par le bonheur de ses armes, puis entrer victorieux à Francfort, comme dans le nouueau Capitole de l'Allemagne, afin d'y prendre la Couronne qui est deuë plustost à sa conqueste, qu'à son eslection : ou que l'vn d'eux se departe du droict qu'il peut pretendre à l'Empire. C'est ainsi que Henry Landgraue de Turinge combattit contre Conrad fils de Frederic II. Louis de Bauiere contre Frideric d'Austriche, & Guntier Comte de Shuuarzburg contre Charles IV. Si quelqu'vn est desireux de voir toutes les nations de l'Vniuers assemblées dans vne mesme ville, ou de conferer par escrit auec les plus sçauans hommes de tous les siecles, qui viuent apres leur mort dans leurs ouurages, & triomphent des injures du temps par leur esprit; il n'a qu'à se trouuer aux Foires de Francfort, où l'on void des Armeniens, des Persans, & les autres Asiatiques auec les plus riches productions de leur climat : des Africains auec leurs pierreries & leurs bestes sauuages : & toutes les Sciences de l'Europe renfermées dans les boutiques des Libraires, lesquels y exposent en vente les plus curieux liures du monde. Mais c'est merueille qu'hors de ces Foires, cette ville grande & spatieuse, semble vn desert, n'ayant ny trafic ny commerce, comme si c'estoient des personnages sur vn theatre, qui ne se presentent qu'à leur tour, & se retirent auec les spectateurs quand la farce est iouée, ne laissans qu'vne Scene vuide, & vne decoration sans mouuement & sans ame.

Le Meyn n'a pas beaucoup roulé, qu'il va prendre le *Bintz*, à Griessen au *Bintz, r.*

dessous de Francfort, pour le porter dans le Rhin vis à vis de Mayence. L'Archeuesque de cette ville est vn des plus puissans Princes de l'Empire, tant pour le spirituel, & pour les Euesques qui dependent de luy; que pour ses dignitez d'Electeur & de grand Chancelier d'Allemagne, pour le pouuoir qu'il a de conuoquer les Estats de l'Empire, & pour les terres qu'il possede prés du Rhin en Franconie, au pays d'Esfeld, en celuy d'Hessen, & en Turinge. Sa ville principale est Mayence, renommée pour ses antiquitez, & venerable parmy les Doctes pour l'inuention de ce bel Art, qui forme la parole aux muëts, la presence aux absens, la vie aux morts, qui nous rend la connoissance & la communication des sçauans hommes aussi familiere que celle de nos domestiques, qui nous conserue la memoire des siecles passez, & nous ouure l'entrée pour penetrer bien auant dans l'auenir, qui nous porte par mer & par terre iusques aux extremitez du monde sans peine & sans danger, & mesme sans changer de place, ie veux dire l'Imprimerie, dont l'inuention est de Mantel noble Citoyen de Mayence, selon le tesmoignage des plus curieux, & des mieux versez en l'origine des belles choses, & comme vn de ses petits neueux, digne successeur de son nom, lequel oblige autant tous les Parisiens en leur conseruant ou rendant la santé par ses remedes, que son ayeul a obligé tous les grands hommes, en rendant leur reputation immortelle dans la suitte des siecles, nous pretend faire voir dans vn ouurage qu'il compose sur ce sujet. Car de dire qu'vn Citoyen d'Harlem en Hollande en est l'inuenteur, & qu'estant mort deuant que d'en auoir publié le secret, vn sien Domestique enleua les meubles de l'Imprimerie, & se retira à sa Mayence, rauissant à son maistre la gloire de son esprit, & à son pays l'honneur de son education, c'est vne fable supposée par les Hollandois, qui sont si pleins de l'amour de leur propre excellence, qu'ils se persuadent que les autres hommes ne se seruent que de leurs inuentions, que c'est par eux seulement que les Arts subsistent, & que toutes les especes des sciences communiquées aux premiers habitans de la terre ont esté recueillies dans leurs testes. Le ruisseau d'*Ombach*, iadis Cia, entre dedans la ville, & se rend dans le Rhin par vn canal du chasteau, & le ruisseau de *Lobach*, ou Gongobach, passe assez pres des murailles, & se rend dãs le mesme fleuue, qui les pousse par la violence de ses flots iusques deuant Bingen, où ils prennent le *Nah*, chargé du *Glau*, du *Lauter*, & du *Suitmer*.

Ombach, r.
Lobach, r.
Nah, r.
Glau, r.
Lauter, r.
Suitmer, r.

Au milieu du Rhin pres de la ville de Binge, est vne tour qu'on nomme la Tour des ratz, pource qu'en l'an neuf cens quatorze Haton Euesque de Mayence assembla tous les pauures de son Diocese au temps d'vne grande famine, les renferma dans vne grange & les fit brusler, disant pour couurir sa cruauté, que les pauures ne sont point differents des rats, qui mangent le grain, & ne font aucun seruice. Dieu, qui prend le titre de Pere des pauures, leua vne armée de rats pour combatre cet impie, qui s'estant refugié dans vne tour, ne peut pas resister à ces petits animaux, qui marchoient sous la conduité de Dieu pour vne si iuste cause. Ils se mettent en bataille, passent le Rhin à la nage, attaquent la Tour, entrent dedans, & mangent tout vif cet ennemy des pauures. On tient aussi que Drusus beau-fils d'Auguste mourut sur le confluant de ces deux riuieres, & la fontaine voisine, qu'on nomme de son nom Druselbrun, en est vn tesmoignage. L'Euesque Vuilligise y bastit vn pont sur cette riuiere de Nah, sur laquelle on void encore vne ville du mesme nom, sujette aux Electeurs de Mayence.

Puis on descéd à Coblentz, vulgairement Confluance, assise sur la ionction du Rhin & de la Moselle, ayant pour voisin le chasteau d'Hermensteim, renommé pour sa forteresse, & pour le long & memorable siege qu'ont soustenu nos François contre les forces d'Austriche. C'est vn endroit où la *Moselle* & le *Lahn* ou *Lœbn* se vont rendre, l'vne du costé de Treves, & l'autre de Vuetterau, à Catzenelnbogen, apres auoir arrousé la ville de Nassau, Capitale d'vn Comté, qui appartient au Prince d'Orenge, Giessen fortifiée,

Lahn, r.

Limpurg, Marpurg & Vuigenſtein, où eſt ſa ſource, & apres s'eſtre char-
Dil, r. gée du *Dil*, qui vient de Dillerborch. Marpurg eſt la Capitale du haut Heſ-
ſen, ou du Landgraue de Darmſtad, nommée par Ptolomée *Amaſia*, & priſe par quelques vns pour le *Mattiacum* de ce grand Geographe, ou pour le *Mattium* des Cattes de Tacite. Ce qui le rend remarquable c'eſt ſon ſuperbe chaſteau poſé ſur le ſommet d'vne mõ-tagne, la maiſon ſuperbe, & l'Egliſe magnifique des Cheualiers Teutoni-ques, & ſon Vniuerſité fondée par Phi-lippes Landgraue de Heſſen, apres que la ville luy eut eſté adiugée par Sen-tence donnée à Ratisbonne il y a vingt & vn an : puis oſtée au Lãdgraue Mau-rice, & occupée par le Landgraue Louis, qui en prit poſſeſſion, fauoriſé du Comte de Tilly, qui campoit auec ſon armée dans le pays de Heſſen.

LA MOSELLE.

LA Mozelle possede autant d'agreemens & de beautez dans les Poësies de Fortunat Euesque de Poictiers, & d'Ausone Consul de Rome, que dans les Prouinces de Lorraine, de Luxembourg, & de Treves, dont elle mouille les terres. Ces deux grands personnages ayans veu la maiesté de son canal, la netteté de ses eaux, le delicieux aspect de ses riuages, tapissez de verdure, dorez de moissons, & chargez de raisins, ont mieux aymé chanter ses loüanges que de profaner leur Muses, par les mensonges de l'ancienne Grece, qui n'ayant point d'illustres veritez à raconter, nous a donné des fables. Cette riuiere prend son origine dans les montagnes de Langres à la façon des autres fleuues, qui naissent toussours sur des lieux eminens, & se forme de plusieurs petits ruisseaux, qui se joignent au dessus de Remiremont, vne des plus fortes clefs de la Lorrainne, pour arrouser cette Prouince, le precieux reste du Royaume d'Austrasie, vn des plus nobles fleurons de la Couronne des premiers Rois de France, & le partage d'vn des enfans de Louis le Debonnaire, qui luy donna son nom & la posseda non point comme vne terre de l'Empire, mais comme vne partie des glorieuses conquestes de ses Ayeulx, qui estoient Rois de France & Seigneurs de Lorraine, auant que d'estre Empereurs, & qui auoiét planté leurs Lys sur les bords de la Moselle, auant que les Aigles eussent iamais niché sur les arbres de la forest d'Ardenne & des autres bois, dont tout le pays est plein.

Les eaux y sont merueilleuses, puis que les fontaines de la vallée de Vagny produisent vne grande quantité d'agathes, de grenats, & d'autres pierres precieuses, dont les Allemans se parent en leurs solennitez, & qu'ils prisent autant que celles des Indes, qui n'ont rien de particulier que l'opinion des femmes & l'artifice des marchāds; la France, entre tous les Royaumes de l'Vniuers, estant la mieux partagée des faueurs de la Nature, puis qu'elle est le pays de la Vertu, & le sejour de la Science, à qui tous les Elemés sont redeuables de leurs plus riches productions. Les puits salez, qui sont les salins de Moyenuic, de Dieuse, de Marsal, de Chasteausalin, de Salonne, & de Rosieres, se durcissent en vn beau sel, qui sert d'ornement aux bonnes tables, & sert aux vsages de tous les pays voisins. Les carpes du lac de Linder, qui a quatorze lieuës de circuit, & qu'on pesche trois fois l'année, sont si excellentes qu'elles n'ont point ailleurs leurs pareilles en saueur, aussi les nomme-on les carpes au miroir, comme si toutes les bonnes qualitez qui se trouuent dans les autres se rassembloient en elles, ainsi que les especes des plus agreables objets se vont ioindre dans la glace d'vn miroir. Les bains chauds de Plombieres, à deux lieuës de Remiremonde, meslez de souffre & d'alum dans vne plus grande quantité de plomb, ce qui leur a donné le nom, sont si salutaires, que les malades y vont de tous les endroits chercher la santé auec plus de succez & moins de frais, que dans les ordonnances enigmatiques des Medecins, & dans les poisons qui se detrempent par les Apotiquaires. Les belles & grandes Chalcedoines, auec les perles & les grains d'or qui se peschent dans la riuiere de Vologne pres de Bruieres, tesmoignent assez la richesse de ce Duché.

Vologne, r.
Nuny, r.
La *Vologne* ou *Voloye*, chargée du *Nuny*, est la premiere riuiere qui se iette dans la Moselle à Chamery au dessous de Remiremont, auec laquelle elle descend à Espinal, de là elle coule sous le pont de Chastel & de Charmes, & puis gaigne Bayon, où l'on trouue cette pretieuse matiere des plus fideles miroirs, & du plus beau verre de l'Europe.

Modon, r.
Colon, r.
Brenon, r.
Vne autre petite riuiere nommée le *Modon*, chargee du *Colon* & du *Brenon*, sur lequel est basty Vezelize, se rend aussi dans la Moselle pres de Chaligny, pour grossir sa suitte & luy donner plus d'entree dans la ville de Toul, celebre pour son antiquité, & venerable pour auoir receu les premieres instructions en la Religion Chrestienne de la bouche d'vn des Disciples de S. Pierre: comme aussi dans la ville du Pont-

Pont à Mouſſon, le ſeiour des Sciences de la Lorraine, & vne fameuſe Vniuerſité, ſous la direction des Peres Ieſuites, qui pour 'eſtre nouuellement fondée, n'eſt pas pourtant moins illuſtre que les autres de France & d'Alemagne, & n'a pas produit moins d'hommes ſçauans que les plus anciennes. Dans l'entre-deux de ces villes Toul & le Pont à Mouſſon, la Moſelle reçoit au deſſous de Fruart la *Meurthe*, com- *Meurthe*, poſée de pluſieurs riuieres, qui commu- r. niquent liberalement toutes leurs eaux à l'agrandiſſement de ſon canal, pour la rendre plus capable de fortifier la ville de Nancy, rempliſſant ſes foſſez. Ces riuieres ſont la *Mothane*, qui naiſt *Mothane* au deſſus de l'Abbaye d'Autrey, paſſe à r. Ramberuillier, à Gerbeuillier, & à Mortagne. Le *Rauon*, qui arrouſe Di- *Rauon, r.* uey, Raon, & ſe rend à Luneville vne des huict fortes places de la Lorraine. La *Plaine*, qui ſe perd à Rauon. La *Plaine, r.* *Voiziere*, qui ſort du grand lac de la *Voiziere,* Gardt : leſquelles s'eſtans iointes au r. deſſus & au deſſous de Rozieres prennent le nom de Meurthe, paſſent à S. Nicolas pour eſtre ſanctifiées par la

n n

présence des Reliques de cet illustre Prelat de Myrrhe, & de là se rendent à Nancy.

NANCY. NANCY sur la Meurthe, qui baigne ses murailles, est la ville Capitale du Duché de Lorraine, petite en son enceinte, mais forte & tres-bien bastionnée, divisée en deux villes, la vieille & la nouuelle, l'vne & l'autre agreable en son assiette, magnifique en son chasteau la demeure des Ducs, venerable en ses Eglises la sepulture de tant d'illustres Princes, & redoutable en ses fortifications & en son Arsenal fourny d'armes & d'artillerie, qui n'a peu neatmoins empescher l'entrée à la Iustice & à la Majesté d'vn Roy, dont la seule presence gaignoit autant de victoires que le Genie de son Conseil luy formoit de combats. Pendant les guerres qui estoient en France, & pour l'apprehension du passage des Allemans, les fauxbourgs furent ceints de murailles, & le tour de la ville agrandy dés l'an mil cinq cens quatre-vingts sept: depuis elle a esté fortifiée à la moderne, & rendüe vne des meilleures places de la Chrestienté par vne prouidence par-

DE FRANCE. 583

...iculiere, pour seruir de trophée à la ...gloire du plus grand Roy des Chrétiens.

Assez pres de la Meurthe on void ...ne Chapelle & vne grande croix de ...ierre esleuée auec des inscriptions sur ...es tables de cuiure dans le lieu du ...ombat où les Bourguignons furent ...effaits, & leur dernier Duc Charles ...é sur le bord d'vn ruisseau. Ce mise...ble Prince, qu'on peut nommer l'Al...biade de son siecle, pour les bonnes ...& mauuaises qualitez qu'il possedoit, ...ourageux & cruel, actif & brouillon, ...agnifique & arrogant, vigilant & ...erfide, hardy & presomptueux, auoit ...erdu son equipage auec honte à Gra...on, ses forces auec fureur à Murat, il ...e luy restoit plus que la vie, qu'il per...it auec despespoir en la bataille de ...ancy. L'an mil quatre cens septante...pt, le cinquiesme iour de Ianuier on ...id Charles Duc de Bourgogne, & Re...é Duc de Lorraine aux portes de cet...e ville, l'vn armé pour defendre son ...ays, & l'autre pour assouuir sa ven...eance. Le Bourguignon rangea son ...rmée en bataille le long d'vn ruisseau

Bataille de Nancy.

nn ij

bordé de deux fortes hayes, qui cou[loit] entre luy & ses ennemis, & loge[a] son canon au bout d'vn grand chemi[n] pour arrester leurs bataillons; là mesm[e] il disposa ses Archers tous à pied, & fi[t] deux escadrons de toute sa gendarme rie : mais il ne consideroit pas que tou[¬]tes ces forces estoient inutiles à v[n] Chef trahy des siens, abandonné d[e] Dieu, & liuré par ses propres peche[z] entre les mains de la Iustice.

Il fit tout ce qu'on pouuoit desir[er] d'vn valeureux soldat & d'vn bon Ca[¬]pitaine, & enfin accablé de ses enne[¬]mis il fut tué parmy ce petit nomb[re] des siens, qui auoient mieux aymé pe[¬]rir aupres de sa personne, que de sau[¬]uer leur vie par vne lasche fuite, com[¬]me voulurent faire les autres, qui ga[¬]gnerent le pont de Bridores à dem[ie] lieuë de Nancy sur le chemin de Lu[¬]xembourg & de Theonuille: mais i[ls] le trouuerent fermé de chariots; de sor[¬]te qu'estans poursuiuis par les Allema[ns] & voyans d'autres ennemis en teste les vns aymerent mieux se precipite[r] dans la Moselle que de tomber ent[re] les mains des Suisses, les autres fure[nt] massacrez, & ainsi les vns les autres se noyerent, ceux-cy dans l'eau de la riuiere, & ceux-là dans le sang de leurs playes. Quelques vns se ietterent dans bois, où ils furent assommez par les paysans comme des bestes sauuages. Antoine & Baudouin freres bastards du Duc furent pris prisonniers: & luy qui par sa violence auoit respandu tant de sang, & qui par son ambition auoit voulu priuer les iustes Princes de leurs Estats, rendit l'ame de trois coups qu'il receut, & fut despouillé de ses habits sans estre recogneu, comme si c'estoit ordre du Ciel, que ceux qui se sont mescogneus pendant leur vie, soient ignorez apres leur mort. On crût du commencement qu'il se fust sauué de la bataille, & quelques vns de ses subiets prirent pour luy certain Hermite Allemand qui luy ressembloit de la voix & de la taille : mais le Lorrain ayant fait chercher entre les morts, ses domestiques le reconnurent à ses ongles qu'il portoit fort longs pour suppleer au defaut des dents qui luy estoient presque toutes tombées, & à vne playe qu'il receut à la gorge en la

nn iij

Iournée de Mont-le-hery. Son corp[s] fut porté à Nancy, nettoyé, laué, mi[s] dans vne châbre tapiffee de noir, auec les ceremonies qui s'obferuent au tre[s]pas des grands Princes. Le Duc d[e] Lorraine le vint voir en cet eftat, & pour tefmoigner les fentimens qu'[il] auoit de fa mort, & auffi pour honore[r] fa memoire, il portoit le dueil fur fe[s] habits, & la ioye au vifage, eftant veft[u] de noir, auec vne barbe d'or, qui lu[y] pendoit iufques à la ceinture à la f[a]çon des anciens Preux, dit la Chron[i]que du temps, & pour marque de [la] victoire qu'il auoit gaignée fur le d[e]funct.

Du Pont à Mouffon la Mofelle, o[ù] nous l'auons laiffée, vient droit à Metz paffant fous les pôts de Ioy & de Moulin, & fe groffiffant du ruiffeau de M[a] auant que d'aborder cette ville glo[]rieufe en fon antiquité, prodigieufe e[n] fes auantures, tres-agreable en fon a[f]fiette, & tres-importante en fes fortifications.

METZ. La Cité de Metz eftoit autrefois nommée *Diuiodurum*, comme qui diroi[t] le feiour des Dieux, la Capitale de[s]

Mediomatrices, desquels par vn mot abregé elle a esté nommée en Latin *Metis*, & en nostre langue Metz. Pendant la domination des Romains elle estoit comprise auec Toul & Verdun sous la Cité de Treves Metropolitaine de la premiere Prouince Belgique, Nos François, qui passerent le Rhin ayans estendu leurs conquestes depuis ce fleuue iusques aux riuieres de Meuse, de Moselle & d'Escaud, les Rois de la premiere Race y establirent le siege du Royaume d'Austrasie, qui se nomma puis apres la France Orientale. Mais comme tous les Estats du monde sont subjets aux changemens des Téps & aux caprices de la Fortune, ce Royaume de Metz a receu depuis diuerses formes. Louis le Debonnaire fils & successeur de Charlemagne ayant partagé ses Estats entre ses trois fils, Lothaire, Louis le Germanique & Charles le Chauue; les deux premiers ne voulurent point obeyr aux ordonnances de leur pere, & obligerent leur troisiéme frere à faire vn nouueau partage, par lequel Lothaire eut l'Empire d'Italie, la Prouence, & toutes les Prouinces réfermées entre le Rhin & l'Escaud, qui fut erigée en Royaume, & nommée *Lotharingia*, & par vn mot corrompu Lorraine.

Lothaire ayant regné quinze ans laissa le Royaume de Lorraine à son fils puisné Lothaire, voulant que celuy qui estoit le successeur de son nom, fust aussi l'heritier de son Estat. Il en iouyt paisiblement durant sa vie ; mais apres son trespas Charles le Chauue son oncle s'en empara par bien-seance, suiuant la loy des Princes, qui leur permet de prendre ou de garder ce qui les accommode, & qui par vne merueilleuse Politique ajuste toutes les regles de la conscience aux maximes de l'interest. Louis le Germanique plus enuieux de l'agrandissement de Charles son frere, que charitable enuers Louis son neueu, le fils de l'Empereur Lothaire, arma en apparence pour la cause de la iustice, & pour retirer ce petit Prince de l'oppression, mais effectiuement pour satisfaire à son ambition, & s'emparer luy mesme d'vn Estat, qu'il ne pouuoit souffrir entre les mains d'vn autre vsurpateur. Il fit si bien par ses menaces, que Charles luy quitta vne bonne partie du Royaume de Lorraine, à sçauoir ce qui est entre le Rhin & la Meuse, pour retenir paisiblement l'autre, qui s'estend depuis la Meuse iusques à l'Escaud. Et ainsi par cet iniuste partage la Lorraine changea de face & de gouuernement pour la deuxiéme fois.

Ce changement fut bien tost suiuy d'vne autre par la dispositió que Louis le Germanique fit de ses Royaumes en faueur de ses trois fils, Carloman, Louis & Charles. Car ayant laissé la Bauiere, la Hongrie & la Boheme à Carloman; la Saxe, la Frise, & vne partie de ce qu'il auoit eu de la Lorraine à Louis; & à Charles qui depuis gouuerna la France en qualité de tuteur de Charles le Simple, la Suaube & l'autre portion de la Lorraine, qui comprenoit les villes de Metz, de Toul & de Verdun, auec le pays d'Alsace, cette nouuelle diuision dóna vne nouuelle forme à cette ancienne Prouince, laquelle prit encore vn autre ordre en changeant de Maistre, apres la mort de Louis le Begue successeur de Charles le Chauue, tant au Royaume de France, qu'en sa portion du Royaume de Lorraine. Car ce Roy & Empereur, qui estoit capable de donner vn honorable employ à la plume des Historiens & à la voix des Orateurs, & qui eust bien fait paroistre qu'vn Prince fait plus auec les mains qu'auec la langue, si la mort n'eust abregé le temps de son regne, & les iours de sa vie, ayant laissé trois enfans, Louis, Carloman & Charles le Simple, les deux aisnez prirent l'administration de tous les Estats de leur feu pere, durant le bas aage de leur frere Charles, mais ils ne consideroient pas qu'en se chargeans d'vne tutelle ils se chargeoient du fardeau des guerres qu'ils deuoient soustenir contre les Danois, & contre leur cousin Louis Roy de la Germanie, auquel ils quitterent la portion du Royaume de Lorraine, que Charles le Chauue auoit iniustement rauie au ieune Lothaire. Charles le Gros ayant suruescu ses deux freres tout le Royaume de Lorraine fut reüny en sa personne de mesme façon qu'il auoit esté doné en partage à l'Empereur Lothaire comme nous voyons que les Planetes apres plusieurs destours retournent au premier poinct de leur carriere.

Apres cette reünion la Lorraine fut possedée successiuement par plusieurs Princes, par Arnoul Empereur neueu de Charles le Gros, par Gundibolch son bastard, par Louis fils legitime du mesme Arnoul, par Conrad Empereur neueu du mesme Louis: lequel se rendit si odieux aux Lorrains ses subjets, qu'ils le chasserent de son Estat, & appellerent Charles le Simple Roy de France pour regner sur eux en reprenant le droict de ses Ancestres. Ce Roy establit pour Gouuerneur dans ses pays de Lorraine Regnier Prince des Ardennes, qui se disoit forty du sang de Clodion, & Gilsibert l'vn de ses fils luy succeda au mesme Gouuernement du consentement de Charles le Simple, qui aymoit mieux s'asseurer de l'amitié de ses voisins par ses bienfaits, que de les tenir en crainte par le bruit de ses armes. Telle fut la sixiéme forme que receut la Lorraine fort differente des precedentes.

Les Seigneurs François s'estans rebellez contre ce Roy autant simple d'humeur que de nom, Henry de Saxe le secourut si auantageusement qu'il fut restably en son Royaume; & en reconoissance des seruices que luy auoit rendu le Saxon, il luy donna la Lorraine au preiudice des droicts de la Couronne, & contre les loix fondamentales de la Monarchie Françoise, qui ne permettent pas qu'aucune partie de ce grand Corps Politique puisse estre demembrée, ny qu'vne fueille de nos Lys soit arrachée par des mains estrangeres. Aussi fut-ce pour ce sujet qu'Albert Euesque de Metz, qui auoit l'honneur d'estre Prince de la Maison de France, s'opposa fortement à ce que cette Cité fust distraite de la Couronne : & son successeur Thierry parent de l'Empereur Othon se seruant du temps, persuada aux habitans de preferer vn Estat libre sous la protection de l'Empire, à vne condition sujette à la domination Françoise, & excita par son exemple les Citez de Basle, de Strasbourg, de Spire, de Cologne, & plusieurs autres de secoüer le joug & de viure dans la mesme independance.

La France ne reçoit point de prescription en ses pertes, ny d'alienation en ses droicts. Pour cette raison Henry II. se saisit de la ville de Metz, la reünit à sa Couronne comme vn de ses anciens fleurons, y fit son entrée armé de toutes pieces, excepté la teste, voulant montrer à descouuert aux habitans la majesté de son visage, & les gaigner à son seruice plustost par la douceur de ses yeux, que par la terreur de ses armées. De vray ils furent si puissamment touchez à la veuë de leur Prince legitime, que luy ayant presté le sermét de fidelité, pour tesmoigner qu'ils secoüoient le joug de l'Empire, ils abbatirent vne Deuise de l'Empereur, qui estoit grauée dans leur Eglise Cathedrale auec ce mot *Vltra*, c'est à dire, Outre, esleué sur les colomnes d'Hercules, pour declarer que ce Heros ne passa point au delà des colomnes que luy mesme auoit plantées sur les riuages du destroit de la mer Mediterranée, mais que l'Empereur passeroit bié auant au delà de Metz, comme si desia il se fust promis la conqueste du Royaume de France. Et au lieu de cette

Deuise Imperiale, ils grauerent celle de Henry, qui estoit trois Croissans entrelassez, auec ces mots, *Donec totum impleat orbem*, de sorte que la Deuise du Roy qui encherissoit sur celle de l'Empereur, signifioit que sa Majesté passeroit tousiours outre iusqu'à ce qu'elle eust subiugué l'Vniuers.

Charles V. le plus ambitieux Prince qui eust tenu les resnes de l'Empire d'Occident depuis dix siecles, auoit l'ame si viuement outrée des nouuelles conquestes que le Roy auoit faites sur luy, qu'il se resolut d'employer toutes ses forces pour les recouurer. Pour cet effect il leua vne armée de cent mille hommes capable de regaigner auec auantage ce qu'il auoit perdu auec disgrace, si le courage des François n'eust esté plus puissant que la fierté des Allemans, que les rodomontades des Espagnols, & que les artifices des Italiens, dont elle estoit composee. Metz estoit la plus importante place des victoires de Henry, & la premiere bute des canons & des foudres de Charles. Aussi le Roy mit dedans François de Lorraine Duc de Guise, se persuadant que l'on perience, la magnanimité, la vigilance, & les autres vertus d'vn si excellent Capitaine suppleeroient au defaut des viures & des fortifications, & au petit nombre de ses soldats: & l'Empereur fit fondre tout ce grand appareil de guerre contre les murailles de cette ville, iugeant fort sagement qu'elle gardoit les clefs des autres villes, & que le reste ouuriroit ses portes apres sa reddition.

Le siege fut posé auec beaucoup de pompe le dix-huictiéme du mois d'Octobre de l'an mil cinq cens cinquante deux, & fut leué pour estrennes auec plus de honte & de confusion le premier de Ianuier de l'année suiuante. Aluarez de Tolede Duc d'Albe General de l'armée s'estant seruy de la force & de la trahison pour l'execution de ses desseins, fut obligé d'auoüer que la noblesse Françoise ne redoute ny la puissance ny la finesse des ennemis quand elle est bien conduite: & l'Empereur, qui s'estoit promis de pousser ses victoires au delà des voyages d'Hercules, fut contraint de poser des bornes à son ambition, & de planter ses colomnes sur les bords de la Moselle. Il est vray que le Ciel, les Elemens & les Saisons combatirent pour nous, & que les pluyes, les gelées, & les rigueurs de l'hyuer firent plus de mal aux Imperiaux, que les frequentes sorties & la courageuse resistance des assiegez. L'Empereur perdit au siege plus de trente mille hommes de guerre, & la meilleure partie de sa reputation. Deux ans apres il se vestit de la peau du Renard sous vn habit de Cordelier, n'ayāt peu rien auancer auec celle du Lyon sous les armes de Mars. Le Chapitre general de ces Religieux ayant esté indict à Metz pour l'an mil cinq cens cinquante-cinq, l'Empereur qui auoit certains citoyens à sa deuotion, fit porter secretement vne grande quantité de mousquets en leurs maisons, & fit aussi entrer vn bon nombre de gens de guerre traueftis en Cordeliers, qui deuoient se saisir d'vne porte, & receuoir les Imperiaux dans la ville. Mais la trahison fut descouuerte, les traistres punis de mort, & la ville conseruée dans l'obeïssance du Roy.

Pour reprendre le cours de la riuiere,
&

& considerer de plus près l'importance de cette ville, il faut sçauoir qu'elle est assise sur la Moselle, dont vne partie la trauerse, formant vne isle au lieu où est l'Abbaye de S. Estienne : auec vne autre petite riuiere nommée la *Seille*, Seille, qui vient presenter ses eaux aux habitans pour leurs vsages, auant que de les porter dans la Moselle. Il y a quatre ponts principaux, dont deux trauersent la ville, pour aller entre deux eaux à l'Abbaye de S. Vincent : les deux autres sont pour entrer dans la ville du costé de Thionville, l'vn est le pont Iffroy, & l'autre le pont de More. Aprés le siege memorable dont i'ay parlé, Henry fit bastir vne citadelle sur le bord de la riuiere proche de la porte de S. Thibaud, composée de quatre boulleuars reuestus de pierre de taille, auec vn grand fossé fort profond taillé dans le roc, qui rend cette frontiere plus asseurée que iamais contre les entreprises de l'Empereur, & se mocque de ses menaces. Ie ne veux point m'arrester à vous descrire icy les magnificences de ses Eglises, la majesté de son Chapitre desseruy par cent Chanoines, le nombre de ses Conuens, l'opulence de ses Abbayes, & le bel ordre de ses Hospitaux. Elle renferme la Loy, la Grace & le Peché, puisque les Iuifs y ont vne ruë & vne Synagogue auec l'vsage de leurs ceremonies : les Catholiques y ont leurs Eglises & leurs Autels; & les Heretiques vn Temple, & la liberté de leurs erreurs. Il est temps de remonter sur l'eau, & de costoyer ces agreables vignobles, ces terres chargées de bleds, ces prez, ces bois, & ces diuertissans paysages, qui bordent les deux riuages de la Moselle depuis Metz iusques à Thionville durant quatre lieuës de pays, sans receuoir d'autres ruisseaux en cet entre-deux que celuy d'Estain, qui se rend à Richemont.

Ie serois blasmable de sortir de la ville de Metz, sans auoir consideré l'origine de la Seille, suiuy son cours & contemplé ses riuages. Elle naist de ce lac tant vanté de Linder, dont i'ay desia parlé, prodigieux en sa grandeur, qui contient quatorze lieuës de tour, qui renferme vne isle au milieu de ses eaux, & qui a cette prerogatiue par dessus tous les autres de la Lorraine de nourrir les meilleures carpes du monde. Il n'est pas sans raison qu'on la nomme la Seille, puis qu'elle est presque sallée au goust, & que les plus riches salins de la Prouince vont porter leurs eaux dans son canal: comme ceux de Dieuze à vne lieuë de sa source, & en suite ceux de Marsal, ville tres-forte assise sur vn marests; ceux de Vic & de Moyenvic deux places fortifiées sur son riuage depuis quelques années. Marsal fut mis entre les mains du feu Roy par le Duc Charles, comme vn gage de sa fidelité, quand il fit sa paix à Vic, & qu'il promit à sa Majesté ce qu'il n'executa pas. Moyenvic, que nous tenons, se rendit par composition, les soldats qui gardoient la place né croyans pas estre assez forts pour resister à la Iustice, qui demandoit raison de la mauuaise foy d'vn Vassal ligué contre son Maistre. De Vic la Seille vient à Nomeny, & apres auoir fait plus de plis qu'vne couleure, & coulé sous vn grand nombre de ponts, qui sont la pluspart de bois, elle entre dans la ville de Metz, & se ioint à la Moselle, pour se rendre à Thionville.

THION-VILLE. THIONVILLE, soit qu'elle doiue son nom aux Dieux de la fausse Gentilité que les anciens y adoroient comme dans le Pantheon des Gaules, ou bien à Theon son fondateur, qui la bastit sur vn des riuages de la Moselle, à quatre lieuës de Luxembourg, & à quatre de Metz, est vne des plus anciennes & des meilleures places de la basse Allemagne. Charlemagne y establit le troisiesme siege de l'Empire, à cause de l'importance de son assiette, & de la commodité du passage, d'où l'on peut aysément iuger quelle elle estoit dés lors, puis qu'vn si sage & si valeureux Prince l'honora d'vne si auguste qualité. Et de vray elle est si bien fortifiée de la Nature & de l'Art, qu'elle n'a iamais esté prise de force, estant assise en vn lieu plain qui n'est point commandé de montagnes, enuironnée de marests qui la rend comme inaccessible du costé du Couchant, arrousée de la Moselle qui remplit ses fossez, & remparée de bastions reguliers, & de tours bien flanquees.

L'an mil cinq cens cinquante les

François sous la conduite du Duc de Guise la vinrent attaquer, où ayant fait vne furieuse batterie, & donné d'effroyables assauts, ils perdirent grand nombre de vaillans hommes, & entre autres le fameux Strozzi l'vn des quatre Mareschaux de France ; mais enfin ils la conquirent, & entrerent dedans par capitulation, pource qu'il n'y auoit plus de soldats pour la defendre. Elle fut depuis renduë au Roy Philippes II. par le traitté de paix concluë apres la funeste bataille de S. Quentin : comme elle a esté depuis peu reconquise par la genereuse côduite du Duc d'Enguien apres l'heureuse Iournee de Rocroy. La bataille gaignee par vn ieune Prince de mesme nom & de mesme aage que celuy qui vainquit nos ennemis à Cerizoles, sa vertu deuançant ses annees ; & la victoire remportee sur des Chefs experimentez, & sur des soldats aguerris, estoit trop illustre pour n'auoir point d'autre succez que le champ du combat baigné du sang des Espagnols, & couuert de leurs despoüilles. Il falloit que ce ieune Mars s'erigeast luy-mesme vn trophee digne de sa valeur,

oo iij

& que comme il surmontoit toute la gloire de ses Ancestres dez sa premiere campagne, il arborast ses estendars sur les murailles d'vne forteresse imprenable à tout autre qu'à luy.

On trouue Cirq sur la mesme riuiere à trois ou quatre lieuës de Thionville, pris d'assaut par le mesme Duc d'Enguien, qui fut comme son apprentissage au mestier de prendre des villes, & d'estendre les bornes du Royaume de France, encore qu'a n'en point mentir iamais il ne fut apprentif, ayant plustost sceu la façon de commander les armées qu'il n'eut veu de soldats, & s'estant consommé dans l'vsage des guerres par les auantages de sa naissance & par les trauaux de son estude, auant que d'auoir quitté son cabinet. De Cirq on vogue aysement iusqu'à Treves, la Moselle s'estant accreuë de plusieurs ruisseaux & de quelques riuieres, & particulierement du *Sier*, du *Saur*, & du *Sar*, qui s'allient à elle auant qu'elle soit arriuée aux portes de cette ancienne Cité, le seiour des Empereurs, & la demeure d'vn Electeur, grand Chancelier des Gaules.

Sier, r.
Saur, r.
Sar, r.

Le *Sier* se forme d'vn grand lac dans la forest voisine de Luxembourg, qui se perd dans la Moselle, presqu'aussi tost qu'il s'est leué, n'ayant pas plus de quatre lieuës de cours, & n'arrousant que cinq ou six villages depuis le lieu de sa naissance iusques au lieu de sa cheute, ce qui fait qu'il est presque inconnu parmy les Cosmographes, tant son nom est caché. Le *Saur* vient de Remy Champagne, d'où se voûtant en forme d'arc, qui abboutit à Esche, il prend le ruisseau de Bastoigne & de Clairff, qui vient se rendre à Viltz : & puis continuāt son cours vers le Nord, il se grossit de la riuiere d'*Alsat*, qui pas- *Alsat, r.* se aux pieds des murailles de Luxembourg, la Capitale de cette illustre Prouince, qui se diuise en Famenne & en Ardenne, la Maison de tant de Rois & d'Empereurs, & qui donne le nom à toute la Duché. Pour le mot de Lu- Lvxem- xembourg, quelques vns l'ont tiré de bovrg. la riuiere d'*Alsat* ou *Elxx*, qui l'arrouse, & du mot Allemand *Burg*, qui signifie ville : les autres le font descendre de la Lumiere, dautant que la Lumiere y estoit autrefois adorée comme

Deesse, & le Soleil source de la lumiere, honoré de vœux & de prieres, comme le principe des plus belles productions de la Nature. Il y en a qui pensent que c'estoit vne ville des Leuques marquées par les anciens Geographes sous le nom de *Leucorum vrbs*, & mesme il s'en trouue qui tirent son etymologie de *Lucus*, qui signifie en Latin vn bocage consacré à quelque Diuinité.

La ville est posée en belle assiette, d'vne grande estenduë, assez forte, & embellie d'assez beaux edifices, dont la plus grande partie se ressent encore des guerres du dernier siecle, n'ayans pû estre releuez de leurs ruines. Car elle a seruy de tout temps de joüet à la Fortune, & a esté prise, reprise & saccagée par les François : & mesme on mit en deliberation dans le Conseil de France il y a cent ans, quand le Roy François premier s'en fut rendu le maistre, si sa Majesté deuoit la conseruer, estant de difficile defense à cause de son assiette inegale, partie esleuée & partie dans le panchant, & partant commandée à l'endroit où elle est basse. Mais le Roy qui auoit le courage plus grand que sa fortune, & dont l'ambition s'estendoit au delà de toutes les bornes de ses Estats, se resolut à la garder contre l'aduis de ses Capitaines, disant qu'en ruinant cette ville il ne pouuoit pas iustement porter le titre de Luxembourg, vn des plus illustres de la Chrestienté, qui a produit cinq Empereurs, dont quelques vns y reposent apres leur mort dans leurs tombeaux ; aussi bien que Iean de Luxembourg Roy de Boheme, fils de l'Empereur Henry VII. & pere de l'Empereur Charles IV. qui mourut en la bataille de Crecy. On raconte de luy, que la vieillesse luy ayant osté la veuë, que la Nature luy auoit donnée en naissant fort courte, entendant que Philippes de Valois Roy de France employoit Charles son fils Roy des Romains contre l'Anglois, il voulut estre luy-mesme de la partie, & commanda à ses gens de le conduire au plus fort de la meslée où estoit le General des ennemis. Ce qu'ils firent y estans contraints par ses sollicitations, commandemens & menaces ; & afin qu'il ne ne s'esgarast pas quelques vns de ses Cheualiers lierent les freins de leurs cheuaux auec le sien. Neantmoins il voulut marcher le premier pour auoir la gloire de donner le premier coup d'espée; comme il fit auec plus de courage que son indisposition ne sembloit luy permettre: & donnant des esperõs à son cheual il entraisna ses compagnons, & s'enfonça si auant dans l'escadron du Prince de Galles, qu'ayant esté tué il fut trouué le lendemain encore lié auec les autres.

L'Alsat ou Elzz, s'estant ainsi ietté dans le Saur, il coule à Dechery & à Echternach, receuant l'*Vrt* entre deux, qui laue les murailles de Vianden, & prend encore le *Nems* auec le *Pruin*, pour estre mieux accueilly de la Moselle, qui les conduit à Treves, aussi bien que le Sar, qui luy vient offrir toutes les eaux du Barrois qu'il arrouse. Le *Sar* prend sa naissance pres Salins, passe par plusieurs villes qui en prennent le nom, sçauoir Sar-burg, Sar-Vberden, Sar-Alben, Sar-pruch, & autres; il est nauigable, & reçoit vn grand nombre de petites riuieres, à

Vrt, r.
Nems, r.
Pruin, r.

sçauoir le *Bleiss*, qui moüille le Marqui- *Bleiss, r.*
sat des deux Ponts, le *Brins*, qui se perd *Brins, r.*
dessous Dulenge; l'vne & l'autre *Nide*, *Nide, r.*
qui se ioignans à Northein, viennent
se descharger au dessous de Sirsperg;
par ce moyen le Sar deuient la plus
grosse riuiere qui se donne à la Moselle sous les murailles de Treves.

TREVES se peut vanter d'estre la TREVES.
plus glorieuse ville du monde, s'il est
vray ce qu'on en dit, qu'elle ait esté
bastie par le fils de Ninus Prince des
Assyriens, qui se voyant persecuté par
sa marastre Semiramis, abandonna
l'Asie, & passa dans l'Europe, où il bastit la Cité de Treves sur les riuages de
la Moselle, dans vne vallée assez diuertissante pour luy adoucir les pensées de Babylone, dont il auoit vne
image deuant ses yeux, à sçauoir la
ville qu'il fonda, & qu'il honora de son
nom. Mais sans entrer si auant dans les
siecles passez, où bien souuent l'on perd
les veritables honneurs de son extraction par vne affectation trop recher-
chée d'vne foible antiquité; elle peut
dire auec bonne raison, qu'elle s'est
veuë la maistresse de toutes les Prouin-

ces qui sont renfermées entre le Rhin & les Pyrenées, & que son Archeuesque, Electeur de l'Empire, en retient encore la qualité de grand Chancelier: qu'elle a esté le seiour ordinaire des Princes Romains qu'on deputoit pour gouuerner les Gaules: qu'elle a mesme attiré dans ses murailles par les charmes de son assiette l'auguste personne de quelques Empereurs, qui ont trouué les eaux de la Moselle plus douces que celles du Tibre: qu'elle a esté le thresor public pour la subuention des guerres que les Romains estoient obligez d'entreprédre ou d'entretenir contre les barbares pour la conseruation de leurs conquestes: & qu'elle a porté le nom de noble, d'opulente, de docte, & de grande Cité, & que ses citoyens ont passé pour les plus vaillans guerriers de ces illustres peuples qui ont combatu contre les Cesars, & souuent arraché leurs lauriers & leurs palmes. Mais les Huns qui la prirent, les François qui la surprirent, les autres natiós qui l'ont pillée & saccagée, le feu qui l'a reduite en cendres, le temps qui la ruinee, l'ont priuee de ses ornemens, &

l'ont amoindrie de beaucoup, telle qu'on la void auiourd'huy, ne possedant presque rien de cet ancien esclat que le nom de Treves, & le lieu de son assiette. Ses dernieres fortunes, ses prises reïterees, l'absence de son Archeuesque detenu prisonnier contre le droict des gens & de la Religion, le courage des François, la valeur & la sage conduite du Mareschal d'Estrée, qui abbaissa des citoyens fiers & orgueilleux aux pieds du Roy son Maistre, meriteroient vne plus ample narration, si la Moselle qui s'estant chargee du *Kil* & du *Mun* au dessous de Treves, ne m'entraisnoit par la violence de ses flots, & ne me portoit dās le Rhin à Coblents pour le suiure à Cologne.

Kil, r.
Mun, r.

COLOGNE Capitale du Diocese & de l'Electorat, que les Allemans appellent en leur langue *Stifft Coln*, a pris son nom d'vne peuplade de vieux soldats qu'Agrippine y enuoya, voulant par là tesmoigner aux peuples associez à la ville de Rome l'authorité qu'elle auoit dans l'Empire, & le rang qu'elle tenoit auprès de son fils Neron,

COLOGNE

Les forces des Romains s'estans peu à peu diminuées, & le courage des Conquerans de l'Vniuers s'estant esteint comme vn flambeau, qui de tout ce grand esclat dont il auoit fait vn autre iour dans la nuict pour esbloüir les yeux, ne laisse rien qu'vn peu de cendre & de fumée. Ces Aigles qui auoiēt si long temps volé par toutes les Prouinces portans la foudre aux pieds, & les lauriers au bec, ayans esté plumées par les autres oyseaux des plumes dont elle s'estoit parée comme les Geays dans les fables, les François chasserent de la Gaule ceux qui auoient chassé tous les autres Princes de leurs Estats, & conseruerent Cologne iusques à l'Empereur Othon I. qui l'ayant enleuée de la main des François, la rauit à l'Empire, & ordonna que l'Archeuesque seroit vn des six Electeurs qui ont droict de creer vn Empereur quand le Throsne de l'Empire est vaquant.

Ces six Electeurs sont l'Archeuesque de Mayence Chancelier d'Allemagne, l'Archeuesque de Cologne Chancelier d'Italie, & l'Archeuesque de Treves Chancelier des Gaules. Le

DE FRANCE. 591

Duc de Saxe grãd Mareschal de l'Empire, le Marquis de Brandebourg grand Chambellan, le Comte Palatin du Rhin, & en sa place le Duc de Bauiere, grand Panetier. Le Roy de Boheme grand Eschanson de l'Empire interuiẽt comme Arbitre, quand les Electeurs ne peuuent s'accorder, ou que leurs voix sont partagées, pour faire pancher la balance du costé qu'il luy plaira par le poids de son suffrage. Cologne est assise sur la riue gauche du Rhin, d'vn grand circuit, & d'vne grande estenduë, dont la figure represente vne demie lune, tres-agreable pour la beauté des edifices, pour la netteté des ruës, pour la grandeur des places, & pour la beauté de ses veuës & de ses paysages. Elle est de plus tres-considerable pour ses defenses, ayant le Rhin qui luy sert de trenchée, estant ceinte d'vn double fossé, reuestuë de bonnes murailles, & recemment fortifiée, auec vn grand nombre d'habitans, dont le courage vaut mieux que les rempars. Elle est encore tres-bien policée, pour auoir beaucoup de rapport au gouuernemẽt ancien de la Republique Romaine par l'authorité qu'elle donne à ses Consuls, Proconsuls, Censeurs, Triburs, Thresoriers, & Surintendans, auec vne verge de Iustice semblable au faisseau de verges que les Huissiers portoient deuant les Magistrats, & par la distribution des Ordres & des Lignées, qui representent vne nouuelle Rome.

Dans l'entre-deux de ces deux grandes villes le Rhin reçoit vn merueilleux accroissement par l'abord des riuieres qui viennent de l'Allemagne se rendre à luy à l'vne & l'autre riue.

Eyffel, r. A la gauche la riuiere d'*Eyffel*, qui donne le nom à vn petit pays dependant de l'Archeuesque de Treves, s'y rend entre Bonne & Andernach, chargée de quelques bains d'eau chaude tressalutaires aux maladies, riche des bonnes qualitez qu'elle a prise passant par des mines d'argent, de fer & d'airain, & pompeusemét parée des rubis, emeraudes, & hyacinthes qui se peschent dans vn grand lac voisin du Monastere de Zum-laich. La *Neite* est au dessous

Neité, r.
Aar, r. aussi bien que l'*Aer* ou l'*Aar*, qui passe à Huynen, & arrouse Aldenaer. A la
Engers, r.
Sien, r. droicte l'*Engers* & le *Sien* sortent de la
Vestpha-

DE FRANCE. 593

Vueſtphalie pour entrer dans ce beau fleuue, & ſe rendre à Cologne ſous la faueur de ſa conduite. Au deſſous de Cologne paroiſt le *Vuipper* pres de Rindorp, qui paſſe à Solingen & à Erueluel dans la Duché de Berg, autrement de Mons : d'où naiſt auſſi le *Duſſel*, qui trauerſe la ville de Duſſeldorp, & remplit les foſſez du chaſteau auant que d'aborder le Rhin. *Vuipper, r.*

Duſſel, r.

NVISS, nommée par Ptolomée *Nueſium*, & par Tacite *Noueſiũ*, eſt à l'oppoſite de Duſſeldorp, venerable pour ſon Egliſe Collegiale, & fameuſe dans l'hiſtoire pour la reſiſtance qu'elle fit à Charles le Terrible Duc de Bourgogne, qui la tint aſſiegée l'eſpace d'vn an auec dix-ſept mille hommes ſans pouuoir l'emporter. L'Empereur Frideric III voulant recompenſer la vertu des habitans, les affranchit des gabelles qui ſe payent ſur le Rhin, & donna le pouuoir à la ville de battre monnoye, de porter en ſes enſeignes l'Aigle d'or en champ de ſable, & de ſeller les lettres de ſes Magiſtrats en cire rouge. Elle eſtoit autrefois aſſiſe ſur le Rhin, mais à preſent elle eſt ſur l'*Erpr*, *Erpr, r.*

P p

qui coule par le pays de Iuliers, & se rend dans le Rhin, & comme si l'Art vouloit reparer les disgraces de la Nature, on a tiré mesme vn canal depuis la ville iusques au lict de ce gros fleuue pour la commodité du commerce & de la nauigation. Le *Roer* se descharge à Duisberg de la *volne*, de la *Vestaple*, de *Lenne*, du *Leyster*, & de plusieurs autres ruisseaux ou petites riuieres, qu'il recueille depuis Oldendor où est sa source, iusques au lieu de sa cheute par les terres de la Vuestphalie. L'*Emfert* se presente au dessous. La *Lippe* est la derniere qui vient rendre ses deuoirs au Rhin, & luy faire l'hommage que les petites riuieres doiuent aux grandes : Elle a sa source pres de Paderborne, & prenant son cours vers l'Ouest, elle passe par la ville de Lip, par Boechel, Nordkenchen, Rusenberg & Dorsten, où elle se partage en deux branches, dont l'vne entre dans le Rhin à Vuesel, & l'autre à costé.

Tels sont les accroissemens du Rhin depuis Cologne iusques à Vuesel passant par Dusseldorp & par Duysburg, pour de là se porter assez pres de la ville de Cleues au deſſous d'Emerich, & de là gaigner Grientenhuſen & Lobic, où il ſemble qu'il ſoit enuieux de ſa propre grandeur, puis qu'il s'y partage en deux branches, dont la droicte retient le nom du Rhin, & la gauche prend celuy du Vahal, & continuant ainſi ſon cours par le fort de Schink, il ſe diuiſe encore pres de Huſſen en deux grands bras, dont l'vn ſe nomme Iſſel & l'autre Lek, ſemblables à deux jumeaux qui font mourir leur mere, & luy oſtent l'ame & le nom auec le ſang. Nous en auons deſia parlé dans le cours de la Meuſe; il nous ſuffit de les auoir vne fois conduits dans l'Ocean ſans repaſſer ſur nos veſtiges. La mer ne tariſt point, & les fleuues ne s'arreſtent iamais: il n'y a que l'eſprit de l'homme qui s'eſpuiſe en ſes penſées; auſſi faut-il que ma plume finiſſe ſon trauail au lieu où finiſſent les Gaules.

F I N.

TABLE DES LIEVX ET DES RIVIERES

mentionnées en cette seconde Partie.

A

A r r. de Suisse. 510

Aar riu. du Diocese de Treues. 592

Achasse r. du Viuarets, se iette dans le Rhosne. 156

Agat petite r. de Prouence, tombe en la mer. 223

Agde Euesché sur l'Eraud. 301

Agnon r. de Bourgogne, entre dans la Tille. 77

Aigues-mortes, ville ancienne sur vne branche du Rhosne. 198

Ain grosse riuiere, qui passe par la Bresse, se perd dâs le Rhosne. 32

Aire ville tres-forte sur le Lys. 362

Aix ville assise sur l'Arc, le siege du Parlemêt de Prouence. 201

Aix-la-Chapelle, le seiour & la sepulture de Charlemagne. 449

Alamogne r. de la Bresse, se perd dans

PP iij

TABLE.

le Rhofne. 25
Albane petite r. de la Sauoye, passe à Chambery. 123
Aletz, ville sur le Gardon. 182
Alet, ville sur l'Aude. 280
Alondon r. de Bresse se rend dans le Rhofne. 25
Alsat r. de Luxembourg. 583
Amausson r. du Languedoc, se iette dãs l'estang de Perots. 306
Anduse, ville sur le Gardon. 183
Annecy ou Nyssi ville de Sauoye, le siege de l'Euesque de Geneue, sur le Lac du mesme nõ. 50
Annonay ville assise sur la ionction de la Canse & du Deom. 158
Antibes ville forte en Prouence. 116
Anuers, grande & opulente ville sur l'Escaud, sa situation, ses forces & ses richesses. 376
Aran r. de Prouence, qui naist au pied de la saincte Baume. 218
Arbelaine riuiere de la Bresse, qui s'allie auec l'Ain. 32
Arc r. de la Prouence. 179
Arc autre riu. de la Prouence, se rend à Aix. 201
Arch r. sortant du Mont-Cenis, se porte dans l'Isere. 120
Ardeche r. separant le Viuarets de l'Vzege. 155
Ardiere riu. passe à Beaujeu, & se perd dans la Saone. 94
Arens r. de Prouence, qui coule dans la mer pres de Marseille. 205
Are r. de la Sauoye,

TABLE.

trauerſe la Tarentaiſe, & forme l'Iſere. 118

Argent petite r. de la Principauté d'Orenge. 146

Argens r. de la Prouence au Golphe de Grimaut. 221

Argentdouble r. ſe iette dans l'Aude. 279

Arue r. de Foſſigny ſe rẽd dans le Rhoſne au deſſous de Geneue. 24

Arre r. du Languedoc. 297

Arles, Archeueſché de Prouence ſur le Rhoſne, 188. ſes antiquitez. 189

Arras ville forte, le Chef de la Prouince d'Artois ſur le Scarpe. 348

Arſchot Duché ſur le Demer. 374

Aude r. de Narbonne, en Latin *Atax*. 278

Auignon ville bâſtie ſur le Rhoſne, 169. ſon pont miraculeux. 168

Azergue r. dangereuſe, ſe rend dans la Saone à Anſe. 94

B

Bar r. ſe iette dãs la Meuſe à Dõchery. 419

Bar petite r. du Viennois, ſe iette dans le Rhoſne. 108

Barbeyrolle torrent ſe deſcharge dans le Rhoſne à Valence. 115

Bargue r. de Prouence. 226

Baſle ville libre ſur le Rhin. 520

Batembourg ancienne ville ſur la Meuſe. 466

Beaune bonne ville, ſes fortifications, & ſon Hoſpital. 81

Beech r. de la Comté de Horn, ſe iette

pp iiij

TABLE.

dans la Meuse. 461
Belley Euefché de Bresse. 36. pres de la riuiere de Furans. 40
Bencon r. de Prouence. 223
Bene r. passe à Gap & à Saulse. 179
Bernin r. de Flâdres. 441
Berre r. se iette dans l'estang de Bages. 295
Beruine r. de Flâdres. 444
Besue petite riu. de Bourgogne, se ioint à la Tille. 77
Bezançon, ville Imperiale, & ancienne Archeuesché sur le Doux. 87
Bief r. de la Bourgogne dans la Saone. 75
Beziers ville Episcopale sur l'Orb. 295
Binge sur le Rhin. La Tour des Rats. 554
Birs & Vuies riuieres de Basle. 511
Blanche r. se perd dans la Meuse. 433
Blanche & Noire deux riuieres, qui se ioignent à Mariembourg. 422
Boch r. passe à Chiney. 427
Bosteduc sur la Dômele & l'Ade. 500
Bouines sur la Meuse. Bataille de Bouines. 425
Bourg en Bresse, autrefois forte place assise sur la Resouze. 36
Bourgogne Duché, belle & opulente Prouince. 77
Breda place tres-importāte sur le Merx pris & repris. 470
Bremio r. se descharge dans le Furans. 41
Bresse, belle & riche Prouince conquise par Henry le Grād. 31
Brisac Capitale du

Brisgoüu sur le Rhin. 523
Bruges sur le canal de Roye. 355
Brune r. passe à Bellieure, & se iette dans la Saone. 95
Bruxelles, belle & agreable ville sur la Senne. 369
Buelch r. de Prouenuence, se ioint à la Serre. 179
Bursure petite r. de Bourgogne passe assez prez de Beaune, & se rend dans la Saone. 81

C

Camargue Isle de la Prouence, que fait le Rhone. 197
Cambray, ville forte, Capitale du Cambresis. 327
Canse & Çanise rivieres du Viuarets. 109
Carcassonne, ville marchāde, sur l'Aude. 281
Chalarine r. du Lyōnois, se rend dans la Saone. 95
Chalidon r. de Prouence. 222
Chalon sur Saone, Cité tres agreable & tres-ancienne. 390
Chambery la Capitale de la Sauoye sur l'Albane. 123
Charamie r. de Prouence coulant prés de Brignole. 142
Chartreuse, sa situation, l'institution de l'Ordre des Chartreux. 54
Cheran r. de Bresse entre dans le Furans. 41
Chiers r. se iette dās la Meuse au dessous de Mouzon. 413
Clermont ville sur Lergue. 301
Clomar petite r. du Dauphiné, se iette

dans le Rhosne. 108

Coblentz sur la ionction de la Moselle & du Rhin. 555

Cocher ou Kocher r. de la Suaube. 539

Coire ville des Grisons sur le Plessur. 504

Colme r. se rend dãs la mer pres de Graueline. 387

Cologne grande ville sur le Rhin, Electorat de l'Empipire. 589

Constance grande ville sur le Lac. Concile de Constance. 506

Crapone r. de la Prouence, se iette dãs la Durance & dãs la mer. 200

D

Dauphiné grãde Prouince. 116.

Dauphins de Viennois. 117

Dãuilliers ville forte sur le Chiers. 414

Dehune sort de l'estang de Longpendu, se ioint à la Bursure, & se iette dans la Saone. 83

Dele r. du Brabant. 366

Delphe belle ville sur le canal de Delf. 478

Demer ou Demere r. du Liege, se rend dans la Dele. 366

Denle r. de Flandres, se iette dãs le Lys. 364

Denre ou Tenre r. de Hainaut. 395

Die r. du Dauphiné, se iette dãs le Drac. 137

Die ville Episcopale sur la Drome & sur la Merosse. 140

Dijon, la Capitale de la Bourgogne, le siege d'vn Parlement, sur l'Ousche & sur le Suffon. 78

TABLE.

Dinant, ville arrogante & fiere sur la Meuse. 422

Doibe petite riu. se ioint auec le Giers pour entrer dans le Rhosne. 106

Dole, grosse ville, le Parlement de la Franche-Comté sur le Doux. 86

Dombes Principauté pres de la Bresse. 91

Donkerque ville & port de Flandre. 391

Donne r. du Viuarets. 109

Doux r. de la Franche-Côté, sa source au Mont-Iura, & sa cheute dans la Saone. 84

Doux petite riu. du Vellay. 109

Drac torrent impetueux du Dauphiné entre dans l'Isere. 137

Dranse r. qui a deux sources, se iette dãs lo lac de Geneue. 14

Drome r. qui partage le Valentinois en deux, se rend dans le Rhosne. 140

Durance r. tres-facheuse en Prouence. 174

Dusseldorp ville à l'emboucheure du Dussel. 593

E

EGli r. du Roussillon, se iette dans la mer Mediterranée au delà du marests de Salces. 252

Egues r. qui separe la Principauté d'Orenge du Languedoc & du Dauphiné. 146

Embrú ville Archiepiscopale dans les Alpes maritimes sur la Durãce. 178

Emele r. de Flandres se iette dans la mer,

TABLE.

Ems r. du Duché de Vuirtemberg. 541

Eraud r. du Languedoc, qui naist dãs les Ceuenes & se rend dans la Mediterranée. 297

Erieu r. qui separe le Viuarets en haut & en bas. 155

Escaud grosse riuiere de Flandress, sa naissance & son cours. 326

Eschelles sur la Guye le passage d'Hannibal en Italie. 54

Eschets r. de la Principauté de Dombes. 96

Esteron r. de Prouence qui se ioint auec le Var. 228

F

Fils r. d'Allemagne, gaigne le Rhin. 540

Fiere r. de la Sauoye se iette dans le Seran, & se perd dans le Rhosne. 50

Flandre, ses costes, ses Prouinces, & son Gouuernement. 320

Flessingue grosse ville sur vne des bouches de l'Escaud. 393

Fleurie r. de la Sauoye, se iette dans le Seran. 50

Fletzgraben r. passe à Vlme. 540

Flou r. de la Sauoye, se iette dans le Rhosne pres de Yenne. 53

Fontaine de Vif, autrement Fontaine qui brusle pres Grenoble. 128

Fontaine admirable du bourg de Peru. 305

Fossigny. Prouince de la Sauoye, sa situation, ses montagnes, & ses qualitez. 27

Franche-Côté, belle

& riche Prouince, son nom, ses qualitez. 67
Froment petite r. de la Principauté de Dombes, se rend dans la Saone. 96
Furens petite r. du Dauphiné, se iette dás le Rhosne pres de Romans. 159
Furan petite riu. de Viennois, passe à l'Abbaye de S. Antoine Chef d'Ordre. 108

G

Gand, grosse, riche & insolente ville sur quatre riuieres. 351
Gapeau r. de Prouence, se rend dás la mer à Hiers. 220
Gap, ville & Euesché sur le ruisseau de Bene. 179
Gardon r. des Seuenes, d'Aletz & d'Anduze. 181
Garon petite r. teinte du sang de saint Didier. 106
Geneue. Lac de Geneue, 11. la ville de Geneue sur le lac, 15. ses forces, & son gouuernement. 17
Gennep, ville agreable & forte sur la ionction du Niers & de la Meuse. 464
Gere petite riu. qui passe à Vienne, & se ioint au Rhosne. 107
Gertrudenberghe place tres-biē fortifiée sur la Dunge, ou Dugne. 471
Ghoor r. de la Comté de Ghoor, se va perdre dás la Meuse auec le Beech. 461
Giers r. qui sort du mont Pila, & se perd dás le Rhosne. 106
Goude bonne ville sur l'Yssel. 498

Ems r. du Duché de Vuirtemberg. 541

Eraud r. du Languedoc, qui naist dãs les Ceüenes & se rend dans la Mediterranée. 297

Esieu r. qui separe le Viuarets en haut & en bas. 155

Escaud grosse riuiere de Flandres, sa naissance & son cours. 326

Eschelles sur la Guye le passage d'Hannibal en Italie. 54

Eschets r. de la Principauté de Dombes. 96

Esteron r. de Prouence qui se ioint auec le Var. 228

F

Fils r. d'Allemagne, gaigne le Rhin. 540

Fiere r. de la Sauoye se iette dans le Seran, & se perd dans le Rhosne. 50

Flandre, ses costes, ses Prouinces, & son Gouuernement. 320

Elessingue grosse ville sur vne des bouches de l'Escaud. 393

Fleurie r. de la Sauoye, se iette dans le Seran. 50

Fletzgraben r. passe à Vlme. 540

Flou r. de la Sauoye, se iette dans le Rhosne pres de Yenne. 53

Fontaine de Vif, autrement Fontaine qui brusle pres Grenoble. 128

Fontaine admirable du bourg de Peru. 305

Fossigny, Prouince de la Sauoye, sa situation, ses montagnes, & ses qualitez. 27

Franche-Cóté, belle

& riche Prouince, son nom, ses qualitez. 67
Froment petite r. de la Principauté de Dombes, se rend dans la Saone. 96
Furens petite r. du Dauphiné, se iette dás le Rhosne pres de Romans. 159
Furan petite riu. de Viennois, passe à l'Abbaye de S. Antoine Chef d'Ordre. 108

G

Gand, grosse, riche & insolente ville sur quatre riuieres. 351
Gapeau r. de Prouence, se rend dás la mer à Hiers. 220
Gap, ville & Euesché sur le ruisseau de Bene. 179
Gardon r. des Seuenes, d'Aletz & d'Anduze. 181
Garon petite r. teinte du sang de saint Didier. 106
Geneue. Lac de Geneue, 11. la ville de Geneue sur le lac, 15. ses forces, & son gouuernement. 17
Gennep, ville agreable & forte sur la ionction du Niers & de la Meuse. 464
Gere petite riu. qui passe à Vienne, & se ioint au Rhosne. 107
Gertrudenberghe place tres-biê fortifiée sur la Dunge, ou Dugne. 471
Ghoor r. de la Comté de Ghoor, se va perdre dás la Meuse auec le Beech. 461
Giers r. qui sort du mont Pila, & se perd dás le Rhosne. 106
Goude bonne ville sur l'Yssel. 438

TABLE.

Graue, ville forte & frontiere du Brabant sur la Meuse. 464
Grenoble, ville ancienne, le Parlement de Dauphiné. 127
Grey, place tres-importante dans la Franche-Comté, assise sur la Saone. 74
Grisons, divisez en trois Ligues. 505
Grosne r. de Forest, passe à Cluny, & se rend dans la Saone, fait la separation de la Bourgogne & du Beaujolois. 93
Guye r. qui fait la separation de la Sauoye & du Dauphiné, se perd dãs le Rhosne. 53

H

Haguenau bonne ville sur le Moter. 551
Haine r. qui donne le nom au Hainaut. 344
Hall en Suaube sur le Kocher. 539
Hall, lieu celebre pour sa deuotion de la Vierge sur la Seine. 367
la Haye : l'Assemblée des Estats de Hollande. 480
Heur r. se iette dans la Sambre. 432
Hiperle r. de Flandre. 355
Hipre r. entre dans la Sambre. 431
Hollande, grande Prouince des Estats du Pays-bas. 396
Huis, ville & torrēt de mesme nom. 432

I

Iabron petite riu. qui entre dans le Rubion. 142
Iaxt r. de Suaube, se

TABLE

iette dans le Ne-
kar. 539
Ieker riu. paſſe par
Tongres, & ſe rend
dans la Meuſe. 441
Iil grande riu. d'Al-
ſace. 524
Irance r. ſe ioint à la
Vele. 95
Iſere groſſe riu. du
Dauphiné, entre
dans le Rhoſne au
deſſous de Ro-
mans. 116
Iſle Barbe, dans le
canal de la Saone
au deſſus de Lyon.
96
Iſles de ſaincte Mar-
guerite en Prouen-
ce. 224
Iuliers, ville tres for-
te aſſiſe ſur le Ruer.
446

L

LAc de Conſtan-
ce. 505. & 507
Lac de Pilate pres
de Lucerne prodi-
gieux. 511

Lac merueilleux ſur
le mont Pila. 106
Lac Beniſt en Sa-
uoye, pourquoy
ainſi nommé. 26
Lac du Bourget, ſa
gradeur, & ſes poiſ-
ſons. 52
Ladrecies petite vil-
le, mais forte ſur la
Sambre. 429
Languedoc, belle &
grande Prouince.
277
Lex vn bras du Rhin.
486
Lentaine r. fait la ſe-
paration de la Lor-
raine & de la Fran-
che-Comté, ſe iet-
te dans la Saone.
73
Leyden, Vniuerſité
fameuſe ſur l'an-
ciē canal du Rhin.
494
Lez r. ſe iette dans le
Rhoſne, & paſſe
à Mondragon. 146
Lez r. du Langue-
doc entre dans la
mer. 306

TABLE.

Lieue r. de Flandres. 352
Liege petite riuiere. 433
Liege, grande ville sur la Meuse. 434
Limmath r. qui sort des montagnes de la Suisse. 517
Limonin petite riu. separant le Lyonnois du Viuarets. 109
Limoux, ville sur l'Aude. 280
Linotte r. de Bourgogne se ioint au Loignon. 76
Linghe r. de Hollande, se iette dans le Vahal. 484
Lippe r. 594
Liuron petite ville sur le confluant du Rhosne & de la Drosme. 141
Lodéue ville Episcocopale sur Lergue. 298
Loehn ou Lahn r. se iette dans le Rhin. 515

Lorraine grãde Prouince. 557
Lozane ville Episcopale, assise sur le Lac de Geneue. 12
Loue r. de la Frãche-Comté, se ioint au Doux. 85
Lougnon r. de Bourgogne entre dans la Saone au dessus de Pontarlier. 76
Louuain belle ville, & florissante Vniuersité sur la Dele & sur la Vorte. 372
Luin r. de Suaube, se ioint au Kocher. 539
Luiset petite riuiere se iette dãs le Rhosne. 32
Luxébourg consacré aux faux Dieux. 416. grande ville, & Duché tres-noble. 585
Lyon petite riuiere du Bailliage de Gex se rend dãs le Rhosne. 25

Lyon

Lyon grosse & opulente ville sur la ionction du Rhosne & de la Saone. 99. ses ponts remarquables. 104

Lys belle riu. des Pays-bas. 361

M

Malines Archeuesché, le Parlemét de Flandre sur le Demer. 375

Mandre r. se iettant dans le Lys. 365

Marguerite Comtesse de Hollãde, son accouchemét prodigieux. 481

Marseille ville anciéne & opulente sur les riuages de la mer. 106

Maruaison riu. du Beaujolois. 94

Mascon sur la Saone, Capitale du Masconnois. 91

Mastricht ville forte bastie sur la Meuse. 442

Mayence ville sur le Rhein, Electorat de l'Empire. 552

Mein r. d'Allemagne, d'où elle tire son origine, & où elle se perd. 544

Mengiue r. de la Sauoye, se ioint auec l'Arc à Conflans. 119

Meruue r. d'où elle tire son nom & ses eaux. 467

Mets noble Cité sur la Meuse. 566

Meuse grosse riuiere, sa naissance, & son cours. 402

Meziere ville forte, assise sur la Meuse. 419

Modon r. de Lorraine 569

Monaco ville & Principauté située à l'extremité des Alpes. 160

Mons grande ville, Capitale du Hai-

naut, sur la Troulle. 345
Montagne inaccessible en Dauphiné. 134
Montbelliard sur la riuiere de Halle. 86
Montmeillan forteresse de la Sauoye sur les bords de l'Isere. 121
Mōtpellier belle ville assise sur le Lez. 306
Morgon r. du Beaujolois se perd dans la Saone à Villefranche. 94
Moselle grosse riuiere, d'où elle sort, & où elle finit. 557
Mortane r. de Lorraine. 561
Mouzon ville sur la Meuse. 413

N

Nah riu. se iette dans le Rhin. 554
Namur, Capitale d'vn Duché sur la iōction de la Meuse & de la Sambre. 428
Nancy ville forte, la principale de la Lorraine sur la Meurthe. 562. Bataille de Nancy. 563
Nantua r. se ioint à l'Ain. 38
Narbonne ville ancienne sur l'Aude. 285
Nexar ou Nexer r. de la Suaube. 533
Nethe grande & petite, riuieres de Brabant. 336
Nide Françoise, Nide Allemande, riuieres de Lorraine. 587
Nice en Prouence, son nom, ses fortifications, ses antiquitez. 236
Niers r. de Iuliers & de Gueldres. 462

TABLE.

Nieuport ville & port commode en Flandre. 388. Bataille de Nieuport. *Ibid.*

Nismes ville celebre, & ancienne Euesché sur la Vistre. 313

Nozeroy, ou Nazareth, bonne ville en la Franche-Comté pres de la source de l'Ain. 37

Nuremberg grande & opulente ville sur le Pegnitz & le Regnitz. 546

Nuyss, grãde & belle ville sur l'Erpt. 593

O

Oeules r. qui sort d'vn abysme pres de Nantua. 40

Oguin r. se descharge dans l'Ain. 41

Orange Principauté, la ville tres-ancienne & tres-remarquable. 146

Orb r. qui coule des Ceuenes dans la Mediterranée. 295

Ostéde ville sur l'Hiperle, son siege memorable. 557

Oueze r. du Dauphiné, se ioint à la riuiere de Sorgues. 168

Ourt r. du Diocese de Liege, se iette dans la Meuse. 433

Ousch r. de Bourgogne, passe à Dijon. 78

P

Palhas r. du Languedoc, entre dans l'estang de Perots. 306

Palron r. de Nice en Prouence. 236

Pas de l'Escluse, ou Cluse, passage tres-important de la Sauoye, où le

TABLE.

Rhosne, se perd en terre. 29
Perpignan, ville tres-forte, la principale du Roussillon, sur le Latet. 254
Pezenas, ville agreable sur la ionction de la Peyne & de l'Eyraud. 303
Pierre-Ancise, chasteau sur la Saone pres Lyon. 96
Pierrelate, ville bien bastie sur la ionction du Rhosne & de la Berre. 144
Pontarlier, ville forte sur la Saone aux confins des deux Bourgognes. 75
Pont du Gard, ouurage des Romains merueilleux. 164
Pont S. Esprit, bône ville sur le Rhosne, 145. son pont l'vn des plus beaux de l'Europe. ibid.
Pousin, ville auantageusement située sur les riues du Rhosne. 160
Priuas, ville du Viuarets, à deux lieuës du Rhosne. 162
Prouence. Costes de la Prouëce, 1. Isles de la Prouence, 4.
Prouëce, ses qualitez. 229
Puits prodigieux sur la montagne de Mijou, au pays de Bresse. 26
Puits merueilleux sur le Iardin de Dieu, montagne du Languedoc. 304

R

Rauon r. de Lorraine. 561
Resouse r. de la Bresse, passe à Bourg, & se perd dans la Saone. 95
Rez petit ruisseau, se iette dans la Drome. 140
Rhin, vn des plus grands fleuues de l'Europe, son estéduë, son cours, ses ponts. 501

TABLE.

Rhosne, grande r. sa source, son cours. 6
Ripaille, ville de Sauoye sur le lac de Geneue. 14
Robac r. d'Allemagne, qui a ses eaux toutes rouges. 530
Roër r. d'Allemagne. 594
Romance r. du Dauphiné, entre dans le Drac. 136
Ronelle r. du Haynaut, se iette dans l'Escaud. 340
Rossa petite r. se ioint à l'Ain en Bresse pres l'Insurieu. 41
Roterdã grande ville & beau port sur la Meuse à l'embboucheure du Roter, 477. le païs natal d'Erasme. 478
Rotueil sur le Nekar, funeste à la France pour la mort du Mareschal de Guébriãt. 534
Roussillõ Comté sur les marches de Frãce & d'Espagne. 251
Rubion r. se iette dãs le Rhosne à Mõtlimar. 142
Ruer ou Rure, r. se iette dans la Meuse à Ruremonde. 445
Rupel r. se iette dans l'Escaud à Rupelmonde. 366
Russe r. de Prouence, qui passe à Carpentras. 167

S

Saene r. du Forest. 94
Salins ville de la Franche-Comté, d'où nommée. 85
Saluan r. de Bourgogne. 95
Sane r. de Valais, passe à Fribourg, entre dans l'Aar. 513
Saone grande r. nauigable s'allie auec le Rhosne à Lyon. 65

qq iiij

TABLE.

Sambre grosse riuiere des Pays-bas, où elle naist, & où elle se perd. 429

Sauerne, belle & ancienne ville sur le Sorn. 530

Sauoye, grande Prouince, sa situation, ses qualitez, & les mœurs de ses habitans. 42

Saur r. du Luxembourg. 583

Scarpe r. d'Artois, se iette dans l'Escaud. 347

Sedan ville & Principauté sur la Meuse. 417

Seille r. de Lorraine. 578

Seize r. de Geuaudan. 155

Selle r. des Pays bas passe à Chasteau en Cambresis. 339

Sensee, où Sansse, r. d'Artois, se pousse dans l'Escaud. 339

Semay r. du Luxembourg, passe à Bullion, & se rend dãs la Meuse. 421

Seraine r. separant le Lyonnois de la Bresse, se descharge dans le Rhosne. 41

Seran r. de la Sauoye entre dãs le Rhosne. 50

Seray riu. d'Allemagne, se iette dans le Meyn. 549

Seule r. partage le Bresse de la Franche-Comté, se iette dans la Saone. 94

Seyon r. se iette dans le lac de Neufchastel.

Siagne r. de Prouence, naist à Grasse. 224

Sier r. de Luxembourg. 583

Siõ capitale du Vallais, assise sur le Rhosne. 9

Sorgues r. de Pro-

uence, se iette dans le Rhosne. 165
Sorn r. passe à Sauerne, & se rend dans le Rhin. 530
Soubre petite r. de la Franche-Comté, se iette dans le Doux.
Strasbourg ville forte & opulente, assise sur la ionction de quatre riuieres. 527
Stutgard, seiour agreable des Ducs de Vuirtemberg sur le Nekar. 576
Sur r. se rend dans le Rhin. 531
Surant r. qui descéd des montagnes de la Bourgogne dãs l'Ain. 39
Suson petite riu. de Dijon en Bourgogne. 78
Syl r. des Suisses, se ioint auec le Limmath.

T.

TArascon, ville sur le Rhosne, fameuse & ancienne. 186
Tech r. du Roussillon, se rend dans la mer au dessous d'Elna. 252
Tel, ville sur le Rhosne, separant le Dauphiné du Viuarets. 184
Therouëne ancienne Cité des Morins sur le Lys, ruinée par l'Empereur Charles V. 365
Thionville ville forte sur la Mosele, son siege memorable, & sa reddition. 580
Tolebre riu. de Prouence, se iette dãs la mer de Berre, ou de Martigue. 200
Tonne petite riuiere

TABLE.

de la Sauoye, se perd dans le Rhosne. 50
Tordiue r. qui descend du mont Tarare. 94
Torselle r. de Bourgogne entre dans la Nauigene. 76
Tour sans venin pres de Grenoble en Dauphiné. 133
Treves, ville ancienne, Electorat de l'Empire. 587
Troulle r. de Hainaut, passe à Môs. 344
Tubinge ville celebre du Duché de Vuirtemberg sur le Nekar. 535

V

Vahal, ou Vael, vn des bras du Rhin, qui se rend dans la mer. 482
Vaceronne r. qui separe la Michaille du pays neutre. 40
Vaire r. de Prouence pres de Glandesue. 228
Valentiennes sur le conflant de la Ronelle & de l'Escaud. 340
Vandres grand estang. 280
Valence, la Capitale du Valentinois assise sur le Rhosne. 110
Var r. de Prouence, qui separe la France de l'Italie. 227
Vaucluse, fontaine celebre. 166
Vaucouleur, le pays de Ieanne la Pucelle d'Orleans. 410
Vauge r. qui se perd dans la Saone, ayãt passé par Cisteaux. 80
Veaume r. de Prouence, coule dans la mer de Marseille. 205
Véle r. de Bresse, se perd dans la Saone au pont de Véle. 95

TABLE.

Vellay Prouince, ses bornes, & sa grandeur. 154

Venelle r. de Bourgogne, se iette dãs la Saone à Pontarlier. 76

Vene r. se perd dans l'estang de Perots. 312

Verdon r. de la Prouence. 180

Verdun ville Episcopale sur la Meuse. 412

Veriobie r. se perd dans l'estang de Perots. 312

Vesure r. du Valentinois, se iette dãs le Rhosne. 139

Vidourle r. vient des Ceuennes, se perd dans l'estang au dessous de Sommiere. 312

Viéne, ville ancienne, le siege d'vn Archeuesché, ses antiquitez, sur le Rhosne & sur la Gere. 306

Vigile, Chasteau superbe sur la Romãce en Dauphiné. 135

Vimpffem, belle ville de Suaube sur la iõction du Nexar & du Iaxt. 539

Vistre r. laue les murailles de Nismes, & s'allie auec la Vidourle. 313

Viuarets, Prouince separeé du Liõnois & de l'Vzege. 155

Viuiers, la Capitale du pays: son Eglise. 157

Vologne r. de Lorraine. 560

Vtrech, ville ancienne sur l'ancien canal du Rhin. 488

Vuese, ou Vesdo, r. passe à Limbourg & se iette dans la Meuse. 433

Vuissembourg, ville Imperiale sur Lauter. 532

Vuitzbourg, belle ville sur le Mein. 547

TABLE.

Y

Ypre, torrent & ville de mesme nom en Flandre. 355. 360
Ysere r. de Flandre. 360
Yssel riu. canal du Lech. 487

Z

Zelade Prouince des Estats vnis. 395
Zoom petite riuiere qui se iette dãs l'Escaud au dessous de Berghop-zoom.

FIN.

www.ingramcontent.com/pod-product-compliance
Lightning Source LLC
Chambersburg PA
CBHW051320230426
43668CB00010B/1090